중국 청도 조선족 언어의 사회언어학적 연구

중국 청도 조선족 언어의 사회언어학적 연구

This work was supported by the Academy of Korean Studies Grant funded
by the Korean Government(AKS-2009-MB-2002)

중국 청도 조선족 언어의 사회언어학적 연구

오 성 애

역락

머리말

저자가 사회언어학에 관심을 갖기 시작한 것은 청도의 이촌 재래시장에서 조선족 반찬 가게 아주머니들을 만나게 되면서부터이다. 2011년 여름 물 피해로 인해 지금은 이촌 재래시장의 규모가 많이 줄었지만 저자가 처음 찾아 갔던 2004년 당시에만 해도 시장 한쪽에 40여 개의 조선족 식품 판매대가 나란히 자리하고 있었다. 저자는 태어나서 거의 30년을 연변에서만 생활해서인지 청도에 와서도 늘 조선족 음식만 찾았고 그런 까닭에 이촌 재래시장은 저자의 식생활의 주요 원천지였다.

이곳 재래시장에서는 연변 출신, 흑룡강 출신, 요녕 출신의 아주머니들을 모두 만날 수 있는데 그들의 언어 표현을 관찰하면 참 재미있는 점들이 많이 발견되었다. 연변 돈화에서 오신 조씨 아주머니는 처음에는 저자에게 어색한 한국말 억양으로 말씀하시다가 자주 만나고 나서는 연변말로 편안하게 말씀하셨다. 이유를 여쭤봤더니 처음에는 저자가 한국 사람인줄 알았다는 것이다. 흑룡강 상지에서 오신 박씨 아주머니는 가끔 저자가 알아들을 수 없는 표현을 말씀하셨다가는 이내 표준말로 바꿔서 말씀하시곤 했고 요녕 철령에서 오신 권씨 아주머니는 저자가 조선말로 하든, 중국말로 하든 늘 중국말로만 대답하시는 것이었다. 이런 모습들을 보면서 청도 조선족들의 언어 문제가 학문적 연구로 이어진다면 꽤 의미 있는 일이 될 것 같다는 생각이 들었다. 이렇게 시작된 인연은 저자의 박사학위 논문 주제로까지 이어졌다.

이 책은 2011년 8월 인하대학교 대학원에 제출한 박사학위논문을 다듬어 펴낸 것이다. 부족한 부분이 많음에도 불구하고 수정은 최소한의 선에서 했다. 이 책은 청도 조선족 언어의 연구 결과라기보다 출발점에 불과하다고 생각하고 이를 발판으로 앞으로 연구를 이어나가고자 한다. 모든 학문 연구가 그러하겠지만 특히 사회언어학은 본인의 고된 노력뿐만 아니라 반드시 누군가의 도움이 있어야만 이루어 낼 수 있는 분야이다. 한 언어 공동체의 언어 현상을 연구하기 위해서는 적게는 수십 명 많게는 수백 명의 제보자를 찾아야 하고 그들의 응답을 일일이 조사하고 분석하는 작업을 해야 하기 때문이다.

저자의 얄팍한 관심이 학문적인 연구로 이어지고 오늘 책으로 세상에 나올 수 있기까지는 너무도 많은 분들의 도움을 받았다. 지도교수이신 한성우 선생님은 설문지 작성에서부터 조사방법, 응답결과에 대한 통계방법에 이르기까지 상세하게 일러 주셨다. 늘 사회언어학의 중요성과 연구의 즐거움을 일깨워 주시면서 저자가 한눈을 팔지 않도록 이끌어 주신 선생님께 다시 한 번 진심으로 감사를 드린다. 자상하신 가르침에도 불구하고 부족한 연구 결과를 내놓게 된 것이 한없이 부끄러울 따름이다.

저자가 연구자의 길을 걷게 해 주시고 많은 가르침을 주신 연변대학교의 리득춘, 김광수 선생님의 은혜를 다시 떠올리지 않을 수 없다. 부족한 학위논문의 심사를 맡아 주신 안명철, 박경래 선생님, 장윤희 선생님, 송원용 선생님의 지도와 격려 그리고 조언이 없었다면 이 책은 세상에 나올 꿈도 꾸지 못했을 것이다. 여러 선생님들의 지도와 조언을 모두 반영하지 못한 점은 아쉽게 생각하며 앞으로의 연구에서 더 채워 나가고자 한다. 그 밖에 이 자리에서 일일이 언급하지 못하지만 인하대 여러 선생님들께 감사를 드린다.

저자가 근무하고 있는 중국해양대의 전폭적인 지원이 없었다면 이 책은 세상에 나오지 못했을 것이다. 저자가 연구에 전념할 수 있었던 것은 중국해양대 한국어과의 이광재 학과장님을 비롯한 동료 교수들의 배려가 있었기 때문이다. 또한 저자가 연구 영역을 확대하고 조사 규모를 대폭 늘릴 수 있었던 것은 대학의 한국연구소에서 추진하고 있는 한국학 중핵대학 사업의 지원이 뒷받침되었기 때문이다.

청도에서 오백여 명의 응답자를 섭외하여 설문조사, 면접조사를 할 수 있게 된 데는 청도시 조선족기업협회 남용해 회장님의 도움이 무엇보다 컸다. 남 회장님은 늘 다망하심에도 조사를 위해 부탁을 의뢰했을 때마다 기꺼이 들어주시고 때로는 직접 조사자의 역할까지 해 주셨다. 박봉연, 김용범, 조애선, 김홍매, 최국철, 이성국 등 선후배, 동기들의 도움이 없었다면 자료 수집의 어려움은 이루 말할 수 없을 것이다. 설문지를 일일이 기입하고 통계를 내는 과정에서는 중국해양대 한국어과 대학원생들의 도움이 컸다. 이 책 전체가 이들 또한 모든 제보자들의 도움으로 이루어졌음은 너무도 당연하다. 모든 분들께 감사의 뜻을 표한다.

중국 내 조선어, 한국어 연구자들을 위해 늘 아낌없는 지원을 해 오신 이대현 사장님은 연변대학 시절부터 저자에게 많은 도움을 주신 분이기도 하다. 부족한 원고지만 출판을 기꺼이 응낙해 주시고 깔끔하게 편집해 주신 역락 출판사 식구 모두에게도 함께 감사를 드린다.

이 책의 출판을 누구보다 기뻐하실 양가 부모님들과 사랑하는 남편에게 이 책을 바친다.

2012년 5월

오성애

•C•O•N•T•E•N•T•S•

01 | 서론 __ 17

02 | 중국 청도 조선족 사회의 형성 __ 37

03 | 중국 청도 조선족의 언어 태도 __ 55

04 | 중국 청도 조선족의 언어 사용 __ 111

05 | 결론 __ 195

•그•림•목•차•

• 표 • 목 • 차 •

•표•목•차•

01 | 서론

1.1. 연구 목적

이 책은 中國 靑島의 조선족 언어에 대한 사회언어학적 연구를 목적으로 한다. 보다 구체적으로는 사회적 요인에 따라 다르게 나타날 수 있는 언어 현상에 대하여, 중국 산동성 청도시에 거주하는 조선족들의 언어 태도와 언어 사용의 모습을 정리하고자 한다.

改革開放 및 한국과의 수교로 인해 중국 내에는 대규모의 인구 이동이 나타나 원래 東北 三省에 모여 살던 조선족은 고향을 떠나 인근 도시로, 대도시로, 연해개방 도시로 이동하기 시작했다. 全國人口普遍調查[1]의 1990년 통계에 의하면 중국 내 조선족 192.3만 명 중 98.2%가 동북 3성에 살고 있었으나 2000년 통계에는 동북 3성에 사는 조선족 인구가 92.2%로 줄었다. 지금도 조선족 인구 이동은 계속 진행되고 있으며

---

1) ≪全國人口普查≫는 중국 정부에서 특정 기간에 통일된 방법으로 조사 항목, 조사표, 조사 형식을 취하여 전국적인 범위에서 진행하는 인구 조사이다. 1953년, 1964년, 1982년, 1990년, 2000년에 이어 2010년 11월 1일에 제6차 인구보편조사가 진행된다.

새로운 지역에서 集居의 형태로 나타나고 있다.

청도는 개혁개방과 중한 수교 이후에 새롭게 형성된 조선족 집거지의 대표적인 도시다. 개혁개방과 함께 청도의 경제는 급속도로 발전하기 시작했고 수교 이후에 한국 기업이 청도에 대거 진출하게 됨으로 하여 청도는 많은 조선족들이 선호하는 지역이 되었다. 중국 각지의 조선족은 이곳으로 이주해 와서 대규모의 주거 지역과 시장을 형성하였다. 현재 청도에는 약 15만 명의 조선족이 살고 있으며 城陽區, 李滄區에는 이미 비교적 큰 규모의 조선족 집거지가 형성되었다. 중국 내에서 한국과의 교류가 가장 빈번한 도시인 청도에서 조선족의 사회적 역할은 크게 부각되고 있다. 조선족의 사회, 경제적 지위의 우월성 및 고국과의 밀접한 관련 속에서 청도 조선족의 민족문화 정체성은 강하게 유지되고 그들의 민족 자긍심 또한 높이 평가되고 있는 상황이다.[2]

다중언어사용 공동체에서 분리된 개별 언어 또는 방언들은 단순한 병렬이 아니라 각각 특수한 기능을 하고 특별한 목적을 위해 화자에 의해 선택되고 사용된다.[3] 청도 조선족 공동체는 언어 자원이 다양하고 이질적인 언어 표현 양식이 많은 특징을 갖고 있다. 말하자면 청도 조선족 사회에서는 교포 사회에서 흔히 일어나는 모국어와 거주국 언어의 병존뿐만 아니라 모국어의 하위 방언 간에도 전면적인 충돌이 일

---

2) 이종학(2003)에서 청도 조선족의 민족정체성의 유지 정도에 대한 측정을 하였는데 조사결과 전체 응답자의 89.7%가 민족문화 정체성을 강하게 유지하고 있는 것으로 나타났다.

3) 이에 관해 이집트와 같이 아라비아어를 사용하는 나라를 예로 들 수 있다. 이집트에서 공적으로 인정되는 언어는 현대 표준 아라비아어지만 가정에서 사용되는 언어는 아라비아어의 지역적 변이형이다. 표준 아라비아어는 코란의 고전 아라비아어로부터 많은 규칙과 규범을 가져온 언어로서 신문, 방송, 출판, 학교 교육 등과 같이 높은 차원의 기능을 위해 사용되고 변이형은 가정 내거나 친척, 친구와 대화와 같은 낮은 차원의 기능을 위해 사용된다.

어난다. 한족 중심의 주류 사회와의 접촉에서는 중국어 사용이 불가피하게 요구되고 조선족 공동체 내부에서는 조선족 지역 방언이 혼재하며 한국인과의 교류에서는 한국어의 영향을 받게 된다.[4]

이러한 문제의식에서 출발하여 신흥 조선족 집거지로서의 청도에서 조선족의 언어가 어떤 모습을 띠고 있는지에 대해 살펴보려는 것이 이 연구의 일차적인 관심이다. 청도에 거주하는 조선족들의 조선어, 한국어, 중국어에 대한 언어 태도는 어떠하며 타 방언, 중국어, 한국어의 간섭 가운데 언어 사용에서는 어떤 양상이 일어나는지를 구체적인 조사 자료를 통해서 살펴볼 것이다. 궁극적으로 청도 조선족 사회에서 조선어가 앞으로도 유지될 것인지 아니면 중국어나 한국어로의 전환이 일어날 것인지에 대해 전망해 보는 것도 본 연구의 지향점이다.

'언어의 다양성'과 '언어를 둘러싼 사회 문제'는 사회언어학의 2대 주제다(眞田信治, 2006). 이런 점에서 이 책은 언어학적 측면에서는 신흥 조선족 집거지의 언어 모습에 대한 분석을 통하여 한국어의 다양성을 정리하는 데 기여하고 사회적 측면에서는 조선족 사회가 안고 있는 언어 문제를 밝힘으로써 바람직한 언어 정책을 수립하는 데 도움을 줄 수 있을 것으로 기대한다.

---

4) 본서에서 사용하는 '조선어(조선말)'라는 용어는 중국에서 少數民族言語의 하나로 인정하는 조선족의 언어, '한국어(한국말)'는 한반도의 남쪽 지역에서 사용되는 南韓語, '중국어(중국말)'는 중국에서 共通語로 사용되는 漢語를 가리킨다. 그 중 조선어와 한국어는 한 언어의 두 변종으로서 이중언어사회에서 말하는 양층언어(diglossia)의 관계에 놓일 수 있다.

▮1.2.▮ 연구사

지금까지 조선족 언어에 대한 연구는 전통 조선족 집거지를 대상으로 한 地理方言學的 연구에 치우쳤다. 이는 분단으로 인해 북한 지역에 대한 직접적 조사가 용이하지 않은 실정에서 남한 학자들이 차선책으로 원 지역 방언이 잘 보존된 조선족 화자를 통해 북한 언어 연구를 보충해 왔기 때문으로 보인다.

조선족 언어 연구에서 사회언어학적인 방법론이 도입된 연구는 수교 이전까지 거슬러 올라갈 수 있으나 주로 중국어와의 관계 속에서 살핀 二重言語 연구와, 한국어와의 비교를 통한 조선어의 異質化 연구에 편중되어 있다. 박영순(1987)은 중국 조선어의 이질화 현상을 처음으로 밝히고 연구의 필요성을 제기했다는 점에서 의의가 크다고 할 수 있다. 하지만 조선어 이질화의 문제를 조선족 문학잡지에 나타난 언어에 국한하였다는 점에서 본격적인 사회언어학적 연구 방법으로 보기에는 한계가 있다. 언어 문제를 사회, 역사적인 문제와 관련하여 분석한 연구는 렴광호(1990)에게서 발견된다. 렴광호(1990)는 연변의 이중 언어집단 형성을 해방 이후에 연변 지역에서 조선족 인구 비율이 감소된 것과 초중 이상의 교육을 받은 사람이 늘어난 것과 연관시켜 분석하고 있다. 사회언어학적인 시각으로 조선족의 이중 언어 사용의 실제를 조사한 시도가 보이지만 이 연구 역시 구체적인 조사 항목과 방법은 제시되어 있지 않다.

조선족 언어에 대한 사회언어학적 연구는 중한 수교 이후에 중국 및 남한 학자들에 의해 활발해졌다. 그러나 대개 연변 지역의 조선족 언어를 중심으로 이루어졌고 구체적인 현지조사를 바탕으로 한 연구물은 찾아보기 어렵다. 오석근(1993)은 연변의 언어 환경에 대한 분석과 함께 연변 조선족 언어의 특수성을 논의하였고, 서정섭(2005)은 연변의 대표적 문학 월간지를 대상으로 문어에 쓰인 조선어의 어휘 특성을 정리하고 있다. 임형재(2006)는 연변 조선족들이 언어 사용에서 인용, 청자 구분, 감탄, 반복, 전달 내용, 발화의 공·사 구분, 불확실성 등을 나타낼 때 한국어와 중국어의 코드 전환(code switching)을 하는 것에 대해 다루고 있다. 이상의 연구는 조선족들의 언어의 특수성에 대한 관심에서 출발하여 그 원인을 사회적인 요소에서 찾아보려는 시도로 사회언어학적인 방법이 동원되었으나 구체적인 조사 사례가 나타나지 않고 임의적인 언어 표현이나 문학 작품에 나타난 언어를 대상으로 분석하였다는 점에서 볼 때 명실상부한 사회언어학적인 연구물이라고 간주하기 어렵다.

연변 지역 이외의 지역에서 조선족 언어에 대한 사회언어학적 연구 중에 주목할 만한 것은 최윤갑 외(1994)와 이장송 외(2004)가 있다. 최윤갑 외(1994)는 길림성, 흑룡강성, 요녕성 등에 거주하는 조선족의 언어 실태를 노년층, 장년층, 청년층으로 나누어 조사한 것이다. 최윤갑 외(1994)는 조사 지역을 동북 3성으로 확대한 점과 사회적 변수에 따라 조사 자료를 분석한 것에 의의가 있으나 이 연구에는 언어 사용자들의 언어 태도에 관한 논의는 언급되지 않고 있으며 언어 자료 역시 임의적인 어휘에만 국한되어 있다.

이장송 외(2004)는 흑룡강성 하얼빈시 성고자진에 거주하는 조선족의 언어 사용 양상을 언어 전환의 관점에서 분석하고 있다. 이 연구는 전통 조선족 집거지의 이중 언어 사용자들로부터 설문, 면접의 형식으로 조사 자료를 확보하여 중국어와 한국어에 대한 태도, 중국어와 한국어의 운용 능력 등을 고찰하였다는 점에서 사회언어학적 연구 결과물로서 의의가 있다. 하지만 조사 대상이 10대, 20대, 40대, 50대, 60대의 각 연령별로 1~2명으로만 한정되어 광범위한 조사로 보기 어려우며 조사 결과가 한 집단의 보편적 경향으로 일반화될 수 있을지 의문이 든다.

대규모의 조사를 바탕으로 한 조선족 언어 태도에 대한 최초의 연구는 이익섭(1996)에서 발견된다. 이 논문에서는 연변 조선족들의 모국어 선택에 대한 태도를 조사 자료를 바탕으로 분석하였다. 그 후로 박경래(2002a)는 이익섭(1996)의 논의에서 변화의 단초를 보이는 것에 대한 관심에서 출발하여 연변에 거주하는 조선족을 대상으로 모국어 사용 실태를 조사하고 분석하였다. 박경래(2002b)는 앞의 연구의 연속으로 언어 태도에 관한 내용을 다루고 있다. 박경래(2002a.b)를 통해 연변 조선족들의 이중언어 생활의 모습 및 그들이 취하는 언어 선택 태도를 파악할 수 있다. 아쉬운 점은 응답 결과에 대한 분석이 세대별에만 제한되어 있고 성별, 직업 등 기타 사회적 요인은 고려되지 않은 점이다.

지동은(2010)은 연변, 흑룡강, 요녕성에 거주하는 이중언어 사용자들의 언어 사용, 언어 능력, 언어 태도를 다루고 있다. 지동은(2010)을 통해 전통 조선족 집거지의 이중언어 사용자들의 중국어, 조선어 능력 및 이중언어 교육의 현황과 문제점을 어느 정도 파악할 수 있으나 응답자의 사회적 변수에 따른 통계 분석이 결여되어 있고 응답 결과가 빈도수로만 제시되어 있어서 자료를 이해하는 데 어려움이 있다.

그밖에 조선족의 언어 태도에 대한 연구로서 박주형(2010)이 있다. 박주형(2010)은 한국 내에 거주하는 조선족을 대상으로 그들의 조선어와 한국어에 대한 언어 태도를 조사하였다. 이 연구는 조사 지역을 조선족의 전통 집거지에 한정하지 않은 점에서 참신성이 돋보기는 하나 한국 내 조선족 연구라는 주제에 비해 조사 지역과 대상자의 수가 한정되고 설문지의 항목이 다소 포괄적이라는 문제점이 있다.

이제까지의 연구사를 살펴 볼 때 중국 내 신흥 조선족 집거지에 거주하는 조선족을 대상으로 한 본격적인 사회언어학적 연구는 찾을 수 없다. 따라서 이 책은 중국 내 신흥 조선족 집거지 언어에 대한 본격적인 첫 연구서라고 할 수 있다.

1.3. 연구 방법

방언학은 언어 이론의 변화와 더불어 몇 차례 연구 방법상의 변화를 겪었다. 전통적인 방언학에서는 역사비교언어학의 이론을 배경으로 하는 지리적 연구가 중심을 이루었다. 생성문법론이 언어학의 주류를 이루고 여기에 사회언어학이 주류를 이루면서부터는 사회언어학적 연구가 방언학에 도입되었다. 한국어 방언은 두 가지 연구 방법에 의하여 연구되었다고 볼 수 있다. 하나는 방언학적 연구 방법에 의한 연구이고 다른 하나는 일반언어학적 연구 방법에 의한 연구다. 최명옥(1990)에 의하면 사회언어학적 연구는 생성문법론적 연구와 함께 방언학적 연구에 포함되고 공시적으로 범위가 한정된 自然語에 대한 연구는 일반언어학적 연구에 속한다.

그동안 조선족 언어에 대한 방언학적 연구는 주로 조선족의 전통 집거지에서 지리적 연구, 기술적 연구의 방법론에 의해 이루어졌다. 그러나 전통적인 조선족 집거지가 해체되어 가는 상황에서 이 방법론에만 국한하기는 어렵다. 청도에서 조선족은 어떠한 언어생활을 영위하고 있으며 언어 사용에 대해 어떠한 태도를 가지고 있는가에 대한 실태와 그

배경의 요인을 밝히기 위해서는 사회언어학적인 방법이 필수적이다.

사회언어학에서 지향하는 바는 언어학과 사회학의 조사결과를 단순히 받아들이는 것이 아니라 언어가 한 사회적 공동체에서 사용되는 방식, 그리고 사람들이 언어를 사용할 때 그들의 선택에 대해 동기 유발된 이유를 해석하는 것이다(Holmes, 1992). 이에 따라 본서에서는 청도 조선족 사회의 언어 문제를 언어와 사회의 상호 관계 속에서 탐구하고자 한다.

사회언어학에서 도시방언학적 연구 방법론은 현재 중국의 조선족 공동체에서 일어나고 있는 변화를 관찰하고 전망하기에 적합하다. 이 방법론은 다음과 같은 세 가지 특징을 갖고 있다. 첫째는 자료 수집에서 응답자의 성별, 연령, 직업, 학력, 출신지 등 다양한 사회적 변수를 고려하여 표본을 추출한다. 둘째는 응답자의 수효 측면에서 한두 사람의 응답자에 의존하였던 전통적인 방언학과는 달리 적게는 몇 십 명에서 많게는 수백 명에 이르기까지 많은 수의 응답자를 확보한다는 점이다. 위의 두 가지 특징은 자료의 대표성과 보편성 원칙을 충족시키기 위함이다. 세 번째 특징은 조사된 언어 현상을 계량적으로 분석한다. 사회언어학의 일부분인 도시방언학적 관점에 따르면 지역 방언의 언어적 특징이란 그 자체가 절대적인 질적 대상이 아니라 일정한 언어 현상 출현의 빈도수를 통한 계량적인 현상이라고 할 수 있다.(최전승 외, 1992 : 52)

이 책은 청도 조선족 사회의 언어생활에 대한 분석을 위해 설문 조사와 면접 조사의 방법을 택하였다. 설문 조사는 많은 수의 응답자들의 자료를 수집할 수 있으며 언어 상황을 다양하게 설정함으로써 응답자들의 언어 태도와 사용 실태에 대한 전반적이고 객관적인 이해를 할 수 있도록 해 주지만 설문 응답에서 실제와 다르게 보고하여 왜곡된 자료가 제시될 가능성이 있다. 설문 조사의 이러한 한계를 보완하기 위한 방법으로 참여 관찰이나 심층적인 면접 조사의 방법을 동원하였다.

참여 관찰이 좋은 방법일 수 있지만 참여 관찰은 시간적, 공간적으로 제약이 많기 때문에 자료 수집에서 제약을 받고 수집된 자료의 양도 제한을 받는다. 이와 함께 참여 관찰을 통해 이끌어낸 자료는 화자 개인적 특성과 함께 참여자와의 관계가 크게 작용한 사례에 대한 해석에서는 성급한 일반화의 오류를 범할 위험이 따른다.(이정복, 2001) 면접 조사는 설문 조사의 약점을 보완함과 동시에 참여 관찰 조사의 문제점도 줄여 준다. 응답자들에 대한 심층적인 면접 조사를 통해 언어 사용자들의 언어 태도 및 언어 사용의 내면에 있는 원인을 추적하는 데 효과적인 정보를 얻을 수 있다.

청도 조선족의 언어 실태를 제대로 분석하기 위해서는 참여 관찰, 설문 조사, 면접 조사 등이 함께 동원되는 것이 이상적이나 이러한 종합적인 방법에 의한 조사 연구를 수행하기란 쉽지 않다. 다행히 저자는 이 언어공동체의 한 구성원이기도 하여 비교적 긴 시간에 거쳐 청도 조선족들의 언어 모습을 관찰할 수 있었고 이런 참여 관찰을 토대로 설문 조사와 면접 조사를 보다 효과적으로 이루어낼 수 있었다.

이 책에서는 크게 언어 태도와 언어 사용의 두 가지 측면에서 청도 조선족 공동체의 언어 실태를 소개하게 된다. 언어 태도는 자신의 언어 수행 능력에 대한 평가, 언어에 대한 선호도, 언어 사용자에 대한 지향, 언어 사회에 대한 전망으로 나눠서 논의하고 언어 사용은 언어 선택과 언어 변용의 측면에서 살펴보게 된다. 언어 선택은 가정에서의 언어 선택과 조선족 사회에서 공식적인 자리와 비공식적인 자리에서의 언어 선택 양상을 통하여 알아볼 것이다. 언어 변용은 구체적인 發話 내용을 설정하여 이에 대한 화자의 표현 방법을 관찰할 것이다. 언어 사용은 설문 조사의 한계에서 벗어나기 위해 두 차례에 걸쳐 면접 조사를 진행함으로써 다양한 실제 언어 자료를 수집하여 분석에 이용하였다.

1.4. 자료

본서의 논의는 설문 조사와 면접 조사를 통해 수집된 자료를 바탕으로 한다. 설문 조사는 2010년 5월부터 8월까지 예비조사, 본조사, 추가 조사를 실시하여 총 426부의 응답지를 수집하였다. 면접 조사는 설문지의 한계에서 벗어나 좀 더 다양한 언어 자료를 수집하기 위해 마련된 것으로서 2011년 4월부터 6월까지 전화 또는 직접 방문하는 방법으로 진행하였다.

설문지는 언어 태도와 언어 사용을 파악하기 위한 내용으로 총 65개의 조사 항목으로 구성하였다. 먼저 연구 목적에 따라 기초 항목을 작성하고 예비조사를 거쳐 최종 선정했다. 그 과정에서 지금까지 언어생활에 관해 언급된 각종 문헌자료로부터 적절한 항목을 수집, 참고하였다. 이것은 차선책이기는 하지만 지금까지의 조사결과와 비교할 수 있다고 판단된다. 실제로 사회언어학적 연구에서는 이와 같은 방법을 원용하여 어떤 언어 현상에 대해 횡적인 비교 연구가 이루어지고 있다. 설문지의 형식은 5점 척도식, 순위형, 단선형으로 설정했다.

설문지의 내용별 문항 구성과 설문 유형, 그리고 설문 예시는 다음과 같다.[5]

〈표 1-1〉 설문지 문항 구성 및 설문 유형

조사 내용		세부 항목	설문 유형	문항수	예시
언어 태도	언어 수행 능력	언어별 이해 능력	5점 척도식	8	[예시 1]
		언어별 표현 능력	5점 척도식	3	[예시 1]
		선호도	순위형	2	[예시 2]
	언어에 대한 평가	사용 적절성	5점 척도식	3	[예시 1]
			순위형	1	[예시 2]
	언어 능력 지향	본인의 언어 능력	5점 척도식	3	[예시 1]
			순위형	1	[예시 2]
		자녀 및 배우자의 언어 능력	단선형	2	[예시 3]
	언어 사회에 대한 전망	조선족 공동체 언어 예측	5점 척도식	1	[예시 1]
			순위형	1	[예시 2]
		조선족 공동체 언어 기대	순위형	1	[예시 2]
언어 사용	언어 선택	가정에서 언어 선택	단선형	4	[예시 3]
			순위형	1	[예시 2]
		조선족 공식적/비공식적 자리에서 언어 선택	순위형	2	[예시 2]
	언어 변용	주언어	순위형	8	[예시 2]
		기층 언어 혼란	단선형	2	[예시 3]
		언어 간섭 양상		12	

〈표 1-2〉 설문 유형별 문항 예시

▶ 예시 1 [5점 척도식−1~24문항]

※ 각각의 질문에 대하여 해당되는 것 하나에만 √ 표시를 해 주세요.

질 문	전혀 그렇지 않다	그렇지 않은 편이다	보통 이다	그런 편이다	매우 그렇다
1. 나는 중국말로 된 책이나 신문을 잘 읽는다.	☐	☐	☐	☐	☐

---

5) 설문지의 65개 문항 중 본서에서 분석에 이용한 문항은 48개이고 일부 문항은 분석 필요에 의해 중복 사용되었다. <표 1-1>에 제시된 내용은 분석에 사용된 문항들이다.

질 문					
14. 나는 조선말보다 한국말이 더 품위가 있다고 생각한다.	☐	☐	☐	☐	☐
21. 나는 앞으로 중국말을 더 잘하기 위해 노력할 것이다.	☐	☐	☐	☐	☐

◘ 예시2 [순위형 질문지－25~34문항]

※ 질문에 따라 순위를 ☐ 안에 써 주세요.

질 문	조선말	한국말	중국말
25. 내가 자신이 있는 말의 순서는 다음과 같다.	☐	☐	☐
27. 우리 가정에서 많이 쓰는 말의 순서는 다음과 같다.	☐	☐	☐
33. 앞으로 청도의 조선족 사회에서 많이 쓰일 것 같은 말의 순서는 다음과 같다.	☐	☐	☐

◘ 예시 3 [단선형 질문지－35~55문항]

※ 각각의 질문에서 ___에 들어갈 말 하나에만 √ 표시를 해 주세요.

질 문	조선말	한국말	중국말
35. 나는 숫자(數)를 셀 때 ___을 주로 사용한다.	☐	☐	☐
38. 나는 부모님과 말할 때는 ___을 사용한다.	☐	☐	☐
40. 나는 자녀가 ___을 제일 잘하길 바란다.	☐	☐	☐

질 문	가족 간 대화	조선족 간 대화		한국인과 말할 때	
		공식	비공식	공식	비공식
47. ___ 간다/감다/갑니다. (누군가 빨리 오라고 할 때) ① 인차 ② 가지/가주 ③ 제각/데깍 ④ 금방 ⑤ 기타 : ___	☐	☐	☐	☐	☐
55. ⏀이 먹고 싶다/싶습다/싶습니다. ① 빙치린 ② 빙기림 ③ 아이스크림 ④ 기타 : ___	☐	☐	☐	☐	☐

조사 지역은 예비 조사에서는 조선족의 주요 집거지인 李滄區, 城陽區, 市南區로 한정하였으나 본조사에서는 좀 더 다양한 답변의 설문지를 기대하여 청도 전 지역으로 범위를 확대하였다. 추가조사는 예비조사와 본조사에서 나타난 인원 분포의 불균등을 보완하기 위해 출신지가 遼寧省인 응답자를 보충 조사하였다.

조사방법은 조사자가 응답자들에게 직접 배포하거나 도움자[6]들에게 의뢰하여 조사, 수거하는 방법으로 진행했고 일부는 조선족이 모일만한 특정 구역이나 모임에 찾아가서 조사하는 街頭調査 방법을 이용하였다. 설문지는 中文과 한글로 작성하여 응답자가 편리한 언어를 선택하여 응답하게 하였고 문자 해독이 어려운 응답자에 대해서는 조사원이 해답을 도와주는 방식을 취했다. 노인 응답자의 경우는 조사원이 직접 방문하여 질문하고 대신 기입하는 방식으로 진행했고 초등학생의 경우는 해당 학급의 담임교사에게 문항 요구를 이해시킨 후 담임 교사가 학생들에게 해답 사항을 설명해 주는 방식을 취했다.

설문지는 총 500부를 배포하여 426부를 회수하였으나 그 중 21부는 응답자의 속성이 조사 요구에 부합하지 않거나 응답을 성실하게 하지 않았으므로 분석에서 제외하였다. 최종 분석에 사용된 설문지는 총 405부(회수율 81%)이고 일부 문항을 누락한 응답자의 설문지는 분석 대상에 포함시키고 해당 문항에서만 결측값으로 처리하였다. 설문 조사에 참여한 응답자 분포는 다음과 같다.[7]

---

6) 본 조사 과정에서 청도 조선족 기업의 책임자, 조선족 소학교 교사, 노인협회, 조선족기업협회, 조선족 대학생협회, 중국해양대의 동료 교수 및 한국어과 대학원생들의 도움이 컸다.

7) 조사 과정에서 되도록 폭넓고 균등한 분포를 추구하였으나 현실적인 어려움이 있었다. 요녕성에 거주하는 조선족은 동북 3성 조선족 전체의 12.5%밖에 되지 않는 데다가 요녕성 조선족은 지리적으로 가까운 北京이나 天津, 혹은 大連이나 沈陽과

<표 1-3> 응답자 분포

속성(응답자)	구분	인원(비율)	
성(404)	남 여	214(52.7) 191(47.3)	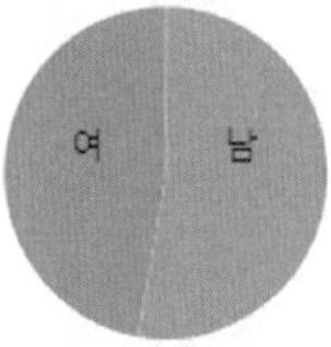
출신지(405)	연변 길림(연변 제외) 요녕 흑룡강 기타	189(46.7) 54(13.3) 29(7.2) 96(23.7) 37(9.1)[8]	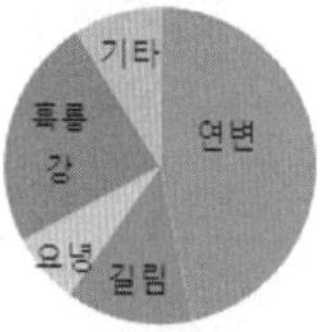
연령(405)	12세 이하 13~19 20~29 30~54 55세 이상	50(12.3) 27(6.7) 136(33.6) 164(40.5) 28(6.9)	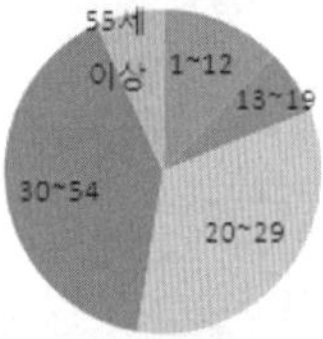
직업(402)	관리직 사무직 단순노동 서비스직 무직 학생 기타	93(23.1) 95(23.6) 10(2.5) 59(14.7) 9(2.2) 105(26.1) 31(7.7)[9]	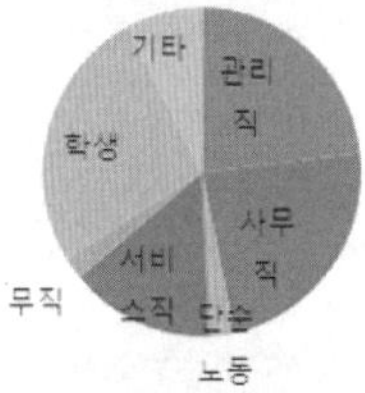
학력(401)	소학 초중 고중 대학 대학원	64(16.0) 17(4.2) 79(19.7) 198(49.4) 43(10.7)	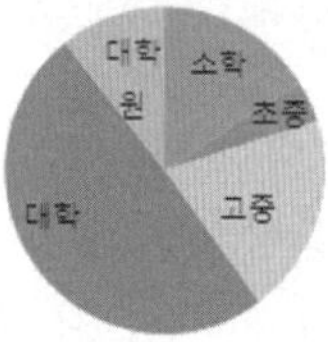

같이 성내 경제가 비교적 발달한 도시로의 이주가 활발하므로 청도로 오려고 하는 사람은 상대적으로 매우 적다. 이에 관한 연구 결과는 권태환 외(2004)에서도 보고되었다. 직업별에서 단순노동 종사자가 적은 것은 이중 언어사용자로서의 조선족은 언어적 우세로 공장이나 공사장과 같은 단순노동에 종사하는 사람들의 수가 많지 않기 때문이다. 이 점도 조선족이 대도시로의 이주를 선호하는 원인 중하나이다.

청도 거주기간(399)	1년 이내	32(8.0)	
	1~5년	128(31.9)	
	6~10년	146(36.6)	
	10년 이상	93(23.3)	

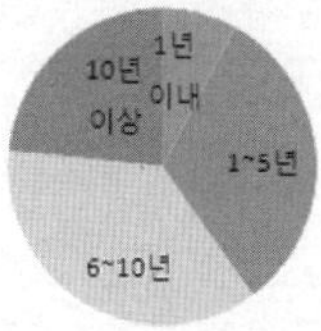

설문 조사의 응답 결과는 PASW Statistics 18과 Microsoft Office Excel를 이용하여 통계처리를 하였다. 집계의 편의를 위하여 응답결과는 전부 부호화하고 입력된 데이터는 유형에 따라 SPSS에 의해 결과를 출력한 후 EXCEL을 이용하여 그래프로 표시하였다. 5점 척도식 문항은 기술통계의 방법으로 평균값과 표준편차를 구하여 경향을 파악하였고, 순위형 문항은 순위에 따라 점수를 부여하여 합산하는 방법으로 결과를 비교하고 일부 1위가 중요한 문항에 대해서는 1위 응답 결과만 분석하였다. 단선형 문항은 선택항의 빈도 및 비율을 구하여 분석하였다.[10] 변수 간 차이 혹은 관계를 검증하기 위한 방법으로 SPSS의 카이제곱검정(Chi-Square Test)과 일원배치 분산분석(One way ANOVA)을 이용하였으며 통계적 유의수준은 .05로 설정하였다.

면접 조사는 두 차례에 거쳐 이루어졌다. 첫째 단계에는 설문 조사에 참여한 사람 중에서 출신지, 연령, 성별, 직업에 따라 총 20명의 응답자를 선정하여 전화와 방문을 통해 확인 및 보충 조사를 하였다.[11] 조사

---

8) 기타란에 기입된 지역에는 內蒙古, 山東, 南韓, 北韓 등이 있었다.

9) 기타란에 기입된 직업에는 教師, 自由職業, 主婦, 運動選手 등이 있었다.

10) 5점 척도식 문항은 '매우 그렇다', '그런 편이다', '보통 이다', '그렇지 않은 편이다', '전혀 그렇지 않다'의 응답에 각기 5점, 4점, 3점, 2점, 1점으로 값을 주었기에 평균이 높을수록 '그렇다'에 치우치고 낮을수록 '그렇지 않다'에 치우친다. 순위 매기기 기법 문항은 1위, 2위, 3위의 선택항에 각각 3점, 2점, 1점씩 점수를 부여하였으므로 점수가 높을수록 1위로 선택된 확률이 높다는 것을 의미한다.

대상자에 대한 정보는 다음과 같다.(가나다 순)

<표 1-4> 1단계 면접 조사 응답자 명단

연번	이름	성별	연령	출신지	직업	학력	일치율(%)[12]
1	강○○	여	55세 이상	연변	무직	소학교	96.9
2	김○○	여	30~54	요녕	사무직	대학	98.5
3	김○○	남	30~54	길림	관리직	고중	95.4
4	김○	여	13~19	길림	학생	고중	98.5
5	김○	여	20~29	요녕	서비스직	고중	100
6	남○○	남	55세 이상	연변	관리직	대학	96.9
7	박○○	여	30~54	연변	서비스직	초중	96.9
8	박○○	여	30~54	요녕	무직	대학	100
9	박○○	남	30~54	길림	사무직	고중	98.5
10	송○○	여	20~29	연변	서비스직	대학	100
11	오○○	남	55세 이상	흑룡강	무직	고중	98.5
12	유○○	남	20~29	길림	학생	대학	100
13	윤○○	여	20~29	흑룡강	사무직	대학	95.4
14	이○○	남	20~29	흑룡강	단순노동	초중	96.9
15	이○○	여	13~19	연변	학생	고중	100
16	지○○	여	20~29	연변	학생	대학원	100
17	최○○	여	20~29	흑룡강	관리직	대학	98.5
18	최○○	남	30~54	요녕	관리직	대학	100
19	최○	남	20~29	흑룡강	사무직	대학	96.9
20	한○	남	13~19	흑룡강	학생	초중	95.4

---

11) 설문 조사 단계에서 응답자의 이름과 전화번호를 별도로 확보하였다. 면접 조사 대상자는 각 집단을 대표할 수 있는 전형적인 설문 응답자를 선정한 후 전화로 협의하여 최종적으로 정했다.

12) 일치율은 설문 조사 결과와 면접 조사 결과가 얼마나 일치하는가를 뜻한다. 불일치를 보이는 문항은 대체로 두 가지 유형의 문항에서 나타났다. 하나는 동일한 유형의 문제가 사회적 변수별로 반복되는 문항 45번과 46번과 같은 것으로서 응답자의 집중력이 떨어진 데서 원인이 있는 것으로 보인다. 다른 하나는 문항 51

1단계의 면접 조사에서는 우선 설문 결과의 신빙성을 확인하기 위해 설문의 각 항목에 대해 다시 질문하고 그 결과를 설문지와 대비하였다. <표 1-4>에서 알 수 있듯이 면접 조사 결과와 설문 조사 결과는 95%이상의 일치율을 보였다. 극히 일부 문항을 제외하면 나머지 문항은 설문 조사 결과와 면접 조사 결과가 일치하므로 설문 조사의 신빙성은 매우 높다고 볼 수 있다. 다음 각 문항에 대해 그렇게 응답한 이유를 묻고 추가적인 정보를 수집하였다.

2단계의 면접 조사는 주언어(main language)13)가 조선어, 조-중 혼종, 중국어인 제보자를 대상으로 하였다.14) 조사 대상에 대한 정보는 다음과 같다.

〈표 1-5〉 2단계 면접 조사 응답자 명단

연번	약호	이름	성별	연령	주언어
1	JJ1	김○○	여	58세	조선어
2	JJ2	오○○	남	61세	조선어
3	JC1	조○○	여	33세	조-중 혼종
4	JC2	최○○	남	33세	조-중 혼종
5	CC1	김○	여	19세	중국어
6	CC2	유○○	남	24세	중국어

번과 64번과 같이 표현형의 선택에서 음운적 구별을 알아채지 못하여 본인의 실제 발음을 착각하여 응답이 일치하지 않는 경우가 있었다.

13) 주언어(main language) 집단은 언어 수행 능력, 언어 태도, 언어 사용 면에서 나타나는 경향에 따라 구분한다. 이는 언어 사용자 개개인이 언어 수행 능력, 언어 태도, 언어 사용에서 각 언어 간의 차이에 의해 결정되기 때문에 본서에서는 순위형 설문 문항의 응답 결과에 근거하였다. 이에 관한 자세한 내용은 본서의 4.2.1.을 참조.

14) 점수의 합산을 통해 순위형 문항(30번, 33번 제외)에 대한 응답에서 주언어가 조선어, 조-중 혼종, 중국어로 확정된 제보자를 섭외하여 심층 면접 조사를 진행하였음.

2단계 면접 조사에서는 언어 간섭에 관한 내용을 중심으로 질문에 해답하는 방식과 자유롭게 이야기를 하는 방식을 통하여 실제 언어 자료를 수집하였다. 언어사용에 관한 조사는 단순히 설문 조사에 의거해서는 다양한 표현형을 확인하기 어렵고 장면에 따라 미묘한 사용 양상의 변화를 포착하기 어렵다. 따라서 심층 면접 조사를 통하여 다른 표현형을 수집하고 설문지에 의한 조사 결과와 비교하는 방식으로 분석에 이용하였다.

1.5. 논의의 구성

본서는 서론과 결론을 제외하면 크게 세 부분으로 구성된다. 2장은 청도 조선족 사회 형성의 시대적 배경, 역사적 과정 및 현황에 대한 기술이다. 이와 같은 내용은 후술하는 언어 현상 내부에 숨어 있는 요인을 정확하게 이해하기 위한 정보가 될 것이다. 3장은 청도 조선족의 언어 태도에 대한 내용이다. 언어 태도는 본인의 언어 수행 능력에 대한 평가, 언어 선호도 및 사용 적절성에 대한 평가, 언어 사용자의 언어 능력에 대한 지향 및 조선족 사회의 언어에 대한 전망 등을 포함한다. 언어 태도에 대한 분석은 설문 조사 자료를 바탕으로 청도 조선족들의 언어 태도에 대한 경향을 파악하고 이에 대한 해석은 사회언어학의 일반 원리를 청도 조선족 사회의 객관적인 요인과 결부하여 진행할 것이다. 4장은 청도 조선족의 실제 언어 사용에 대한 내용으로서 청도 조선족 사회의 특징과 조선족 공동체의 구성원들의 언어 태도가 실제 언어 사용에서는 어떻게 반영되는지, 어떤 관련이 있는지에 대해 밝히게 된다. 실제 언어 사용은 언어 선택과 변용에 초점을 맞추어 두 부분으로 나눠서 기술하게 된다. 언어 선택에 관한 내용은 가정에서 상대에 따른 언어의 선택 및 조선족 사회에서 공식적인 자리와 비공식적인 자리에서 장면에 따른 언어의 사용에 대해 살펴보고 언어의 변용은 구체적인 발화 내용을 설정하여 주언어가 서로 다른 집단의 화자들의 사용 경향에 대해 살펴 볼 것이다.

02 | 중국 청도 조선족 사회의 형성

이 장에서는 중국 조선족 사회의 변화와 청도 조선족 사회의 형성 및 청도 조선족의 언어 환경의 변화에 대해 논의하게 된다. 우선 중국 조선족 移住史와 공동체의 형성을 시대적 배경과 함께 알아보고 청도 조선족 공동체의 형성 과정을 기존 연구 및 현지인들과의 인터뷰 자료를 통해 살펴보고자 한다. 다음 언어적 측면에서 전통 조선족 집거지와의 비교를 통해 청도 조선족의 언어 환경에 대해 논의하고자 한다.

조선족 사회에서 사회의 변화와 인구 분포의 변화는 밀접한 관계를 갖고 있다. 즉 사회 변화가 인구 변화를 가져오게 했다면 인구 변동은 또 다른 사회 변화를 일으키는 요인이 된다.

지금까지 인구 문제에 관한 연구에서 흔히 이용되는 기초 자료는 중국 정부에서 1953년부터 행해진 人口普遍調査의 結果報告이다. 이 자료를 통해 조선족 인구의 분포 및 그 변화를 파악한다. 하지만 중국의 戶籍制度의 특성상 인구 이동의 정확한 파악이 어렵다. 중국에서는 城市

戶籍을 엄격하게 통제하기에 농촌 호구 소지자가 도시로 이주하여 생활한다고 해도 도시 호구로 교체되기가 쉽지 않다. 학력, 배우자 호적, 사회 기여도 등 많은 기준이 적용되기 때문에 도시 호구 취득은 많은 제약을 받는다. 이러한 호적 제도는 인구 분포의 파악에 결정적인 장애 요인이 되므로 센서스에서 이동 인구의 통계 수치는 상당히 과소 보고 된 것이라고 할 수 있다.

따라서 본서에서는 정부에서 공개한 통계자료에 의해서는 인구 변동의 경향을 개략적으로만 파악하고 청도 지역의 실제 상황은 개별 연구 또는 현지인들과의 인터뷰 자료 등을 중점적으로 활용하고자 한다.

2.1. 중국 조선족의 역사

중국 조선족은 역사상 한반도에서 중국 경내로 이주한 韓人들이 중국의 한 개 少數民族으로 정착한 사람들이다. 황유복(1993)에 의하면 한인들의 이주 역사는 기원전 2세기부터 시작되었으며 고구려, 백제, 신라, 고려, 조선 왕조를 거치면서 1945년까지 계속되었다. 그러나 17세기 이전의 한인 이주민들은 오랜 기간의 역사적 발달을 통해 몽골족이나 滿洲族 등의 다른 민족에 의해 동화되고 흡수되어 그들 중 2천 명만이 조선족으로 남았다고 한다.[1]

조선족의 대부분을 이루는 사람들은 19세기 후반부터 20세기 40년대

---

[1] 한인들의 초기 이주에 관해서는 그 시작을 달리 해석하는 견해도 있는데 박금해 (2000)에서는 한인들의 중국 이주가 明末淸初부터 시작되었고 본격적인 이주는 19 세기 중엽부터라고 하고 있다.

에 중국으로 이주한 사람 또는 그 후손들이다. 潘龍海·黃有福(2002 : 69~71)에서는 한인의 중국 이주를 4개 시기로 정리하였다. 1차 이주는 1875년과 1881년을 전후하여 奉天省과 吉林省에서 封禁令을 폐지하고 扶民局과 荒務局을 설치하여 이주민들로 하여금 황무지를 개간하고 농사를 짓게 하면서부터 시작되었다. 1860년부터 70년까지 한반도 북부에서는 연속 흉년이 들었는데 기아민들이 생계를 위해 豆滿江과 鴨綠江을 건너 중국 동북부로 들어오게 되었다. 2차 이주는 1897년 러시아가 淸俄密約을 통해 시베리아철도의 중국 통과 노선인 東淸鐵道의 부설권을 획득한 사실과 연관된다. 철도 공사를 위해 한인들이 노동자로 고용되었는데 그들 대부분은 한반도 북부의 거주민 및 초기에 沿海州로 천입한 사람들이었다. 철도가 완공된 후 많은 노동자들은 철로 연선에 주거하여 농사를 짓거나 기타 일에 종사하면서 생계를 유지하였다. 3차 이주는 일본이 조선을 강제로 병합한 전후에 이루어졌다. 이 시기 식민지의 노예가 되기를 거부한 사람들과 일본의 식민 정책으로 인해 땅을 잃고 파산하게 된 농민들이 대량으로 만주로 이주하였다. 4차 이주는 일본이 중국의 동북 지역을 점령한 후에 계획적으로 반강제 이주를 실행하면서 시작되었다.[2] 1936년 僞滿洲國[3]과 조선 총독부는 "移民 協定"을 체결하고 매년 조선에서 만주국으로 1만 가구를 이주시켰다. 1941년에 일본 정부는 또 "개척민"이라는 이름으로 조선 남부의 사람들을 강제로 동북으로 이주시켰으며 1945년에 이르러 동북 각 지역에 거주하는 조선인 수는 170만 명을 초과하였다.

---

2) 그 전에 1919년 3·1 독립운동이 진압된 후 정치적 망명으로 인한 이주도 있었다.
3) 1931년 '9·18 事變'이후 일본이 중국 동북부에 세운 괴뢰 정권이다. 1945년에 패망한 僞滿洲國의 '領土'는 중국의 동북 3성, 내몽골 동부, 河北省 북부를 包括한다.

　　조선이 해방된 후 일본과 만주로부터 대규모적 귀환이 있었다. 이때 만주에 거주한 170만 명의 한인 중에서 70만 명 가량은 다시 한반도로 귀환하였다. 나머지 미귀환 한인들은 중국 共産黨에 의한 대륙 통일과 더불어 중국 내의 한 개 소수민족으로 인정받고 정착하게 된 것이다. 1939년에 毛澤東은 ≪中國革命과 中國共産黨≫4)에서 "중국 경내에 거주하고 있는 朝鮮人을 중국의 소수민족으로 인정한다"라고 하였다. 그러나 한인들이 정식으로 "朝鮮族"이라는 이름을 부여받은 것은 중화인민공화국이 성립된 이후다. 1949년에 제정된 ≪中國人民政治協商會議共同綱領≫5)에 의해 1952년에 중국 내에서 가장 큰 조선족 집거지인 吉林省 延邊에 朝鮮族自治州가 건립되었다. "朝鮮人", "高麗人", "半島人" 등으로 불리던 한인은 자치주가 건립되면서 "朝鮮族"이라는 공식적인 이름을 갖게 되었다. 이어 1958년에는 吉林省 長白朝鮮族自治縣이 건립되고 吉林, 黑龍江, 遼寧, 內蒙古 등 지역에는 42개 朝鮮族自治鄕이 건립되었다.6) 이렇게 되어 중국 조선족은 중국 공산당의 민족 정책 하에 중국의 公民으로 평등의 권리를 갖게 되었다.

　　앞에서 보다시피 조선족이 초기에 이주하여 거주한 곳은 주로 동북 3성 및 내몽골 지역이다. <표 2-1>에서 보는 바와 같이 1982년까지도

---

4) 이 책은 毛澤東이 抗日戰爭 시기에 중국의 사회모순과 혁명 대상, 임무, 동기 및 성격에 관해 펴낸 政治 著作이다.

5) 이 강령은 1949년 9월에 열린 中國人民政治協商會議第一屆全體會議에서 제정되었다. 강령 제6장의 제51조에는 "各少數民族聚居的地區, 應實行民族區域自治, 按照民族聚居的人현多少和區域大小, 分別建立各种民族自治机關."("소수민족이 다수 거주하는 지역에는 지역자치를 실시한다. 인구비례와 지역 크기에 따라 자치지역 내에 민족자치기구를 구성한다"라고 하였다.)

6) 중국의 민족자치구역의 획분은 인구수와 구역의 규모에 따라 自治區, 自治州, 自治縣, 自治鄕으로 구분된다. 自治區는 省級이고 自治州는 地市級으로서 省 산하에 있으며 自治縣은 縣市級으로서 市 산하에, 自治鄕은 鄕級으로 縣 산하에 있다.

조선족의 98% 이상이 동북 3성에 거주하였다. 그러나 개혁개방 정책과 시장경제 체제의 도입, 산업구조의 조정으로 인해 전통적으로 벼농사에 종사하던 조선족 사회에는 변화가 일어나기 시작했다. 동북 3성의 조선족 인구의 비율은 1990년에는 97.1%로, 2000년에는 92.3%로 점차 줄어들었다.

중국 조선족 인구 유동은 1978년 12월, 中國共産黨 第11屆 3中全會에서 제정된 개혁개방 정책이 본격적으로 실시되면서 시작되었다. 전통적으로 기술과 경험을 필요로 하는 벼농사에 종사해 오던 조선족 농민들은 개혁개방 정책과 시장경제의 도입으로 시장이 활성화되자 제한된 땅에서만 얻는 수확으로는 부유해지기 어렵다는 것을 인식하게 되었다. 이로써 농민들의 도시 진출은 서서히 시작된 것이다.

1982년부터 90년까지 흑룡강성, 길림성 두 성에서 9만 명의 조선족 농민이 山海關 너머의 대도시로 진출하였다. 이를 보통 조선족의 제1차 인구이동이라고 하며 90년대 이후 한국 기업의 중국 진출과 관련해서 北京, 天津, 沈陽, 靑島, 上海, 深圳, 廣州 등 도시로의 이동을 제2차 인구이동이라고 한다(황유복, 1997).[7]

沈林(2001)은 중국 도시에서의 소수민족들의 삶에 대해 다루고 있는데 조선족의 이농, 도시 진출에 대해서도 언급하고 있다. 그에 따르면 도시 진출 초기에 조선족의 인구 유동은 친인척 관계에 따라 진행되었고 새로운 정착지에서 주로 음식점이나 김치장사와 같은 투자 자금이 비

---

7) 중국사회과학원의 《중국 도시경쟁력보고서》에 따르면 중국의 경제를 주도하는 지역은 1) 심천, 홍콩, 마카오를 포함한 화남지역, 2) 상해 등 도시를 아우르는 양자강하류지역, 3) 북경, 천진을 중심으로 하는 화북지역, 4) 심양, 대련, 장춘, 길림, 하얼빈을 중심으로 하는 동북지역, 5) 청도, 제남을 중심으로 하는 황하중하류지역이다. 이 5대 경제 중심 지역은 현재 조선족이 이주하여 정착하는 주요 도시이기도 하다.

교적 적은 상업 활동에 종사하였다고 한다. 그밖에 80년대에 도시로 이주한 사람들 중에는 제대 군인, 고학력자, 관광 가이드, 식당 종업원, 공사장 일용직 노동자 등도 있다.

1992년 중한 수교가 되면서 도시에서는 조선족을 필요로 하는 많은 새로운 취업 기회가 생겼다. 그중 한국 기업의 중국 진출은 도시에서 조선족에 대한 수요를 급증시켰다. 많은 사람들이 원래 살던 지역을 떠나 북경, 상해, 천진, 청도, 심양, 대련, 광주 등 대도시 또는 연해 개방 도시로 진출하였다. 중국 내에서 조선족 공동체의 재구조화 즉 전통 집거지의 해체와 신흥 집거지의 형성은 결국 모두 조선족 인구의 이동에서 비롯된다. 이 시기 조선족의 해외 진출도 전통 집거지의 해체를 야기시킨 원인의 하나가 되지만 본서에서는 다루지 않기로 한다.

다음의 <표 2-1>은 개혁개방 이후 중국의 주요 성 또는 도시의 조선족 인구 분포 상황이다.

〈표 2-1〉 조선족 인구 분포[8]

지역	1982		1990		2000		연평균 인구성장률	
	인구수	비율	인구수	비율	인구수	비율	1982~90	1990~2000
합계	1,765,240	100	1,923,361	100	1,923,842	100	1.07	0.00
東北三省	1,733,967	98.23	1,868,377	97.14	1,775,198	92.27	0.93	−0.5
吉林	1,104,071	62.55	1,183,567	61.54	1,145,688	59.55	0.87	−0.31
黑龍江	431,644	24.45	454,091	23.61	388,458	20.19	0.63	−1.51
遼寧	198,252	11.23	230,719	12	241,052	12.53	1.9	0.42
기타 지역	31,273	1.77	54,984	2.86	148,644	7.73	7.05	9.62

---

8) 자료 출처 : 국무원 인구보사판공실, 연변 주통계국, 연길시 통계국 통계 자료, 권태환 외(2004)에서 재인용.

北京	3,905	0.22	7,710	0.4	20,369	1.06	8.5	9.4
天津	816	0.05	1,820	0.09	11,041	0.57	10.03	17.45
內蒙古	17,580	1	22,173	1.15	21,859	1.14	2.9	-0.14
河北	1,737	0.1	6,713	0.35	11,783	0.61	16.9	5.44
上海	462	0.03	742	0.04	5,120	0.27	5.92	18.69
江蘇			963	0.05	5,048	0.26		16.03
山東	939	0.05	3,362	0.17	27,794	1.44	15.94	20.44
廣東			611	0.03	10,463	0.54		27.49
延邊	745,706	42.75	821,479	42.71	842,135	43.77	1.06	0.24
吉林 (延邊제외)	349,365	19.79	362,088	18.83	303,553	15.78	0.45	-1.71
延吉	91,086		171,465		228,401		6.33	2.86

위의 표에서 보면 동북 3성 중 흑룡강과 길림(연길 제외)에서는 인구 감소가 큰 것을 볼 수 있다. 요녕과 연변의 인구 감소가 나타나지 않은 것은 앞에서 제기한 자체 省內 또는 州內 도시 이동 때문인 것으로 판단된다. 동북 3성 외의 지역에서는 內蒙古를 제외하고는 조선족 인구수가 증가된 것을 볼 수 있다.9) 특히 山東省과 북경의 인근인 河北省, 천진의 조선족 인구 성장은 크게 주목된다. 상해 및 그 인근인 江蘇省 혹은 심천이 속해 있는 廣東省에도 조선족이 몰리는 경향을 파악할 수 있다.

권태환 외(2004 : 69)에서 제기된 조선족의 중국 내 이동 특점을 정리하면 다음과 같다. 첫째, 연변 지역 사람들의 移出地는 연길과 동북 3성 이외의 관내 지역으로 구분된다. 둘째, 길림성(연변 제외) 移動者들은 심양을 중심으로 한 요녕성 조선족 집거지나 산동성의 연해 도시로 몰리는 경향이 강하다. 셋째, 요녕성 사람들은 주로 요녕성 안에서 이동하

---

9) 내몽골은 동북 3성에서 가깝기 때문에 원래 조선족 마을이 형성되어 있었다. 1964년 제3차 인구보편조사에도 내몽골 거주 조선족 인구가 18,838명인 것으로 집계되었다.

는 경향이 강하다. 넷째, 흑룡강성에서는 주요 목표지가 연해지역을 중심으로 한 관내의 대도시로 되어 있고, 그 밖에 심양 및 대련 등 요녕성 소재의 도시로 이주하는 사람도 있다.

기존의 전통 집거지의 공동체적 연결망이 신흥 집거지의 형성에 전제가 되는 점은 뒤에서 서술하게 될 청도의 조선족 공동체의 특징과도 연결된다.

2.2. 청도 조선족 공동체의 형성

靑島는 山東半島의 남단에 위치해 있으며 동쪽과 남쪽은 황해, 서쪽과 북쪽은 내륙에 연접되어 있고 면적은 약 10,654km²다. 2008년 말에 발표된 호적 인구는 약 761. 56만 명인데 그 중에서 市區 인구는 약 276.25만 명이다. 현재 청도에 거주하고 있는 조선족 인구는 약 15만 명인 것으로 추정한다.[10] 행정구역은 7개 市區(市南, 市北, 四方, 李滄, 城陽, 嶗山, 黃島)와 5개 縣級市(卽墨, 萊西, 平度, 膠南, 膠州)로 나뉜다.

청도는 중국 개혁개방 정책의 先鋒 도시로서 1981년에 중국 경제중심도시(15개 도시 포함), 1984년에는 중국 연해개방 도시(14개 도시 포함)로 선정되었다. 90년대 이후에는 선후로 경제 활동이 활발한 중국 10대 도

---

10) 이는 2009년 8월 중국사회과학원에서 진행한 현지조사의 결과보고(鄭信哲, 黃娜 : 2009)에 나와 있는 수치다. 그중 청도 호구등록자는 3만 명, 暫住證(잠시 거주인 등록증) 소지자는 11만 명 정도라고 한다. 청도 조선족 인구는 실제로 정확한 통계가 이루어지기 어렵기 때문에 35만 명, 20만 명, 5만 명 등 여러 가지 추정치가 있다. 大韓民國 駐靑島領事館(2010)의 자료에는 청도 거주 조선족 인구가 12만 명으로 나와 있다.

시, 10대 최적 비즈니스 도시, 기업가 만족도 1위 도시, 중국인 거주 선
호도 1위 도시, 8개 국제회의 개최 도시로 선정되었다. 청도는 또한 중
국 도시 중 가장 먼저 한국이 대표단을 파견해 온 도시이기도 하다(大韓
民國 駐青島領事館, 2009).

개혁개방 이전인 1978년 당시 청도에는 138명의 조선족이 있었다. 그
들은 주로 국가의 일률적인 배치에 따라 정부 기관, 군부, 연구소, 대형
기업에 초빙된 고급인력 및 그들의 가족이다. 인원수가 적고 또 종사하
고 있는 직업 종류도 다양하여 서로의 접촉은 거의 없던 당시 상황에
서 조선족은 한족 중심의 사회에 융합되어 생활할 수밖에 없었다.11) 청
도에 조선족 사회가 서서히 형성되기 시작한 것은 개혁개방 이후이며
1992년 중한 수교 이후에는 공동체로서의 면모를 점차 형성하게 되었
다. 인구보편조사의 통계에 의하면 1982년에는 청도시 常駐 조선족 인
구가 89명이었으나 1990년에는 500명, 2000년에는 1,4491명에 달하여 10
년 사이에 30배 가까이 늘어 난 셈이다(劉太川, 2008). 현지 조선족과의 인
터뷰 자료에 근거하여 청도 조선족의 이주사를 시기별로 정리하면 다
음과 같다.

<표 2-2> 청도 이주 조선족 유형

시기	주요 이주 원인	이주 대상	주요 직업
개혁개방 이전 (50~70년대)	▶사회주의 건설을 위한 정부의 통일 배치	고학력자	▶당, 군, 정부 기관 관리직 ▶해양, 지질, 전자 관련 연구소

---

11) 초기 이주 현지인(현귀춘, 남용해)과의 인터뷰 자료에 근거함.(현귀춘 : 청도시 소
수민족연합회 부회장, 남용해 : 세계 해외 한인무역협회 부회장)

개혁개방~ 수교이전 (80~90년대 초)	▶한국의 투자 유치를 위해 조선족 인재 선발 ▶離農 도시 진출 붐	고학력자 離農 농민 자영업자	▶통역, 무역 관련 직업 ▶기업가 ▶단순 노동
수교 이후 (92~현재까지)	▶한국 기업이 대거 진출 ▶한국인 관광객 증가 ▶조선족 기업 속출 ▶한국어 교육 기관 증가	고학력자 외국어 능통자 한국에서 귀국한 자	▶기업 내 생산직, 사무직, 관리직 ▶요식업계 종업원, 경영자 ▶직업 소개사 ▶한국어 교사 ▶가사 도우미

청도에서 조선족의 공동체 의식은 거주 환경과 조선족 단체의 집단적인 활동을 통해 확인된다. 청도의 조선족 집거지는 여러 곳에 분산되어 있지만 각 지역마다 조선족 集中村을 형성하고 있다. 청도에서 가장 대표적인 조선족 집거구는 城陽區와 李滄區다. 이 두 지역에 거주하는 조선족 인구는 청도 조선족 인구의 55~65%를 차지한다.[12] 성양에는 최대의 한국 공업단지가 위치해 있으며 청도에서 가장 큰 조선족-한국인 생활권이 형성되어 있다. 이곳에는 약 500 여 개의 조선족 상가가 있으며 거리마다 한글 간판이 즐비하다(박영만, 2005).

이창구에 소재한 李村은 市區와 郊區의 연결지로서 직업 소개소, 음식업, 농산물 판매 등 조선족 자영업체가 많이 모여 있다. 이창구 賓河路에 위치해 있는 이촌 재래시장에는 20여개의 조선족 농산물 가게가 있고 200미터 남짓한 상가에는 30여 점의 조선족 점포가 빼곡히 들어 있다. 남용해(2009)에서는 청도 조선족은 집거구 내에서 한 아파트에 집

---

12) 2010년 11월 중국해양대 한국학연구소에서 개최된 "청도 조선족 사회 형성 및 현황" 간담회 자료에 근거하면 청도에서 조선족 집거지가 형성된 지역 및 인구 분포 상황은 성양구 40~50%, 이창구 15%, 기타 4개 시구 10%, 황도 개발구 5%, 교주시 10%, 기타 4개 縣級市 10%이다.

중적으로 모여 사는 경우가 많다고 하였는데 실제로 이촌의 百通, 新苑, 東南 등 고급 아파트에는 조선족 입주 가구수가 270여 가구, 200여 가구, 100여 가구에 달하며 성양의 서원장에는 5000여 조선족 가구가 한 아파트 단지에 집중하여 거주하고 있다. 또한 한국 기업과 조선족 기업, 공장들이 많이 소재하고 있는 황도 개발구, 교주시에서도 조선족은 혈연, 지연에 따라 집단 거주하고 있는 실정이다.

청도에서 조선족 공동체 의식이 고양될 수 있는 또 하나의 원인은 각종 민간단체의 역할이다. 현재 청도에는 크고 작은 규모의 조선족 협회가 20여 개 있으며 그중 조선족기업협회, 조선족과학문화인협회, 조선족여성협회, 조선족노인협회, 조선족골프협회, 조선족축구협회, 세계해외한인무역협회 청도지회 등은 청도 사회에서 꽤 영향력이 있는 단체로서 매년 각종 행사를 개최하고 있고 회원들의 참여 의식 또한 상당히 높으며 서로 끈끈한 정을 나누고 있다. 그들은 서로의 결혼, 돌, 환갑, 장례와 같은 경조사에 참가하여 기쁨과 위로를 나누면서 친목을 도모하고 있다.

이처럼 타운식의 거주 환경 및 민간단체의 활성화는 조선족으로 하여금 민족 간의 유대감을 형성하고 따라서 공동체 의식과 민족 정체성을 확립, 유지하는 데 중요한 작용을 한다.

다음은 청도에서 조선족의 사회, 경제 지위에 대한 객관적인 인식에 대해 짚어보고자 한다. 청도에서 조선족의 사회, 경제적 지위는 한국이나 전통 집거지에서보다 높게 인식되고 있다. 한국에 체류하고 있는 조선족의 경우, 남자 노동자들은 대부분 건설업에 종사하고 여성 노동자 대부분은 식당, 여관, 청소부, 가정부 등 상대적으로 근무 환경이 열악하고 소득이 낮은 직종에 종사한다.[13] 전통 집거지의 경우, 조선족 인구의 대부분이 농업 분야에 종사하며 조선족의 평균 소득 수준은 신흥 집거지에 비해 상대적으로 낮다. 이에 관해 최웅용 외(2005)에는 중국 내 조선족 주요 밀집 지역인 연변, 하얼빈, 심양, 북경, 청도를 대상으로 소득 규모에 대한 조사 자료가 나와 있는데 북경, 청도의 소득 규모가 동북 3성에 비해 높은 것으로 나타났다. 특히 소득이 높은 조선족들이 북경과 청도에 집중되어 있고 연변 지역은 조사 지역 가운데서 개인 소득이 가장 낮은 것으로 나타났다.

청도에서 조선족은 언어적인 우세와 중국 실정에 밝은 장점으로 한국 기업에서 사무, 관리, 기술 등 주요 업무를 담당하는 경우가 많다. 또한 청도 조선족 중에는 한국 기업에서 배운 기술로 개인 창업을 하는 기업인도 많다. 청도조선족기업협회의 통계 자료에 의하면 현재 등록된 청도의 조선족 기업수는 1000여 개에 달한다고 한다(남용해, 2009). 설용수(2004)에서는 산동성 조선족의 경제활동에 관한 조사를 통해 산동성의 한국자본기업 중의 1/4에 해당하는 기업이 조선족과 관련을 맺어서 들어온 기업이라고 보고하였다.

이종학(2003)은 조선족의 경제활동 관련 변수로 경제활동 유·무, 조선족의 취업 장소와 종사 직종, 현재 일자리에서의 자신의 지위, 개인 임금과 가족 임금 수준, 개인의 직업 또는 직장에서의 만족도를 조사하였다. 조사 결과 경제활동을 하고 있는 인구는 46.8%이고 경제활동을 하지 않는 인구는 36.4%로 집계되었다. (비경제활동인구가 36.4%를 차지하는 것은 조사 대상 중에 50대 이상이 50%를 넘기 때문이라고 보았

---

13) 이에 관한 내용은 권태환 외(2005)을 참조할 수 있다. 이 연구에서는 자료 수집의 어려움에 대해 언급하면서 한국에 체류하고 있는 조선족들은 자신이 종사하는 직종에 대한 열등 의식과 '불법체류자'라는 신분 때문에 자신의 상황을 남에게 말하기 꺼린다고 한다.

다.) 경제활동 인구 중에서 가장 많은 비중을 차지하는 것은 한국인 기업에서 일하는 사람(24.5%)이고 다음은 조선족 자영업자(15.7%)이며 중국 정부나 중국인이 운영하는 회사에 취업한 경우는 4.9%를 차지한다.

청도는 정부에서 한국과의 연관을 중시하여 정부 기관의 주요 부서에 조선족 간부를 채용하고 있다. 또한 최근 들어 한국어 교육열이 높아짐에 따라 대학교에 한국어 강좌의 개설이 증가되면서 한국어 교육자에 대한 수요도 폭증하였으며 기타 학문 영역에서도 한국어에 능한 조선족 인재가 우선 선발되고 있다. 현재 청도 내 주요 대학인 중국해양대, 청도대, 청도과학기술대, 청도이공대, 청도농업대의 한국어학과의 교수진은 대부분 조선족으로 구성되고 기타 인문, 이공계열까지 합치면 약 100명 가량의 조선족 교수가 있다.

2.3. 청도 조선족의 언어 환경

앞에서도 언급했듯이 청도는 한인들의 초기 이주로 형성된 전통 조선족 집거지가 아니라 개혁개방과 중한 수교 이후에 만들어진 신흥 집거지다. 따라서 청도 조선족 사회의 언어 환경은 전통 집거지에서와는 다른 모습을 띤다.

전통 집거지에는 지역마다 基層 方言이 자리 잡고 있지만 청도는 여러 가지 방언이 혼재 또는 융합되어 사용된다. ≪中國朝鮮語實態調査報告≫(1985)에 따르면 동북 3성 조선족 언어를 구성하는 기층 방언은 길림성의 경우는 함경도 방언이, 흑룡강성은 경상도 방언이, 요녕성은 평안도 방언이 자리 잡고 있다(신승용, 2006에서 재인용). 동북 3성의 방언 분포의 특징은 조선족의 이주사에서 그 원인을 찾을 수 있는데 일제시대를 제외하면 한인들의 중국 이주는 대부분 인접 지역에서 이루어졌기 때문이다.14) 다만 흑룡강성의 경우는 지리적인 인접으로 설명할 수 없는데 그것은 이 지역의 한인 이주는 대부분 일제시대에 이루어졌기 때문이다. 일제시대에 한반도의 남부인 경상도에서 중국 경내로 들어오게 되었는데 그때까지 한인 이주가 상대적으로 적었던 흑룡강성이 주요 流入 지역으로 되었다. 신승용(2006)에 따르면 그 시기에 충청도, 전라도 지역에서 길림성과 요녕성으로 이주한 사람도 일부 있었다고 한다. 따라서 전통 집거지에는 기층 방언이 자리 잡고 있는 외에 부분적이나마 충청도, 전라도, 황해도 방언이 혼재하게 되었다.

이에 비해 20세기 80년대에 와서야 조선족 이주가 시작된 청도의 경우는 위의 지역들과는 다르다. 개혁개방과 중한 수교 이후에 일어난 移農向都의 붐과 함께 길림성, 흑룡강성, 요녕성의 상대적으로 편벽한 지역에 살던 조선족들은 고향을 떠나 청도에 모여 점차 새로운 민족 집거지를 형성하였다. 이곳에서는 도시 집중화의 현상이 생기면서 인구의 수평 이동과 함께 상이한 언어 집단 간의 접촉이 크게 일어나게 된 것이다. 말하자면 동북 3성 각 지역의 기층 방언이 청도에서는 융합적으로 서로 접촉하는 과정에서 서로의 언어에 변화를 주게 되었다. 그밖에 한국 기업의 진출, 한국과의 왕래 및 한국인 관광객의 급증으로 한국인과의 접촉이 빈번해짐에 따라 조선족들은 한국인들이 사용하는 말에서 이질감을 경험하게 되는 것도 청도 조선족의 언어 변화를 유발하는 주요 원인이 되었다.

---

14) 지리적으로 길림성은 함경도와 인접해 있고 요녕성은 평안도와 인접되어 있다.

청도에서 이주해 온 조선족들은 중국인과의 접촉이 확대되어 중국어 사용 범위도 넓어졌다. 동북 3성에는 50여 개의 朝鮮族自治鄕(鎭)이 있는데 民族自治鄕이 건립되려면 민족 인구가 全鄕 인구의 30%에 달해야 한다(潘龍海·黃有福, 2002). 연변조선족자치주에는 조선족 인구가 1949년 기준으로는 全州인구의 63.36%, 1980년에는 40.41%를 차지한다(鄭成宏, 2007). 1982년 통계에 의하면 흑룡강성의 501개의 조선족 마을 가운데 389개는 마을 전체 인구의 100%가 조선족으로서 도시에서 멀리 떨어진 시골일수록 더욱 밀집되어 집단 거주 형태를 보인다(류춘옥·김병호, 2007).

청도의 경우 조선족의 생활권은 전통 집거지에서보다 훨씬 넓어졌으며 기타 민족과의 접촉도 확대되었다. 전통 집거지에서 조선족은 민족 자치의 정책 하에 정부로부터 독립성을 인정받아 한족 중심의 중국 사회에서 민족 집거지 내에서는 오히려 고립적인 방식을 취해왔다. 그러나 대도시에서 동일 민족끼리의 교류만으로는 적응이 불가능하여 고립적 형태의 적응은 더 이상 맞지 않는 방식이 되었다. 도시 환경은 조선족들로 하여금 가능한 많은 부분에서 主流 文化와의 참여를 통한 적응을 유도하고 있다. 또한 도시의 발달된 교통과 통신 기술로 커뮤니케이션이 활성화되고 다양한 사회적 연결망이 형성되었다. 조선족은 한족을 포함한 다른 민족과의 교류 가운데서 원하든 원하지 않든 중국어 사용이 필요하게 되고 심지어 조선족 간에도 중국어를 사용하는 경우가 생기게 되었다.

청도 조선족의 언어 환경은 한국과의 밀접한 연관성에서도 찾아 볼 수 있다. 조선족이 청도지역으로 본격적으로 이주하기 시작한 것은 한중 수교 이후 한국 기업이 대거 진출하면서부터다. 大韓民國 駐靑島領事館(2008) 통계 자료에 의하면 2007년 말까지 청도에서 정상적으로 경영

중에 있는 한국 기업 수는 4,081개이며 투자업체 및 상사 주재원, 유학생 등 상주 한국 교민은 약 10만 명에 달하며 연간 청도를 방문하는 한국인 여행자는 50.94만 명인 것으로 추정된다. 조선족의 청도 이주 이유에서도 알 수 있듯이 청도에서의 경제 활동은 대부분 한국과 관련되어 있어 한국인과는 다양한 사회적 연결망을 형성하고 있다.

신문, 방송, 인터넷 등 매체의 발달에 의한 언어의 파급 효과도 무시할 수 없다. 90년대 말부터 중국에 들어오기 시작한 한국 위성 방송은 현재는 조선족이 집거하고 있는 곳에는 거의 보급되어 있다. 윤인진 (2003)에는 청도 거주 조선족의 방송 시청에 관한 조사 통계 자료가 제시되었는데 응답자의 42.8%는 중국 방송과 한국 방송을 동시에 시청하며 응답자의 18.2%는 한국 방송만 시청한다고 하였다.

이상에서 논의한 내용을 요약하면 다음과 같다.

현재 중국 조선족의 대부분을 이루는 사람들은 19세기 후반부터 20세기 40년대에 한반도에서 중국으로 이주한 사람 또는 그 후손들이다. 이들은 중국 정부로부터 ‘조선족’이라는 공식적인 이름을 부여받고 중국 내 다른 민족과 함께 중국 공민으로 생활해 왔다.

한반도를 떠난 한인들이 초기에 주로 이주해 간 곳은 동북 3성이고 이 지역은 중국 조선족의 전통 집거지가 되었다. 그러나 중국의 개혁개방 정책과 중한 수교를 이후에 전통 집거지의 조선족은 중국 내의 다른 도시로 대규모의 이동을 하면서 대도시, 연해개방도시에는 신흥 조선족 집거지가 형성되기 시작하였다.

청도는 중국 개혁개방의 정책의 선봉 도시이고 한국과의 연관성이 가장 밀접한 지역이므로 많은 조선족들이 이곳으로 모여 들면서 중국 내에서 가장 대표적인 신흥 조선족 집거지를 형성하였다.

청도에서 조선족 사회의 언어 환경은 다지역 융합, 한족 중심의 중국 사회와의 접촉 확대 및 한국과의 밀접한 연관성으로 특징된다. 이런 사회적 요인으로 말미암아 조선족 언어에는 '원 방언 요소, 타 방언 요소, 중국어 요소, 한국어 요소'의 상호 간섭이 복잡하게 일어난다.

03 | 중국 청도 조선족의 언어 태도

언어의 많은 현상은 사람들의 언어 태도 如何에 따라 좌우되고 언어 태도는 한 공동체의 언어를 지탱하는 요건이 되기도 한다. 언어 태도라고 함은 이익섭(1994)에 의하면 좁게는 언어 자체에 대한 태도만을 가리키고 넓게는 언어 및 그 언어 사용자 나아가서 언어 정책이나 사멸에 대한 태도를 포함한다.[1] 한 사회 언어의 存續, 衰退, 滅亡은 그 사회 성원들의 언어 태도에서 비롯되고 언어 학습의 성취도도 언어 태도의 영향을 받게 된다. 이 장에서는 언어 태도의 개념을 언어 수행 능력에 대한 평가, 언어 선호도, 사용 적절성에 대한 평가, 언어 지향, 언어 사회에 대한 전망까지 범위를 확장하여 기술하기로 한다.

언어 수행 능력은 이해와 표현 면에서 본인의 조선어, 중국어, 한국

---

[1] 언어 태도와 비슷한 의미로 언어 의식이라는 용어가 사용되기도 한다. 언어 의식은 언어 태도에 비해 심리적인 측면에 중점이 놓인다는 점을 고려할 때 본서에서는 언어에 대한 내적 사고의 구체적 반응까지 포함하여 논의하고자 '언어 태도'라는 용어를 사용하기로 한다.

어어 수행 능력을 어떻게 평가하는지 알아 볼 것이다.[2] 언어 선호도, 사용의 적절성에 대한 판단을 바탕으로 언어 지향 태도는 본인, 배우자, 자녀로 나눠 살펴 볼 것이다. 언어 지향 태도에서는 청도 조선족 사회의 구성원들이 언어의 유지와 전환 문제에서 취하는 태도가 반영될 것으로 보인다. 언어 사회에 대한 전망은 청도 조선족 사회의 현황에 비추어 조선족 공동체의 미래 언어에 대한 구성원들의 견해를 통합적으로 알아보고자 한다.

청도 조선족 사회에서 조선족들은 자기가 써 오던 조선어를 유지해 갈 것인지, 아니면 청도 사회의 주류 언어인 중국어 혹은 경제적으로 우월한 위치에 있는 한국의 언어를 택하여 언어 전환이 일어날 것인지에 대한 해답을 찾는 것은 본 연구의 동기이기도 하다. 이에 본서에서는 각 조사 항목에 대한 응답 결과를 심리적 요인과 사회적인 요인과 결부하여 분석하고 설문 조사에서 나타난 경향은 면접 조사에서 중복 확인을 통하여 이해를 높이고자 하였다. 언어 태도에 대한 분석은 청도 조선족 공동체의 언어 현황과 미래를 이해하는 데 있어서 그 자체로서 의미가 있을 뿐만 아니라 다음 장에서 논의하게 될 구체적인 언어 사용에서 나타나는 현상들을 해명하는 데 정보가 제공될 것으로 판단된다.

---

2) 언어 지식에 대한 평가가 언어 태도의 범위에서 제외되어야 한다는 의견도 있지만 본서에서와 같이 응답자의 언어 수행 능력이 공식기관이 측정한 능력이 아니라 '자기평가 능력'이기에 언어 태도에서 다뤄지는 게 합당하다고 판단된다.

3.1. 언어 수행 능력

이중(다중)언어를 사용하는 사람들은 반드시 자신의 언어(또는 變異形)에 대해 정확하게 같은 능력을 가지고 있지 않다. Sridhar이 말한 바와 같이 "레퍼토리로 토착민같이 그 언어를 모두 구사하는 균형 잡힌 다중언어 능력은 오히려 평범치 않다. 전형적으로 다중언어는 다른 레퍼토리에 대해 구사의 정도가 다양하다"(Ronald Wardhaugh, 박의재, 정미령 1999 : 144에서 재인용). 이 장에서는 중국어, 조선어, 한국어 사용이 모두 허용되는 청도에서 조선족의 다중언어 수행 능력은 어떤 수준인지 살펴보기로 한다.

중국에서 조선어라고 함은 중국 소수민족 언어의 하나로서 조선족의 언어 정체성을 가리키는 언어로 인식된다.『조선어문사업조례』[3])의 제3조에는 "조선어와 조선문은 조선족인민들이 자치권리를 행사하는 주요한 언어문자도구이다"라고 명시되어 있다. 중국에서 조선어는 소수민족 보호정책에 의해 교육 및 사용이 허용되며 전문적인 교육기관과 사업기관이 존재한다. ≪中華人民共和國憲法≫ 제4조의 제4항에는 "各民族都有使用和發展自己的語言文字的自由, 都有保持或者改革自己的風俗習慣的自由."(각 민족은 모두 자기의 언어와 문자를 사용하며 발전시킬 자유와 자기의 풍속, 습관을 유지 또는 개혁할 자유를 가진다)"라고 명시되어 있다. 전통 집거지에는 조선족 교육 기관으로서 小學校, 初中學校, 高中學校가 설치되어 있다.[4]) 조선어 교육의 언어규범은 1977년까지는 북한의 '조선말 규범'

---

3) 1988년 1월 11일, 연변조선족자치주 제9기 인민대표대회 제1차회의에서 채택. 1988년 7월 21일, 길림성 제7기 인민대표대회 상무위원회 제4차 회의에서 비준함.
4) 중국의 학제는 9년 의무교육제로서 소학교(초등학교), 초중학교(중학교)는 의무교육 과정이고 고중학교(고등학교)는 대학 진학을 목표로 하는 보통고중학교와 취직

을 그대로 따르다가 1977년부터는 연변조선족자치주에 '朝鮮語規範査正委員會'가 발족되어 朝鮮語規範을 정하여 시행하고 있다. 그 뒤로 조선어규범은 여러 차례 수정을 거쳤지만 근간은 여전히 북한의 조선말 규범이기 때문에 남한의 '한글맞춤법'보다는 북한의 '조선말규범'에 가깝다고 할 수 있다.

중한 수교가 이루어지고 한국과의 교류가 빈번해짐에 따라 조선족은 각종 매체와 민간 교류 과정에서 한국어를 접하면서 조선어와 한국어의 차이를 느끼게 된다. 우선 한국어 맞춤법은 그동안 학교에서 배워온 조선어문의 그것과는 다른 모습을 띤다는 점, 방송 언어도 조선말 방송과 한국말 방송이 다르다는 것을 느끼며 실제 사용에서도 조선족은 한국어와 조선어의 이질감을 느낀다. 말하자면 한국어에는 외래어가 많이 들어 있고 조선어는 중국어가 섞여서 사용되거나 또는 중국어식 한자어가 많이 들어 있다는 인식을 보편적으로 갖고 있다.[5]

조선족에게 중국어는 필수적인 언어임에는 틀림없다. 중국어를 알아야 출세한다는 것도 보편적인 의식인 만큼 조선족 학교에서도 중국어는 늘 중시되었다. 실제 사용면에서 한족과의 접촉 정도에 따라 차이가 나며 거의 조선족만 모여 사는 마을에서 생활한 사람은 그렇지 않은 사람보다 중국어를 할 기회가 적어 중국어 능력이 떨어진다. 또한 다닌 학교가 漢族 학교냐 朝鮮族 학교냐에 따라서도 중국어 실력에 차이가 난다는 점 등은 본 조사를 하기 전에 저자가 예측했던 바이기도 하다.

을 목표로 하는 직업고중학교로 나뉜다. 소학교는 5년제 또는 6년제, 초중학교는 3년제 또는 4년제, 고중학교는 보통 3년제다. 조선족 거주 인구의 증가로 최근 신흥 집거지에도 조선족 학교가 있지만 전통 집거지와 같은 연속된 교육 시스템을 갖추지는 못하였다.

5) 조선어, 한국어, 중국어 차이에 대한 조선족들의 이러한 인식은 면접 조사에서도 확인되었다. 본서의 4.2를 참조.

이런 문제점들은 실제 조사에서 해당 문항에 대한 응답 결과를 통해보다 구체적으로 확인되었다.

變形生成 문법에서 言語能力(linguistic competence)은 언어 사용자의 잠재적인 능력으로서 추상적인 개념에 속한다. 이에 대조되는 개념으로서 言語遂行(linguistic performance)이 있다. 언어 수행은 직접적 관찰대상이 되며 자료로 나타낼 수 있는 실제적인 언어 사용을 말한다. 따라서 본서에서 말하는 언어 능력은 구체적인 상황에서의 언어 수행 능력을 가리킨다. 언어 수행을 구성하는 두 영역은 이해와 표현이다.

본서에서 설정된 언어 수행 능력의 평가 항목은 조선어와 중국어의 작문력, 독해력 및 한국어의 방송 이해력 및 말하기 능력이다.[6] 엄밀한 의미에서 언어 수행 능력을 직접 측정하기는 어려운 일이다. 많은 응답자를 대상으로 시험을 통해 능력을 평가하는 방법을 택하기에는 개인 연구자의 역량으로는 부족하다. 본서에서는 설문지에 의한 자기 평가를 통해 언어 수행 능력을 파악하기로 하였다. 이런 자기평가는 絶對能力이라고 볼 수 없다는 점을 감안하여 언어 태도에 포함시켜 논의하기로 한다.

결과에 대한 분석은 언어 영역별로 나눠서 살펴보고 응답 결과로부터 각 언어의 종합 능력을 측정하여 비교 분석할 것이다. 언어 수행 능력은 각각의 사회적 변수를 해당 문항과 일원배치 분산분석을 통해 유의미한 것으로 판정된 것에 대해 구체적인 분석을 하기로 한다. 분산분

---

6) 조선족 화자는 한 언어의 두 변종 관계에 있는 조선어와 한국어의 차이를 주로 구어에서 느끼게 된다. 읽기와 쓰기에서 조선어와 한국어를 구분하는 기준은 말하기에서보다 훨씬 복잡하고 그러한 판단 기준을 응답자들이 이해하기에는 어려움이 따른다. 따라서 본서에서는 조선어와 한국어의 구별은 구어에만 한정하였고 독해력과 작문력의 평 대상은 사실상 한글과 중문 수행 능력이다. 기타 문항에서도 마찬가지이다.

석의 결과에서 평균값이 통계적으로 유의미한 수준에서 차이가 나타난 변수는 학교 종류와 출신지였다. 따라서 언어 수행 능력에 대한 응답 결과는 이 두 사회적 변수에 따른 분석을 중심으로 한다. 구체적으로는 이해와 표현 능력이 학교 종류에 따라 어떻게 다르게 나타나는지 살펴보고 중국어, 조선어, 한국어의 종합적 언어 수행 능력은 출신지를 변수로 정하고 살펴볼 것이다.

언어 수행 능력에 대한 대체적인 파악은 후술하게 되는 언어 태도나 실제 언어 사용 양상을 분석하는 기초가 되며 청도 조선족 사회의 언어 정책을 확립하는 데 있어서도 중요한 정보가 될 것으로 판단된다.

3.1.1. 이해 능력

중국어와 조선어의 이해 능력은 책이나 신문의 독해 능력에 대한 평가에 근거하고, 한국어는 한국 방송과 중국 방송의 이해 차이에 근거하여 분석할 것이다. 이를 알아보기 위해 다음과 같은 문항을 설정하였다.

> [설문 문항-이해 능력 / 문항 유형-5점 척도식]
> 1. 나는 중국말로 된 책이나 신문을 잘 읽는다.
> 4. 나는 조선말로 된 책이나 신문을 잘 읽는다.
> 7. 나는 중국말 방송보다 한국말 방송이 더 잘 이해된다.

문항 1과 문항 4는 각각 중국어와 조선어의 독해력을 평가하는 문항이고 문항 7은 한국어의 청취력을 중국어와 비교하여 평가하는 문항이다. 책, 신문, 방송은 스스로 이해력을 평가할 수 있는 가장 중요한 매체이다. 독해력에서 조선어와 한국어를 구별하지 않은 이유는 응답자들이 조선어와 한국어의 正書法의 차이를 알기 쉽지 않다고 판단했기 때문이다. 청도에서 조선족이 자유롭게 접할 수 있는 방송은 중국말 방송과 한국말 방송이다. 따라서 방송 청취력은 중국말 방송과 한국말 방송에 한해서만 평가하도록 하였다.

위의 문항에 대한 응답 결과를 표와 그림으로 보이면 다음과 같다.

<표 3-1> 이해 능력

구분	유효 응답	평균값	표준 편차
읽기-中	405	4.00	1.084
읽기-朝	405	3.85	1.194
듣기-韓	402	3.41	1.233

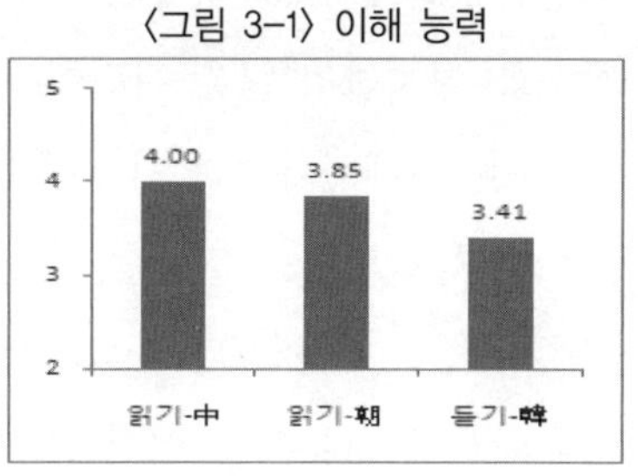
<그림 3-1> 이해 능력

중국어와 조선어의 독해력을 비교하면 중국어가 조선어에 비해 높게 나타났다. 이렇게 나타난 이유는 다음과 같은 몇 가지 원인이 작용하였을 것으로 판단된다. 우선 문자 인식에서 한자가 表意文字이고 중국어의 統辭 構造 또한 상대적으로 단순하기 때문에 조선어에 비해 문장을 이해하는 데 용이할 수 있다. 조선어의 경우 표기법의 규범상 漢字 倂用이 허용되지 않아 조선어로 된 책이나 신문은 대부분 순수 조선어로만 되어 있다. 한자는 조선족에게 익숙한 문자인 데 비해 조선어는 조선어 교육을 받지 않은 조선족일 경우 문자 해독이 불가능하거나 독해 능력이 낮을 가능성이 크다. 지금까지 한족 학교에서는 조선어 교육이 거의 이루어지 지지 않지만 조선족 학교에서는 중국어 교육이 중요한

부분으로 이루어지기 때문이다. 그 밖에 신흥 집거지에서 조선어로 된 책이나 신문은 중국어로 된 것에 비해 구하기가 어렵기 때문에 구독량이 적은 것도 다른 하나의 원인이 된다.

중국 방송과 한국 방송 청취력에서는 평균값이 3.41로 '보통이다'(3점)에 비해 높으며 '그렇다'라는 응답자의 비율이 '그렇지 않다'라고 응답한 사람에 비해 많다.[7] 이는 청도 조선족들이 한국말로 된 방송에 대한 이해도가 상대적으로 높다는 것을 의미한다. 이 문항이 중국말 방송에 대한 이해와 비교하여 물어 본 것이고 또한 응답자 중에는 한국 위성 방송을 설치하지 않은 사람이 포함되었다는 점을 감안하면 한국말 방송을 잘 이해한다는 응답자는 훨씬 더 많을 것으로 예상된다.

이해 능력의 응답 결과가 응답자들의 사회적 변수에 따라 집단 간의 차이가 있는지 살펴보기 위해 각각의 변수를 해당 문항과 평균비교의 일원배치 분산분석을 실시하였다. 결과 학교 종류[8]에 따라 집단 간의 평균값이 서로 차이가 나타남을 알 수 있었다.[9]

전통 조선족 집거지에서는 民族區域自治 제도의 허용과 함께 自治 區域 내에는 조선족 小學校, 初中學校, 高中學校가 설립되어 교육 체제가 잘 갖춰져 있다.[10] 조선족은 자율적으로 민족 학교를 선택할 수도 있고

---

7) 구체적인 응답 비율(유효비율)은 '전혀 그렇지 않다'(1점)가 7.5%, '그렇지 않은 편이다'(2점)는 16.9%, '보통이다'(3점)는 26.9%, '그런 편이다'(4점)와 '매우 그렇다'(5점)는 모두 24.4%로 나타났다.

8) 이 글에서 말하는 '학교 종류'는 조선족이 다니는 학교를 크게 조선족(민족) 학교와 한족(일반) 학교로 분류하여 일컬은 것이다.

9) 소학 종류에서 조선어 이해 능력은 F=45.001, p=.000, 한국어 이해 능력은 F=9.352, p=.002로 나타남. 초중 종류에서 중국어는 F=6.361, p=.012, 조선어는 F=32.645, p=.000, 한국어 듣기F=10.637/p=.001로 나타남. 고중 종류에서 조선어는 F=37.297, p=.000, 한국어는 F=11.305/p=.001로 나타남.

10) 전학석(2004)에서 인용된 동북 3성 교육청 민족교육처의 자료에 의하면 동북 3성 내 조선족 소학교, 초중학교, 고중학교 수는 각기 길림성은 167개, 43개, 27개(2002

일반 학교를 선택할 수도 있다.[11] 본서에서는 조선족이 다닌 학교를 조선족 학교와 한족 학교로 나눠서 언어 수행 능력을 비교 분석하였다. 우선 조선족이 다닌 학교의 종류를 표로 보이면 다음과 같다.

<표 3-2> 조선족이 다닌 학교의 종류

학교 종류	小學		初中		高中	
	인원	비율	인원	비율	인원	비율
조선족 학교	357	90.8	281	85.2	266	82.9
한족 학교	30	7.6	44	13.3	53	16.5
모두 다님	5	1.3	4	1.2	1	0.3
모두 안 다님	1	0.3	1	0.3	1	0.3
유효 응답 수	393	100.0	330	100.0	321	100.0

<표 3-2>에서 보다시피 청도에 거주하는 조선족은 대부분이 조선족 학교에서 교육을 받았다.[12] 이로부터 중국에서, 특히 민족 자치 지역에서 민족 학교의 보급과 운영이 잘 이루어져 있는 편이고 조선족도 한족 학교보다는 조선족 학교를 선호하였다는 것을 알 수 있다. 그러나 현재 청도의 사정은 많이 다르다. 청도는 민족 자치 자격을 부여받은 지역이 아니기에 이곳에서의 민족교육은 국가적인 지원이 상대적으로 적다. 일반(한족) 학교에서는 국가의무교육 정책 하에 학비가 면제되지만 조선족 학교에서는 학비나 학교 운영비의 대부분을 학생이 부담하

년 통계), 흑룡강성은 162개, 37개, 17개(2001년 통계), 요녕성은 73개, 24개, 12개(2003년 통계)로 분포되어 있다.

11) '한족 학교'라는 이름은 조선족들이 학교 종류를 조선족 학교와 구별하기 위해 일반 학교를 '한족 학교'라고 불러서 생긴 것이다. 본서에서도 논의를 위해 일반 학교를 한족 학교라고 부르기로 한다.

12) 본 조사에서 회수된 설문지 중 65부는 조선족 소학교에 특정하여 의뢰된 것이므로 소학교 종류의 인원 분포에서는 이 점이 감안되어야 한다.

도록 되어 있는 실정이다. 따라서 청도에서 조선족 학교의 설립과 운영
은 현실적으로 여러 가지 어려움이 따르게 된다. 현재 청도에는 민족학
교로서 두 개의 소학교가 운영되고 있다.[13]

소학교, 초중학교, 고중학교의 각 단계에서 조선족 학교와 한족 학교
를 모두 다닌 사람은 전체 표본 중에 몇 명 안 되고 또한 본 연구의 목
적이 한족 학교와 조선족 학교를 다닌 사람의 차이를 비교하는 것이므
로 '모두 다님'과 '모두 안 다님'에 속하는 응답자는 분석에서 제외하였
다.

아래에 구체적으로 어떻게 차이가 나는지를 각 집단의 평균값에 대
한 비교를 통해 알아보기로 한다.

<표 3-3> 집단별 이해 능력(학교 종류별)

구분		小學		初中		高中	
		조선족	한족	조선족	한족	조선족	한족
읽기-中	유효응답	357	30	281	44	266	53
	평균	3.99	4.23	4.03	4.45	3.87	4.42
	표준편차	1.048	1.431	1.031	1.109	1.018	1.108
읽기-朝	유효응답	357	30	281	44	266	53
	평균	3.97	2.53	4.11	3.09	4.16	3.17
	표준편차	1.142	0.900	1.070	1.254	1.061	1.172
듣기-韓	유효응답	354	30	279	43	264	52
	평균	3.47	2.77	3.38	2.74	3.40	2.79
	표준편차	1.216	1.165	1.211	1.093	1.204	1.143

---

13) 하나는 청도시 이촌구에 위치하고 있는 正陽朝鮮族小學校고 다른 하나는 청도 卽
墨市에 소재하고 있는 西元庄朝鮮族小學校다. 두 학교의 재학생 수는 총 600 명가
량 된다.

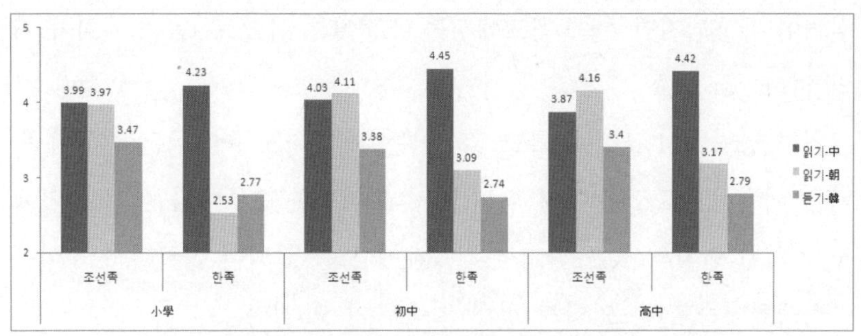

〈그림 3-3〉 집단별 이해 능력(학교 종류별)

　위의 응답 결과를 보면 한족 학교를 다닌 사람은 중국어 읽기 능력 면에서 조선족 학교를 다닌 사람에 비해 우세하지만 조선어 읽기와 한 국어 듣기 능력면에서는 비교적 큰 차이가 나는 것을 볼 수 있다. 중국 어 읽기 능력에서 조선족 학교를 다닌 사람들의 평균값은 한족 학교를 다닌 사람에 비해 낮지만 중국어와 조선어의 차이는 그다지 크지 않다. 반면에 한족 학교를 다닌 사람은 중국어 읽기 능력에서는 꽤 높은 점 수로 나타났지만 조선어 읽기와 한국어 듣기는 조금 낮게 평가되었다.

　이러한 현상이 나타나는 주요 원인은 중국의 교육 제도에서 찾아 볼 수 있다. 조선족 학교를 다닌 사람은 이중 언어 교육의 혜택을 받아 조 선어와 중국어 교육을 동시에 받을 수 있지만 한족 학교를 다닌 사람 은 학교에서의 교육이 중국어로만 이루어져 조선어는 학교 밖에서만 접할 수 있기 때문이다.[14] 특히 고학년으로 올라갈수록 교재 외에 학생 들이 필수로 읽어야 하는 참고서가 많아지는데 이런 책들은 대부분 중 국어로 되어 있다. 조선족 학교를 다닌 사람들은 그 과정에서 중국어

---

14) 중국 소수민족 정책에 따라 소수민족 학교의 경우 소수민족 언어로 가르칠 수 있고 민족 언어로 국가통일시험에 응시할 수 있다.

실력이 제고되지만 한족 학교에서는 조선어를 접할 수 있는 기회가 거의 없다.

읽기 능력에서 조선족 학교 출신이든 한족 학교 출신이든 중국어 능력은 대체적으로 조선어에 비해 높거나 비슷한 수준이라는 점은 앞에서 논의된 한자의 表意的 기능이 독해에 도움이 되어 한글과의 차이를 축소시켰다는 결론을 다시 한번 입증해 주고 있다.

위의 결과에서는 한족 학교를 다닌 사람은 각 언어 영역에서 중국어와 조선어 능력의 차이가 소학교에서 고중학교로 올라갈수록 작아지는 점도 발견된다. 그 원인은 조선족 사회에서 한전민(漢轉民)현상은 잘 일어나지 않지만 민전한(民轉漢)현상은 비교적 흔한 일이기 때문이다.[15] <표 3-3>에서도 보다시피 소학교에서 고중학교로 진학할 때 조선족 학교에서 한족 학교로 전향한 사람이 많이 나타남을 볼 수 있다. 민족 학교에서 한족 학교로 전향하는 사람이 늘어남에 따라 조선족 초중학교, 조선족 고중학교의 수가 줄어들게 되어 이에 따른 문제점도 적지 않다. 경험자들의 진술에 따르면 한 지역에 몇 개의 조선족 학교가 하나로 병합되거나 아예 없어지는 경우, 조선족 학교를 계속 다니려면 먼 등굣길을 감수해야 하거나 심지어 다른 지방으로 이사를 가야 하는 등 불편을 겪게 된다고 한다.[16]

---

15) 民轉漢이란 중국에서 학령기 학생들이 민족 학교에서 한족 학교로 옮기는 현상을 말한다. 최근 들어 도시 이주와 해외 진출로 말미암아 조선족 학생 수가 줄어들고 조선족 학교가 황폐해짐으로써 인해 조선족 학생들이 학교를 옮기는 현상이 많이 생긴다. 이에 관한 연구는 지동은(2010)을 참조할 수 있다.
16) 면접 조사 과정에서 민전한을 경험한 응답자인 박○○, 김○의 진술에 의거함.

3.1.2. 표현 능력

중국어와 조선어의 표현 능력은 쓰기와 말하기 능력에 대한 평가에 근거하고, 한국어의 표현 능력은 말하기 능력에 대한 평가에 근거하여 분석할 것이다. 쓰기 능력의 평가에서 한국어를 설정하지 않은 이유는 이 영역에서 한 언어의 두 변종에 속하는 조선어와 한국어의 차이는 남북한 문법 차이의 감별과 같은 비교적 높은 차원의 언어 지식이 요구되므로 응답자가 스스로 판단하기 어려운 점 때문이다. 응답자에게 있어서 조선어와 한국어의 차이는 주로 구어에서 느낀다는 점을 고려하여 쓰기 능력은 중국어와 조선어에만 한하였다. 다음은 응답자의 언어 표현 능력을 알아보기 위해 만들어진 문항이다.

> [설문 문항-표현 능력 / 문항 유형-5점 척도식]
> 2. 나는 중국말로 글을 자유자재로 쓴다.
> 3. 나는 중국말을 유창하게 한다.
> 5. 나는 조선말로 글을 자유자재로 쓴다.
> 6. 나는 조선말을 유창하게 한다.
> 16. 한국인들은 내가 하는 말을 잘 알아듣는다.

문항 2와 문항 3은 중국어 쓰기와 말하기 능력을 평가하는 문항이고 문항 5와 문항 6은 조선어 쓰기와 말하기 능력을 평가한 문항이다. 아울러 문항 16은 한국어 말하기 능력을 평가하는 문항이다. 말하기 능력은 중국어와 조선어는 표현의 유창성으로, 한국어는 한국인과의 교류에서 원활 정도로 판단하도록 하였다.

위의 문항에 대한 응답 결과를 그림과 표로 보이면 다음과 같다.

<표 3-4> 표현 능력

구분	유효 응답	평균값	표준 편차
쓰기-中	404	3.90	1.074
쓰기-朝	405	3.98	1.260
말하기-中	404	4.02	1.073
말하기-朝	405	4.19	1.021
말하기-韓	400	3.88	0.993

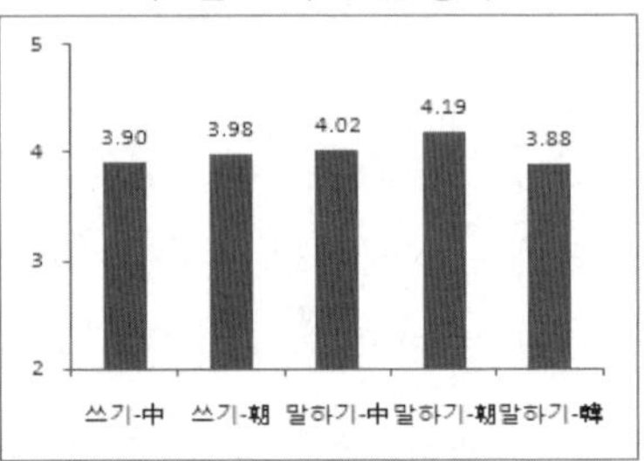

<그림 3-4> 표현 능력

응답 결과를 보면 중국어 쓰기 능력은 조선어보다 다소 낮게 평가되었음을 알 수 있다. 이 점은 앞에서 읽기 능력의 평가에서 중국어 능력이 조선어 능력에 비해 우세했던 것과 대조적이다. 쓰기 능력면에서 중국어가 평균적으로 조선어에 비해 낮은 원인은 문자 숙달 능력과 연관이 있는 것으로 보인다. 쓰기에서 한자는 음과 형태, 의미를 동시에 기억하고 적어 내야 하는 부담이 한글에 비해 크다. 특히 오늘날 컴퓨터나 휴대폰의 拼音 輸入法이 보급됨에 따라 한자 識別 기능과 한자 書寫 기능의 차이가 생기는 현상이 나타나고 있다. 즉 중국인들이 오랜 시간 병음에 의해 한자를 입력하는 방법에 의거하다보니 기계에 의거하지 않고 한자를 적어내야 하는 경우에 한자의 형태를 바로 적어내지 못하는 현상을 경험하게 된다. 실제로 이에 관한 연구는 조사를 통해 밝혀진 바가 있다.[17]

말하기 능력에서는 조선어가 중국어에 비해 높게 평가되었는데 이는 청도 거주 조선족 중에 조선어를 모어(first language)로 하는 사람이 많고

---

17) ≪中國靑年報≫(2010년 4월 16일자)에는 한자 執筆難 문제에 관한 조사 결과가 기재된 바가 있다. 고등학교 이상의 학력인 사람 2072명에 대해 <한자를 적어 내지 못한 경험이 있는가?>라는 물음에 83%가 <자주 있다>고 대답했다.

조선어 보존 정도가 높다는 것을 말해준다. '중국말/조선말을 유창하게 하는가'라는 문항에서는 평균적으로 '그렇다'에 집중된 것에 비해 '자신이 하는 말을 한국인들이 잘 알아 듣는가'라는 한국어 말하기 평가에서는 '그런 편이다'(4점)에 미치지 못하는 응답(3.88)이 많았다. 문항의 설정이 '유창하게 하는 것'과 '상대방이 알아 듣는 정도'에 대한 평가라는 것을 고려하면 조선족은 자신의 한국어 표현력에 대해 중국어나 조선어에 비해 낮게 평가한다는 것을 알 수 있다.

표현 능력도 집단별로 응답 차이가 존재할 것이라는 가정 하에 일원 배치 분산분석을 실시해 본 결과 이해 능력에서와 마찬가지로 학교의 종류에 따라 집단 간에 유의미한 차이가 나타났다.[18]

아래에 구체적으로 어떻게 차이가 나는지를 각 집단의 평균값에 대한 비교를 통해 알아보기로 한다. 각 언어 수행 능력의 평균값을 학교 종류별로 나타내면 다음과 같다.

〈표 3-5〉 집단별 표현 능력(학교 종류별)

구분		小學		初中		高中	
		조선족	한족	조선족	한족	조선족	한족
쓰기-中	유효응답	357	30	280	44	266	53
	평균	3.87	4.33	3.83	4.43	3.87	4.42
	표준편차	1.035	1.398	1.024	1.149	0.986	1.082
말하기-中	유효응답	357	30	280	44	266	53
	평균	4.01	4.37	3.95	4.43	3.98	4.42
	표준편차	1.024	1.402	1.020	1.169	0.992	1.100

---

18) 소학 종류에서 중국어 쓰기는 F=8.320, p=.020, 중국어 말하기는 F=93.973, p=.000, 조선어 말하기는 F=28.727, p=.000, 한국어 말하기는 F=6.169, p=.013로 나타남. 초중 종류에서는 중국어 쓰기는 F=12.910, p=.000, 조선어 쓰기는 F=8.020, p=.005, 중국어 말하기는 F=84.016, p=.000, 조선어 말하기는 F=27.830, p=.000로 나타남. 고중 종류에서는 중국어 쓰기는 F=12.964, p=.000, 조선어 쓰기는 F=8.146, p=.005, 중국어 말하기는 F=77.266, p=.000, 조선어 말하기는 F=25.570, p=.000로 나타남.

쓰기-朝	유효응답	357	30	281	44	266	53
	평균	4.15	2.17	4.29	2.73	4.33	2.92
	표준편차	1.075	1.085	0.996	1.353	0.996	1.357
말하기-朝	유효응답	357	30	281	44	266	53
	평균	4.28	3.30	4.40	3.61	4.42	3.72
	표준편차	0.963	0.952	0.897	1.017	0.913	0.988
말하기-韓	유효응답	353	30	280	44	265	53
	평균	3.92	3.47	3.90	3.61	3.96	3.64
	표준편차	0.978	0.819	0.997	0.813	0.966	0.762

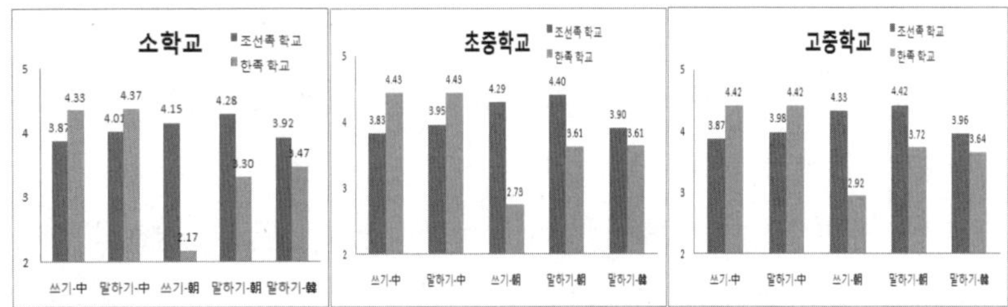

〈그림 3-5〉 집단별 표현 능력(학교 종류별)

위의 응답결과를 보면 한족 학교를 다닌 사람은 중국어 능력이 조선족 학교를 다닌 사람에 비해 높게 평가되었다. 조선어와 한국어 능력에서는 여전히 한족 학교를 다닌 사람의 능력이 낮게 평가되었다. 이것은 앞에서 살펴본 이해 능력에서 나타났던 결과와 유사하다. 조선족 학교를 다닌 사람은 조선어와 중국어의 능력 차이가 그다지 크지 않은 반면 한족 학교를 다닌 사람은 조선어와 중국어의 능력에서 차이가 많이 나는 것도 이해 능력에서 나타났던 경향과 유사하다. 이 점도 이중언어 교육이 대부분 조선족 학교에서만 이루어지는 것과 연관된다.

이해 능력과 대조를 보이는 것은 쓰기 능력이다. 조선족들의 쓰기 능력은 조선어와 중국어 능력에서 그 차이가 확대된 점을 볼 수 있다. 읽기 능력에서 조선족 학교를 다닌 사람은 중국어(3.99, 4.03, 4.07)와 조선어 (3.97, 4.11, 4.16) 능력이 대체로 비슷하지만 쓰기 능력에서는 조선족 학교 에 다닌 사람은 조선어(4.15, 4.29, 4.33)가 중국어(3.87, 3.83, 3.87)에 비해 우세 하며 그 차이는 읽기 능력에서보다 크다. 한자를 적어 내는 부담이 조 선족 학교에 다닌 사람에게 있어서 더 크게 작용하였을 것으로 판단된 다.19)

조선족 학교에 다닌 사람은 말하기 능력에서 중국어(4.01, 3.95, 3.98)보다 조선어(4.28, 4.40, 4.42)를 더 잘 하는 것으로 나타났는데 그 차이는 쓰기의 경우와 비슷하다. 반면에 한족 학교를 다닌 사람은 말하기에서도 중국 어(4.37, 3.95, 3.98)를 조선어(3.30, 3.61, 3.72)에 비해 잘 하는 것으로 나타났다. 면접 조사에서, 박○○의 진술에 따르면 한족 학교에 다니면서 중국어 를 사용하는 일이 많아져 같은 학교에 다니는 조선족 친구들도 서로 중국어로 대화한다고 한다. 집에서 가족들과의 대화에서도 조선어로 듣고 중국어로 말하는 현상이 많이 있다고 한다.

표현 능력에서도 한족 학교에 다닌 사람은 중국어와 조선어 능력의 차이가 소학교에서 고중학교로 올라갈수록 작아지는 점이 발견된다. 이 점도 이해 능력에서 나타났던 것과 유사한 것인데 조선족 학교에서 한족 학교로 옮기는 民轉漢 현상의 결과로 설명이 가능해 진다.

---

19) 면접 조사에 참여한 이○○의 진술에 따르면 학교에서 교과서를 제외한 참고서 들은 대부분 중국어로 되어 있으나 시험 해답은 조선어로 적을 것이 요구되기 때문에 한자를 적어야 하는 일은 많지 않다고 한다. 문자를 익히고 적어내는 데 는 조선어가 중국어에 비해 훨씬 편하다고 생각한다는 것이다.

3.1.3. 종합적 언어 수행 능력

앞에서 조선어, 한국어, 중국어의 능력을 8개의 문항을 통해 이해와 표현 면에서 각각 알아보았다. 아래에는 각 언어의 이해와 표현 능력의 평가 결과를 묶어서 해당 언어의 종합적 언어 수행 능력을 비교해 보고자 한다. 종합적 언어 수행 능력은 조선어 능력, 한국어 능력, 중국어 능력의 평균을 내어 측정한다. 이를 위하여 각 능력은 앞에서 살펴본 바와 같이 이해 능력과 표현 능력으로 분류한 후 SPSS의 기능을 이용하여 평균값을 구하였다. 문항의 성격에 맞추어 각 능력별로 평균을 낸 것이므로 해당 영역 능력은 5점 척도로 확인할 수 있다.

위의 방법에 의해 도출된 결과를 일원배치 분산분석을 통해 집단별 평균값을 비교해 보니 출신지에 따라 집단 간의 차이가 나타났다.[20]

구체적으로 중국어, 조선어, 한국어 각각의 종합적 언어 수행 능력의 평가 결과를 출신지별로 나타내면 다음과 같다.

〈표 3-6〉 종합적 언어 수행 능력(출신지별)

언어 구분	출신지	유효응답	평균	표준편차
중국어	연변	188	3.94	0.892
	길림(연변 제외)	54	4.01	0.944
	요녕	29	4.34	0.675
	흑룡강	96	3.90	1.168
	기타	37	3.98	1.015
	전체	404	3.97	0.971

---

20) 분산분석에서 F=5.79, p=.009로 나타남. 사후분석(Scheffe)을 실시한 결과 중국어 능력에서는 연변, 흑룡강이 요녕 지역에 비해 평균값이 낮고 조선어 능력에서는 길림(지역)이 기타 지역과의 차이가 비교적 큰 것으로 나타남. 한국어 능력에서는 요녕과 연변 지역 사이에 차이가 비교적 큰 것으로 나타남.

조선어	연변	189	4.24	0.913
	길림(연변 제외)	54	3.57	1.033
	요녕	29	4.06	0.845
	흑룡강	96	3.84	1.186
	기타	37	3.85	1.073
	전체	405	4.01	1.034
한국어	연변	188	3.78	0.795
	길림(연변 제외)	52	3.60	0.798
	요녕	28	3.52	0.793
	흑룡강	92	3.59	0.859
	기타	34	3.82	0.915
	전체	394	3.70	0.823

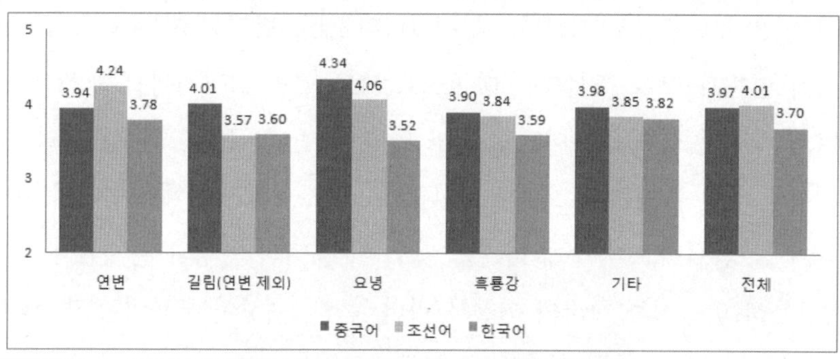

〈그림 3-6〉 종합적 언어 수행 능력(출신지별)

언어 수행 능력에 관한 응답 결과를 전체적으로 보면 중국어와 조선어 능력은 그 차이가 크지 않은데 비해 한국어 능력이 상대적으로 낮게 평가되었다. 이와 같은 응답을 절대 언어 수행 능력으로는 볼 수 없지만 이 점은 청도 조선족의 조선어 보존 정도가 비교적 높고 중국어 능력도 낮지 않음을 부분적으로 말해 준다. 이러한 결과는 이익섭(1996 : 602)에서 전통 조선족 집거지인 연변에서 85.6%가 모국어(조선어)를 보존하고 있고 14.4%만이 한어(중국어)를 잘하는 것으로 보고되었던 것과도 대조를 이룬다. 청도와 같이 한족이 전체 인구의 대부분을 차지하는 도시에서 중국어 사용의 사회적 필요성은 전통 집거지에서보다 높게 작용한다. 또한 청도에 사는 조선족이 종사하는 직업도 조선족 또는 한국인과 연관되는 경우가 많기 때문에 조선어를 잘하면 직업 선택에서 유리해 지는 점도 무시할 수 없다.

출신지별로 종합적 언어 수행 능력을 비교하면 연변 출신자들의 조선어 능력과 한국어 능력이 기타 지역에 비해 높고 그들의 중국어 능력은 상대적으로 낮다. 2장에서 서술한 바와 같이 전통 조선족 집거지는 서로 다른 형성사와 지역적 조건을 갖고 있으며 집거지에서의 언어 사용 양상도 조금씩 다르다. 각 지역마다 기층 방언이 자리 잡고 있는 외에 연변과 같이 조선족이 대규모로 살고 있는 집거지에서는 조선어가 중국어와 함께 공용어로 쓰이고 있다. 연변에서는 중국어를 몰라도 생활에서 크게 불편을 느끼지 못할 정도로 조선어 사용이 광범하다. 한국어 능력이 비교적 높게 나타난 것도 이 지역의 특징과 관계된다. 연변, 특히 연길시는 한국의 최신 드라마, 음악, 패션이 봇물처럼 밀려와 '중국 내 서울'이라는 의미로 '小漢城'으로 불린다.

요녕성의 경우는 조선족들의 중국어 능력이 기타 지역에 비해 상대적으로 높다. 요녕성에는 조선족향이 13개 있는데 대부분 심양, 무순, 안산, 개원과 같은 도시에 소재한다. 따라서 조선족은 한족 또는 그 외 異民族과의 접촉이 잦으므로 그들이 중국어를 사용해야 할 필요성은 상대적으로 높아진다.

흑룡강성과 길림성(연변 제외)의 경우는 조선족 마을의 규모가 비교적 크고 분포가 분산적이다. 따라서 주로 조선족 집거지 내에서만 생활한 사람과 한족 중심의 성내 기타 도시에서 거주한 사람 사이에 개인적인 차이가 생기게 된다. 이런 차이로 말미암아 조선족들이 자신의 중국어 능력의 우열을 같은 성 출신자들 간의 비교를 통해 보다 객관적으로 판단하게 된다. 바로 이 점이 언어 수행 능력의 평가에서도 그대로 나타난다. 그 결과 흑룡강성과 길림성(연변 제외) 조선족의 언어 수행 능력에서 표준편차는 다른 지역에 비해 크며 평균값은 조선족 집거지들이 대개 동질성을 갖고 있는 연변 지역과 대조를 이룬다.

3.2. 언어 평가

언어에 대한 평가는 그 언어의 사용자 자신에 대한 평가로 이어질 수 있고 그것이 과장되고 일반화 되면 해당 언어 사용 집단에 대한 通念(stereotype)을 낳는다. 이러한 통념화는 나아가서 사회적인 편견을 낳기도 한다. 특히 부정적인 이미지를 부여받은 언어 또는 언어 변종의 화자는 콤플렉스를 느낀다는 점도 여러 연구에서 밝혀진 바이다(사나다 신지 : 2008, 238).

여기서는 청도 조선족이 조선어, 한국어, 중국어에 대해 느끼고 있는 인상 또는 감정을 언어에 대한 선호도와 사용의 적절성에 대한 태도를 통해 분석하기로 한다.

3.2.1. 언어 선호도

사회언어학에서 각 언어 및 방언 간의 느낌을 알아보는 방법으로 궁정, 부정의 의미가 실려 있는 어휘를 이용하는 경우가 많이 있다.[21] 본 서에서는 언어에서 느끼는 '품위'를 척도로 삼아 조선어와 한국어에 대한 개인 차이를 비교해 보았다. 조선어, 한국어, 중국어를 좋아하는 순위에 따라 배열하는 문항을 설정하여 가장 선호하는 언어가 어떤 것인지 알아보았다. 이 두 문항의 응답은 상관성이 비교적 큰 변수인 성별과 연령을 선택하여 분석에 이용하였다.

언어 자체에 대한 느낌, 선호도에 대한 분석 결과는 다시 조선족이 언어 사용에서의 선호 경향과 비교할 것이다. 조선족이 언어 사용에서 선호 태도는 '조선어와 중국어를 비교하였을 때'와 '조선어와 한국어를 비교하였을 때'로 나눠서 분석하게 된다.

우선 청도 조선족은 조선어와 한국어의 품위에 대해 어떻게 평가하는지에 대해 알아보았다. 한 언어의 두 변종으로 인식되는 조선어와 한국어의 품위를 비교하는 것은 사실상 이 두 언어의 언어 지위(language status)에 대한 평가로 이어진다. 언어의 사회 지위는 그 언어를 사용하는 집단의 사회적 지위 및 경제적 지위와 밀접하게 관련을 맺는다. 한국의 경제 발전 수준과 한국어 세계화의 영향을 고려해 볼 때 한국어는 조선어에 비해 언어사회적 지위가 상승할 수 있는 가능성을 지닌다.

> [설문 문항-품위 평가 / 문항 유형-5점 척도식]
> 14. 나는 조선말보다 한국말이 더 품위가 있다고 생각한다.

---

21) 조준학 외(1981), 이익섭(1996), 강희숙(1999), 박경래(2002b), 박주형(2010)에서는 언어 태도를 알아 보는 문항에 긍정과 부정의 의미가 들어있는 형용사를 사용하였다. 예를 들면 '친근하다', '듣기 좋다', '점잖다', '상냥하다', '씩씩하다', '무뚝뚝하다', '간사하다' 등을 사용한 연구들이 있다.

이 문항의 응답 결과를 성별에 따라 독립성 검정을 실시하여 조선어와 한국어의 품위에 대한 평가 태도에서 성별 차이에 따라 응답 결과가 다르게 나타난다는 점을 확인하였다.[22] 구체적으로 그 차이가 어떻게 나는지 평균값의 비교를 통해 살펴보기로 한다.

<표 3-7> 언어 품위 평가(성별)

구분	유효응답	평균	표준편차
남	212	2.98	1.278
여	189	3.32	1.201
전체	401	3.14	1.253

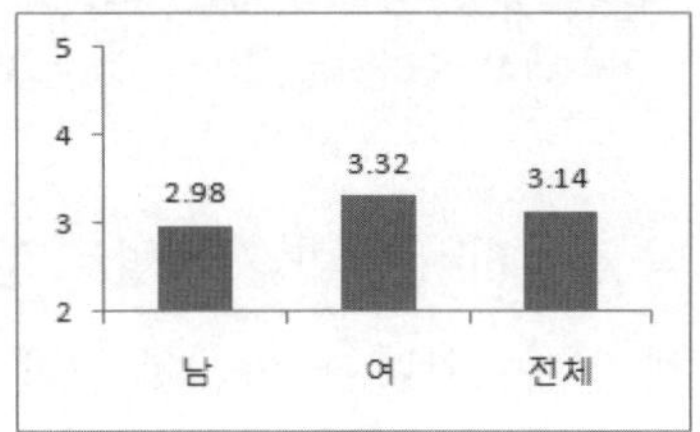

<그림 3-7> 언어 품위 평가(성별)

응답 결과에서 전체적으로 '조선말보다 한국말이 품위가 있다고 생각한다'라는 응답이 많이 나온 것을 알 수 있다(평균값 3.14). 실제로 여기에서는 조선어가 한국어보다 품위가 떨어지는 언어라고 생각하지 않거나 혹은 자신이 쓰는 언어를 한국어에 비해 '품위가 낮은 언어'로 평가하지 않으려고 하는 조선족들의 심리적 태도가 작용하였을 것으로 보인다. 남성과 여성 집단의 응답 결과를 비교하면 여성들의 평균값이 남성에 비해 높게 나타났다. 이것은 한국어에 대한 호감도가 남성들에 비해 여성들이 높다는 것을 의미한다.

사회언어학에서 성별에 관한 연구 결과의 일반적인 설명은 여성들이 사회적으로 더 우위의 형태, 즉 威勢形(prestige form)으로, 또는 더 바른 말로 인정되는 언어에 긍정적인 반응을 보인다는 것이다.[23]

---

22) 성별과 문항의 교차분석에서 카이제곱 검정 결과 유의확률은 .022로 나타남.
23) 이 방면에 관한 연구들로는 Fischer(1958), Trudgill(1974), Wolfram(1969), Sankoff(1974), 이

언어에 대한 선호도는 <그림 3-8>을 통해 좀 더 자세히 관찰할 수 있다. 특별한 미적인 질(quality)의 척도가 없이 세 언어에서 느끼는 호감의 차이는 어떤지 알아보기 위해 본인이 좋아하는 언어를 순서에 따라 배열하도록 하였다.

> [설문 문항-선호도 / 문항 유형-순위형]
> 32. 내가 좋아하는 말의 순서는 다음과 같다.

이 문항의 응답이 세대별로 차이가 있는지를 일원배치 분산분석을 통해 알아보았다.[24) 아래에 구체적으로 세대별로 어떤 차이가 나는지 살펴보기로 한다.

위의 문항의 응답에서 각 케이스에서 1위로 선택된 언어에 3점, 2위로 선택된 언어에 2점, 3위로 선택된 언어에 1점씩 점수를 부여하여 합산된 총 점수를 집단별로 나타냈다.

<표 3-8> 언어 선호도(연령별)

구분	조선어		한국어		중국어		전체	
	총점수	비율	총점수	비율	총점수	비율	총점수	비율
12세 이하	98	33.3	93	31.6	103	35.0	294	100.0
13~19	55	34.6	42	26.4	62	39.0	159	100.0
20~29	281	40.2	191	27.3	227	32.5	699	100.0
30~54	362	38.3	278	29.4	305	32.3	945	100.0
55세 이상	52	41.3	30	23.8	44	34.9	126	100.0
전체	848	38.1	634	28.5	741	33.3	2223	100.0

익섭(1994) 등이 있다.

24) 분산분석 결과 F=4.207, P=.002로 나타남. 사후분석 결과 12세 이하의 집단과 20~29세, 30~54세 집단과 유의미한 차이가 있는 것으로 나타남, 평균차는 각각 .524와 .465임.

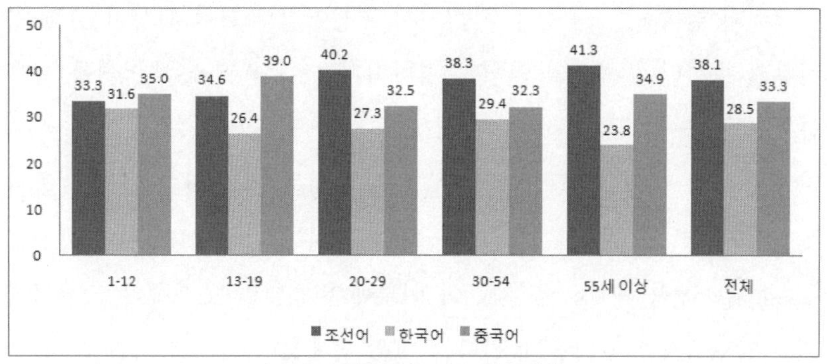

〈그림 3-8〉 언어 선호도(연령별)

위의 표에서 보면 전체적으로는 조선어의 선호도가 가장 높은 것을 알 수 있다. 호감도와 같은 情的인 척도에서 조선족이 조선어를 더 가깝게 느끼고 있다는 것은 그들이 조선족으로서의 矜持感이 높다는 것과 연관된다. 언어와 민족성의 관계는 여러 연구에서 제시되었는데 자신을 어느 민족으로 귀속시키느냐에 따라 그 언어에 대해 긍정적인 태도를 보인다고 한다.[25] 조선족의 정체성에 관한 고지영(2003)의 조사 결과에 따르면 조선족 응답자의 85.4%가 자신을 중국의 조선족으로 생각하고 있다.[26]

---

25) Mercer 외(1979)는 영국의 Leilester지역에서 구제라티어(Gugerati)와 영어를 말하는 2개 언어상용 학생들에 대한 조사를 통해 언어와 정체성과의 관계를 밝힌 바가 있다. 이 연구에서 조사한 학생들은 그 자신들이 이민자이거나 인도나 동아프리카에서 온 이주자들의 첫 후손들이다. Mercer 외는 피조사자들 스스로 인도인으로 생각하는 집단, 스스로 영국인으로 생각하는 집단, 스스로 '혼합된' 영국-인도인으로 생각하는 집단으로 구분하였다. 결과 인도인으로 정체성을 밝힌 집단은 구제라티어에 대해 가장 긍정적으로 생각하였고 자신을 영국인이라고 밝힌 사람들은 구제라티어에 대한 긍정적인 태도가 낮았으며 '혼합'집단은 중간적인 태도를 가지고 있었다고 한다.
26) 이 조사에서 자신을 '중국, 남한, 북한도 아닌 조선족'으로 생각하는 사람이 45%, 중국인으로 생각하는 사람은 40.4%, 남한, 북한인으로 생각하는 사람은 각기 8%와 5.2%로 나타났다.

그러나 한족 중심의 중국 사회에서 조선어의 사회적 위상이 전혀 인정받지 못한다면 최고의 언어로 평가되기는 어렵다. 소수 언어를 사용하고 있는 구성원들이 주류 사회에서 전혀 권위가 없거나 또는 소수민족 언어가 사회적으로 신분 상승을 도모하는 데 별다른 기능을 하지 못한다면 그 언어는 부정적으로 평가될 가능성이 높다(Rene appel, Pieter muysken 저, 김남국 역, 2009 : 38~46). 이 이론에 비춰보면 조선족이 조선어에 대해 압도적으로 호감을 보인다는 것은 위에서 논의했던 바와 같이 청도에서 조선어의 사회적 위상 및 조선족이 자기 언어에 대해 갖는 보존 의식이 비교적 높다는 것을 반영한다. 조선족의 경제 지위, 사회 지위에 대한 분석은 아래에서 좀 더 구체적으로 전개하기로 한다.

위의 표에서 또 하나의 관심을 끄는 점은 세대별로 응답의 차이가 난다는 점이다. 19세 이하의 두 집단에서는 중국어의 점수가 조선어나 한국어에 비해 높다. 즉 중국어 선호도가 가장 높다는 것을 의미한다. 이에 반해 20대 이상의 집단에서는 조선어의 선호도가 높은 편이다. 이는 젊은 세대의 언어 사용에서 조선어보다 중국어가 선택되는 확률이 높아질 것이라는 예측을 가능케 한다. 또한 이는 종국적으로 조선어가 계속 유지될 수 있을지에 대한 우려를 야기한다.

사후분석에서 12세 이하의 집단이 다른 집단과 차이를 보인 것은 이 집단 응답자들의 한국어 선호도가 높게 나타났기 때문이다. 그 원인은 이 집단에 속한 아동들이 자신들의 언어적 배경을 잘 알지 못하거나[27] 한류의 영향을 가장 많이 받은 세대로서 한국 대중문화에 대한 호감이

---

27) 이들이 다른 세대에 비해 조선어와 한국어를 잘 구별하지 못하는 이유는 청도 내 중소학교의 커리큘럼에는 '조선어'가 아니라 '한국어'라는 이름으로 개설되어 있기 때문이다. 이런 원인으로 말미암아 이 세대에 속해 있는 화자들은 실제로 한국어와 조선어라는 명칭을 표준어와 방언으로 이해하는 경향이 존재하게 된다.

언어에 반영되었기 때문이라고 판단된다.

　다음은 언어 자체에서 느끼는 호감도가 조선족의 언어 사용에서의 감정에서는 어떻게 반영되는지에 대한 분석이다. 한족 중심의 대도시에서 생활하는 조선족이 '중국어를 사용하는 조선족'과 '조선어를 사용하는 조선족'을 대할 때 어느 쪽에 호감을 느끼는지, 또한 한국과의 밀접한 관련 속에서 조선족이 '한국어로 말하는 사람'과 '조선어로 말하는 사람'에 대한 호감도는 어떻게 달라지는지에 대해 알아보고자 다음과 같은 질문을 하였다.

> [설문 문항-사용 호감 / 문항 유형-5점 척도식]
> 9. 나는 조선족이 중국말로 말하는 것보다 조선말로 말하는 것을 더 좋아한다.
> 10. 나는 조선족이 조선말로 말하는 것보다 한국말로 말하는 것을 더 좋아한다.
>
> [보조 문항-선호도 / 문항 유형-순위형]
> 32. 내가 좋아하는 말의 순서는 다음과 같다.

　언어 자체에서 느끼는 호감도를 평가하는 문항 32에서 1위로 선택된 언어를 독립변수로, 문항 9와 문항 10에 대한 응답을 종속변수로 설정하여 일원배치 분산분석을 한 결과 선호도의 변인 간에 유의미적인 차이가 나타났다.[28]

---

28) 문항 9와 문항 10의 분산분석 결과는 각각 F=17.558, p=.000과 F=9.909, p=.000임. 사후분석 결과 문항 9에서는 중국어를 선택한 집단이 조선어(평균차 .691), 한국어(평균차 .505)를 선택한 집단과 유의미적 차이를 보임. 문항 10의 사후분석에서는 한국어를 선택한 집단이 조선어(평균차 .722), 중국어(평균차 .448)를 선택한 집단과 유의미한 차이가 있는 것으로 나타남.

다음의 표를 통해 구체적인 차이를 살펴보기로 한다.

〈표 3-9〉 언어 선호도와 사용에서의 호감도 비교

선호도 1위 언어	중국말보다 조선말 호감			조선말보다 한국말 호감		
	유효응답	평균	표준편차	유효응답	평균	표준편차
조선어	182	4.25	0.911	181	2.63	1.170
한국어	75	4.07	1.031	74	3.35	1.152
중국어	114	3.56	1.056	114	2.90	1.291
전체	371	4.00	1.025	369	2.86	1.210

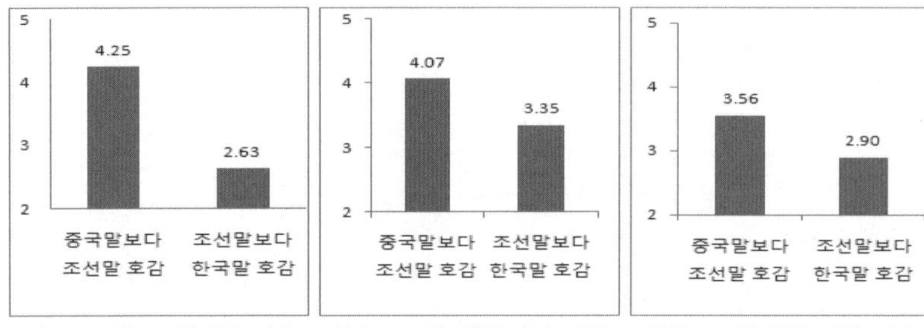

〈그림 3-9〉 언어 선호도와 사용에서의 호감도 비교

〈그림 3-9〉를 보면 조선족이 문항 9의 '중국말을 사용하는 것과 조선말을 사용하는 것'에 대한 호감도 평가에서 중국어를 1위로 선택한 집단이 조선어나 한국어를 1위로 선택한 집단에 비해 평균값이 낮게 나타났다. 즉 조선어나 한국어를 1위로 선택한 집단에서 문항 9의 응답에서 '그렇다'라는 응답이 상대적으로 많았다는 것이다. 이 점은 조선족이 중국말보다 조선말을 사용하는 것에 호감을 느끼는 사람이 많다는 것을 말해준다.

그러나 가장 좋아하는 언어가 중국어라고 대답한 집단도 평균값이 '보통이다'(3.00)보다 높은 3.56으로 나타난 점은 중국어를 선택한 사람

중에도 조선족이 중국어보다 조선어를 사용하는 것에 호감을 느끼는 사람이 많다는 것을 말해준다.

연령별 언어 선호도에서 중국어에 대한 호감도가 높았던 19세 이하의 응답자들만 택하여 위의 문항의 응답을 살펴 본 결과 평균값이 각각 3.96과 3.56으로 나타났으며 두 집단에 속한 77명의 응답자 중에 10명이 '아니다'를, 50명이 '그렇다'를 선택하였다.

언어는 의미를 전달하는 데 있어서 객관적이고 사회적으로 공정한 도구일 뿐만 아니라 언어 집단을 구분하는 근거가 되며 한 개인의 민족 정체성(cultural or ethic identity)을 반영하기도 한다. 청자는 언어를 통해 상대방의 정체성을 확인하며 집단 유대감을 형성한다. 위의 응답 결과를 통해 보면 청도 조선족의 언어적 동질성을 추구하려는 의식은 높은 편이다. 이런 의식은 다른 연구 결과에서도 나타난 바가 있다. 고지영(2003)에서는 조선족 간의 친밀감에 대한 조사를 한 결과 조선족끼리 '가깝게 지낸다'는 응답이 90.4%로 높게 나타났다고 보고되었다. 이러한 민족 유대감은 이민 사회에서 소수 민족의 언어를 유지하는 데 중요한 역할을 한다.

문항 10의 응답에서는 가장 좋아하는 언어로 한국어를 선택한 집단이 조선어나 중국어를 선택한 집단과 차이를 보이고 있다. 선호도 조사에서 조선어나 중국어를 1위로 선택한 집단은 이 문항의 응답에서 평균값이 각각 2.63, 2.90으로서 이 두 집단의 응답자들 중에 조선어보다 한국어를 사용하는 것에 호감을 느끼지 않는다고 응답한 사람이 많은 것으로 나타났다. 이에 비해 가장 좋아하는 언어로 한국어를 선택한 응답자들의 평균값은 3.35로서 다른 두 집단에 비해 높다. 조선족이 사용하는 언어로서도 조선어보다 한국어를 사용하는 것에 호감을 느낀다는 응답이 다른 두 집단에 비해 많다.

이 두 문항의 전체 응답자의 평균값을 비교해 보면 문항 9의 평균값은 4.00, 문항 10의 평균값은 2.86으로 나타났는데 이 결과는 조선족이 중국어나 한국어보다는 조선어를 사용하는 것에 호감을 느낀다는 것을 의미한다. 이는 민족 정체성에서 동질성을 갖고 있는 사람에게서 정감을 느끼게 되는 이유에서 비롯된다. 이와 같은 결과는 언어 사용자에 대해 조선족이라는 설정만 부여하였을 때 호감의 평가 기준에서는 민족 동질성이 중요하게 작용한다는 사실을 말해준다.

3.2.2. 언어 사용 적절성

앞에서 언어 태도를 이루는 가장 기본적인 내용인 언어 자체에서 느끼는 감정에 대하여 살펴보았다. 그 결과 청도 조선족은 조선어에 대한 선호도가 대체로 높은 편이며 대부분 조선족들이 조선어의 사용에 호감을 느낀다는 것을 알 수 있었다. 아래에 이에 대한 연속으로 하나의 공개적인 맥락 속에서 언어 사용의 적법성(legitimate)에 대해 어떤 이념을 갖고 있는지에 대해 살펴보고자 한다. 언어공동체는 작은 규모의 동질적 마을이든 큰 규모의 이질적 국가 사회이든 간에 어떤 언어가 수용 가능한 건지 또는 그것이 적절한 언어 사용인지 아닌지 등에 대하여 이념을 발전시킨다. 이런 이념들은 의사소통 행위와 언어적 활동에 대한 평가를 통해서 전달된다. 조선족 공동체 구성원들이 특정된 환경에서 언어 사용의 적절성에 대해 어떤 태도를 지니고 있는지 알아보기 위해 언어 환경을 가족과 조선족 간의 대화 및 한국인과의 대화로 설정하였다. 다음은 설문지에 사용했던 문항 및 그에 대한 응답 결과이다.

> [설문 문항-사용 적절성 / 문항 유형-5점 척도식]
> 11. 나는 가족끼리는 조선말을 써야 한다고 생각한다.
> 12. 나는 조선족끼리는 조선말을 써야 한다고 생각한다.
> 13. 나는 한국인에게는 한국말을 써야 한다고 생각한다.
>
> [보조 문항-선호도 / 문항 유형-순서 매기기 기법]
> 32. 내가 좋아하는 말의 순서는 다음과 같다.

언어 선호도에 따른 집단 구분이 사용의 적절성 판단에서는 어떤 차이가 있는지를 보기 위해 차이 검정을 하였다. 앞에서와 마찬가지로 선호도의 평가에서 1위로 선택된 언어를 독립변수로 설정하고 사용의 적절성에 관련된 문항을 종속변수로 설정하여 일원배치 분산분석을 실시한 결과 선호도의 변인 간에 유의미적 차이가 존재하였다.[29] 다음의 표를 통해 구체적인 차이를 살펴보기로 한다.

<표 3-10> 언어 선호도와 사용 적절성의 평가

선호도 1위 언어	가족끼리 조선말			조선족끼리 조선말			한국인과 한국말		
	유효 응답	평균	표준 편차	유효 응답	평균	표준 편차	유효 응답	평균	표준 편차
조선어	181	4.52	0.840	181	4.38	0.896	182	3.93	1.113

---

29) 분산분석을 통해 문항 11은 F=12.482, p=.000, 문항 12는 F=17.093, p=.000, 문항 13은 F=3.194, p=.042로 나타남. 사후분석 결과 문항 11에서 변인 간에 유의미적 차이가 나타난 집단은 조선어를 선택한 집단과 중국어를 선택한 집단이고(평균차 .560)이고 문항 12에서는 조선어를 선택한 집단이 중국어를 선택한 집단(평균차 .689)과 한국어를 선택한 집단(.336)과 각각 유의미적 차이가 있는 것으로 나타남. 문항 13에서는 중국어를 선택한 집단과 한국어를 선택한 집단 간에 유의미적 차이가 존재함.(평균차 .402)

한국어	75	4.24	1.025	75	4.04	1.045	74	4.12	0.950
중국어	115	3.97	1.042	115	3.69	1.095	114	3.72	1.117
전체	371	4.29	0.974	371	4.09	1.034	370	3.90	1.090

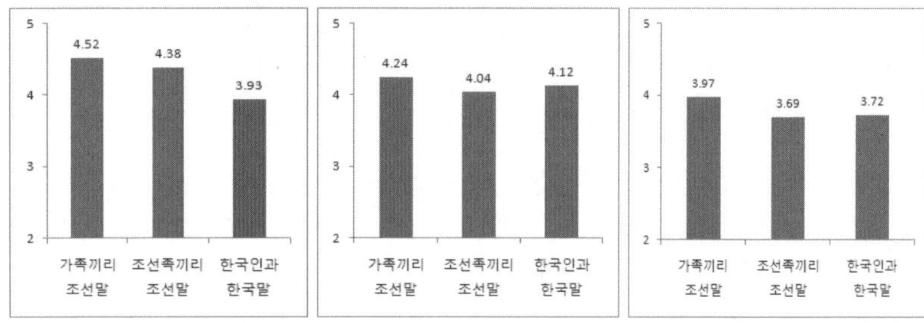

〈그림 3-10〉 언어 선호도와 사용 적절성의 평가

측정 결과 문항 11의 평균값(4.29)은 문항 9의 평균값(4.00)보다 높게 나왔다. 즉 앞에서 '조선족이 중국어보다 조선어로 말하는 것을 좋아한다'(문항 9)라는 문항에서보다 긍정적인 답이 더 많이 나타난 셈이다. 또한 선호도 집단 간의 평균 비교에서 '선호도 1위-중국어'인 집단도 '선호도 1위-조선어'인 집단에 비해서는 조금 낮은 수치이나 평균값이 3.97로 비교적 높은 편이다. 이는 선호도 집단 간에 차이는 존재하지만 각 집단에서 모두 '가족 간에 조선어를 사용해야 한다'고 생각하는 응답자가 많다는 것을 말해 준다.

문항 12의 경우 조선족 간의 대화에서 사용 적절성 평가의 평균값은 4.09로서 여전히 문항 9의 평균값에 비해 높다. 선호도 집단 간의 평균 비교에서 중국어나 한국어 집단이 조선어 집단에 비해 낮지만 평균값은 4.04와 3.69로서 '조선말을 사용해야 한다'라는 응답이 많다는 가설은 기각되지 않는다. 이 문항의 응답 결과에서도 선호도 집단 간에 차이가 존재하기는 하지만 각 집단에서 모두 '조선족 간의 대화에서는 조선어를 사용해야 한다'고 생각하는 응답자가 많다는 사실을 말해준다.

이 두 문항의 응답 결과를 문항 9의 응답 결과와 연결시켜 분석하면 언어 사용 환경이 조선족 간의 대화 또는 가족 간의 대화로 좁혀졌을 때 동질성을 추구하려는 의식은 더욱 강하게 작용한다는 사실을 알 수 있다. 그러나 이 문항에서 모두 사용자에 대한 설정은 명확히 지정되지 않았다는 점은 기억해 둘 필요가 있다.

문항 13은 대화 상대가 한국인인 경우에 언어 사용의 적절성에 대한 판단을 알아보기 위한 것이다. 이 문항에서 선호도 집단 간에 큰 차이를 보이는 집단은 '선호도 1위-중국어' 집단(평균값 4.12)과 '선호도 1위-한국어' 집단(평균값 3.72)이다. 척도 값의 '그런 편이다'(4.00), '보통이다'(3.00)의 기준으로 보면 3.72의 평균값은 이 문항에서 '그렇다'라는 응답이 비교적 많은 것으로 이해해도 무방하다. 이는 앞에서 조선족이 조선말보다 한국말을 사용하는 것에 대해 부정적인 태도를 보였던 것과 대조된다. 조선족이 사용하는 말로서는 조선어를 선호하지만 한국인과의 대화에서는 한국어를 사용해야 한다는 응답이 많은 이유는 조선족이 한국인을 상대하였을 때 상대방과의 의사소통을 원활하게 하려는 목적 외에 상대방에게 동질감을 느끼게 하려는 심리가 작용한다는 것을 의미한다.

조선족 간의 대화에서는 조선어를 선택해야 한다는 응답이 압도적으로 많이 나타났다(평균값 4.09). 그중 '그런 편이다'(4점)에 못 미치는 응답을 보인 집단은 '가장 좋아하는 언어를 중국어'라고 선택한 사람들이다(평균값 3.69). 이들은 조선족 간의 대화에서 조선어 외에 다른 언어 특히 중국어 사용이 필요하다는 의견을 갖고 있을 것으로 보인다.

이러한 태도가 실제 사용에서는 어떻게 반영되는지에 대해 4장에서 자세하게 논의할 것이다.

3.3. 언어 지향

이중(다중)언어사회에서는 언어와 언어가 서로 부딪치면서 일종의 경쟁 관계를 유지하게 된다. 서로 싸우다 끝내 하나는 멸망하고 마는 수도 있고, 서로 타협하여 공존하는 수도 있다(이익섭, 1994). 청도 조선족 사회에서 어떤 언어의 興亡은 결국 이 공동체의 언어 사용자들이 세 언어 중 어느 것을 선택하고 어느 것을 버리느냐의 문제로 귀결된다. 이런 태도는 사용자 개개인의 언어 지향 태도에서 비롯된다.

언어 사용자들의 언어 지향 태도는 본인의 언어 능력이나 해당 사회에서 언어의 실용성과 효용성에 의해 결정되며 언어 사용자의 언어충성(language loyalty)과 직접적으로 연관된다. 사회언어학에서 말하는 언어충성이란 '한 나라의 소수 민족이 그 나라의 위세 언어를 사용하면서 자신의 민족 언어를 지켜 가려는 의식'을 가리킨다(勞允棟, 2004). 언어충성은 언어와 민족 언어 집단의 사회 정체성과의 관계에서 비롯된다. 이러한 조선족의 언어충성은 모국어를 보존해 나가는 가장 큰 원동력이라고 할 수 있다.

여기서는 청도 조선족의 언어 지향 태도를 언어의 실용성이나 효용성과 같은 사회적 요인 및 언어충성과 같은 심리적 요인과 결부하여 분석할 것이다. 이를 위해 우선 자신의 언어 능력 향상 태도에 대해 알아보고 다음 가족의 언어 능력에 대한 희망 태도는 자녀와 배우자로 나눠서 살펴보고자 한다. 이와 같은 조사와 분석 결과는 조선족 사회의 언어의 興亡盛衰에 대한 해답을 찾는 데 실마리를 제공할 수 있을 것으로 보인다.

3.3.1 본인

여기서 분석하게 되는 내용은 본인의 언어 능력 향상 태도다. 청도 조선족들이 본인의 조선어, 한국어, 중국어 수행 능력 수준을 지속적으로 제고시키려는 태도를 어느 정도로 갖고 있으며 이런 태도가 각 언어 간에 어떤 차이를 두고 있는지 살펴볼 것이다. 첫 번째 문제에 대한 해답을 찾기 위해 5점 척도식의 문항을 설정하여 사용자의 언어 수행 능력 제고를 위한 노력 여부를 알아보고 두 번째는 순위형으로 된 문항을 설정하여 세 언어에 대한 언어 중시도가 어떻게 차이가 나는지를 통해 해답을 찾아보고자 한다.

> [설문 문항-언어별 능력 향상 태도 / 문항 유형-5점 척도식]
> 19. 나는 앞으로 조선말을 더 잘하기 위해 노력할 것이다.
> 20. 나는 앞으로 한국말을 더 잘하기 위해 노력할 것이다.
> 21. 나는 앞으로 중국말을 더 잘하기 위해 노력할 것이다.
>
> [보조 문항-언어 능력 자신감 순서/ 문항 유형-순위형]
> 25. 내가 자신이 있는 말의 순서는 다음과 같다.

위의 세 문항을 종속변수로 정하고 성별, 연령, 청도 거주 기간 등 응답자의 사회적 변수를 독립변수로 정하여 집단 간 차이 검정을 해 본 결과 유의미적 차이가 나타나지 않았다. 따라서 이 문항의 분석에서는 문항 간의 차이 유무를 검정해 보기로 한다. 자신 있는 언어에서 1위로 선택된 언어에 따라 세 집단으로 나누고 위의 문항과 일원배치 분산분석을 실시하였다.[30] 자신 있는 언어의 선택에 의해 나누어진 집단 간에 어떻게 차이가 나타나는지 구체적으로 살펴보기로 한다.

〈표 3-11〉 '가장 자신있는 언어'와 각 언어 능력 향상 태도 비교

자신 있는 언어 1위	조선어 능력 향상 태도			한국어 능력 향상 태도			중국어 능력 향상 태도		
	유효 응답	평균	표준 편차	유효 응답	평균	표준 편차	유효 응답	평균	표준 편차
조선어	252	4.25	1.020	251	3.91	1.146	252	4.29	0.915
한국어	28	3.36	1.521	28	3.64	1.660	27	3.41	1.526
중국어	111	4.20	0.923	111	3.74	1.126	112	4.01	1.135
전체	391	4.17	1.059	390	3.84	1.184	391	4.15	1.057

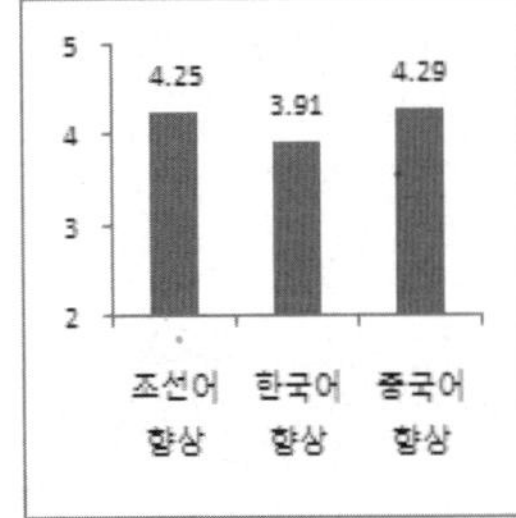 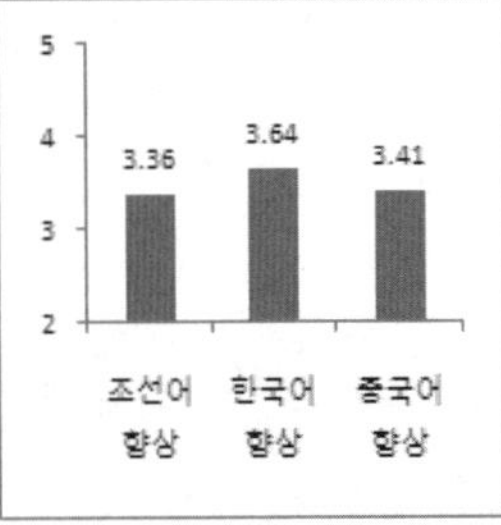 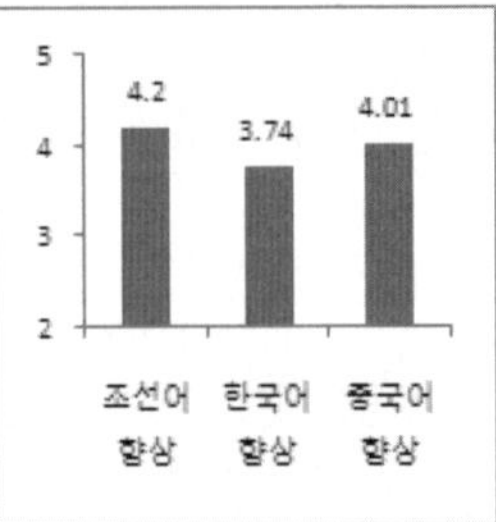

자신감 1위-조선어인 경우　　자신감 1위-한국어인 경우　　자신감 1위-중국어인 경우

〈그림 3-11〉 '가장 자신있는 언어'와 각 언어 능력의 향상 태도 비교

30) 한국어 능력의 향상 태도는 집단 간 유의미한 차이가 나타나지 않았으나 조선어 (F=9.391, p=.000)와 중국어(F=10.464, p=.000)의 향상 태도에서는 집단 간에 차이가 존재함. 사후분석 결과 조선어 향상 태도에서 한국어 집단은 조선어와 중국어 집단과 각각 .893, .841의 평균차를 보임. 중국어 향상 태도에서는 한국어 집단은 조선어와 중국어 집단과 .886과 .602의 평균차를 보임.

통계 결과 '자신감 1위-조선어' 집단의 언어 능력 향상 태도가 가장 높게 평가되었다. 그 중에서도 중국어를 향상시키려는 태도가 기타 집단에 비해 강한 것으로 나타났다. 이 집단에 속해 있는 사람은 조선어가 주언어이고 상대적으로 조선족이 밀집해 있거나 중국어 사용이 적은 환경에서 생활한 사람일 가능성이 크다. 청도 이주 이후에 중국어와 한국어 사용이 확대되면서 이 두 언어의 언어 수행 능력을 향상시켜야 할 필요성을 보다 강하게 인식한다는 점을 알 수 있다.

'자신감 1위-중국어' 집단의 조선어 향상 태도는 한국어나 중국어 향상 태도보다 높다. 주언어가 중국어이거나 중국어 능력이 조선어 능력에 비해 높은 사람들이 조선어 학습의 필요성을 비교적 높게 인식하고 있다는 점은 앞으로 상당한 기간 동안 조선어가 유지될 가능성을 말해 주지만 이들에게 조선어 학습의 기회나 환경이 마련되어야 한다는 전제가 필요하다. 현실적으로 청도와 같은 신흥 집거지에서 중국어나 한국어 학습은 정규 교육 기관을 통해 이루어질 수 있지만 조선어 교육은 스스로의 학습을 통해 이루어 질 수밖에 없다는 제약을 안고 있기 때문이다.

'자신감 1위-한국어' 집단은 다른 두 집단에 비해 언어별 향상 태도가 대체로 낮으며 특히 한국어 향상 태도가 기타 언어에 비해 높다는 점이 눈에 뜨인다. 가장 자신 있는 언어가 향상 태도에서도 가장 높게 평가된 것은 다른 두 집단과 구별된다. 설문 조사에 참여한 전체 응답자 중에 출신지가 한국이라고 밝힌 사람이 8명(1.9%)이라는 점을 고려하면 한국어가 가장 자신 있다고 응답한 집단의 사람은 다른 집단에 비해 언어 변화가 가장 큰 집단으로 이해할 수 있다. 이 집단이 확대될 경우 조선어는 한국어에 의해 전환되며 한국어가 공동체의 상위어로 자리 잡게 될 가능성은 더욱 커진다고 볼 수 있다.

아래에 잘 배우고 싶은 언어를 순위에 따라 배열한 문항에 대한 응답을 살펴보기로 한다.

> [설문 문항-언어 능력 향상 순서 / 문항 유형-순위형]
> 30. 내가 잘 배우고 싶은 말의 순서는 다음과 같다.
>
> [보조 문항-언어 능력 자신감 순서/ 문항 유형-순위형]
> 25. 내가 자신이 있는 말의 순서는 다음과 같다.

위의 문항의 응답에서 각 케이스에서 1위로 선택된 언어에 3점, 2위로 선택된 언어에 2점, 3위로 선택된 언어에 1점씩 점수를 부여하여 합산한 언어별 총 점수를 비교하면 다음과 같다.

〈표 3-12〉 '자신 있는 언어'와 '잘 배우고 싶은 언어'의 비교

구분	자신 있는 언어		잘 배우고 싶은 언어	
	총점수	비율	총점수	비율
조선어	994	42.4	717	32.0
한국어	582	24.8	628	28.0
중국어	770	32.8	897	40.0
전체	2346	100.0	2242	100.0

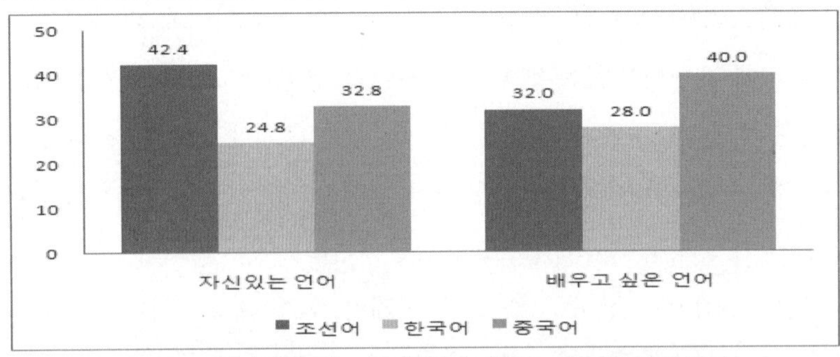

〈그림 3-12〉 '자신 있는 언어'와 '잘 배우고 싶은 언어'의 비교

<그림 3-12>를 보면 조선어 능력 향상 태도는 한국어에 비해 높다. 이것은 박경래(2002a)나 박주형(2010)에서 응답자들이 조선어에 비해 한국어에 긍정적인 태도를 보였던 것과 대조된다. 조선어 능력이 가장 높음에도 불구하고 조선어 향상 태도가 여전히 가장 높다는 점은 청도 조선족의 조선어 중시도가 상당히 높다는 것을 의미한다. 언어 유지와 전환에 관한 거의 모든 연구에서 경제적 지위(economic status)는 두드러진 요인이 된다. 따라서 청도에서 조선어의 언어 사회적 지위가 높이 평가되는 것은 이곳에서 조선족의 사회, 경제 지위가 연변이나 한국에서보다 높게 평가되기 때문인 것으로 이해할 수 있다.[31]

최웅용 외(2005)의 조사에 의하면 청도에서 경제활동을 하는 조선족의 85.9%가 한국인 또는 조선족 기업에 종사하며 기업 내에서 주로 관리직이나 사무직에 종사하면서 회사의 주요 업무를 맡고 있다고 한다. 청도 내 한국 기업에서는 인건비나 체류비의 절감을 위해 주요 부서의 책임자를 한국에서 채용해 오는 경우보다 한국과 중국 사정에 밝은 현지 조선족을 고용하는 경우가 많다. 조선족 기업에서도 업무가 한국과의 관련성이 큰 것을 고려하여 직원 채용에서 중국인보다는 조선족을 선호하게 된다.

이러한 언어 지향 태도가 자녀와 배우자의 언어 능력에 대한 희망에서 어떻게 나타나는지 살펴보면 청도 사회의 언어 변화의 추세를 가늠하는 일은 좀 더 쉬워질 것이다.

---

31) 청도에서 조선족의 사회, 경제적 지위에 대한 구체적인 내용은 본서의 2장 참조.

3.3.2. 자녀 및 배우자

자녀의 언어 능력 대한 희망 태도는 언어의 유지와 전환의 추세를 관찰할 수 있는 좋은 지표가 된다. 부모의 언어 선택 태도가 자녀의 언어 능력과 언어 태도에 영향을 끼치기 때문이다. 따라서 언어의 전승에서 부모의 역할이 매우 중요하게 된다. 청도 조선족 사회에서 조선어가 계속 유지될 것인지 아니면 다른 언어로 전환될 것인지는 언어 사용자들이 자녀의 언어 능력에 대한 태도를 통해서 엿볼 수 있다. 본서에서는 자녀에 대한 언어 희망 태도를 알아보기 위해 다음과 같은 문항을 설정하였다.

> [설문 문항-자녀에 대한 언어 지향 / 문항 유형-단선형]
> 40. 나는 자녀가 ______을 제일 잘하길 바란다.

위의 문항에 대한 응답은 조선어, 한국어, 중국어 중에 하나를 선택하는 단선형으로 설정하였다. 문항 40의 '자녀의 희망 언어'에 대한 응답은 지금까지 조선어에 대한 긍정적인 선택이 우세했던 것과는 달리 중국어가 가장 많이 선택되었다. 전체 응답자 중의 65.1%가 '자녀가 가장 잘하기를 바라는 언어'로서 조선어가 아닌 기타 언어를 선택하였다. 이는 조선족의 주언어가 중국어나 한국어로 전환될 수 있다는 가능성을 示唆한다.

이 문항의 응답에서 연령과 '자녀에 대한 언어 지향 태도'의 분할표에서 Pearson 카이제곱 분석을 통해 연령과 '자녀 언어 능력에 대한 지

향 태도'가 관련이 있음을 확인하였다.[32)]

 '자녀의 언어 능력에 대한 지향 태도'가 연령별로 어떻게 다르게 나타나는지를 다음의 표를 통해 살펴보기로 한다.

〈표 3-13〉 자녀에 대한 언어 지향 태도(연령별)

구분	유효 응답	조선어		한국어		중국어	
		인원	비율	인원	비율	인원	비율
12세 이하	49	18	36.7	19	38.8	12	24.5
13~19	27	10	37.0	6	22.2	11	40.7
20~29	122	40	32.8	31	25.4	51	41.8
30~54	163	63	38.7	20	12.3	80	49.1
55세 이상	26	4	15.4	4	15.4	18	69.2
전체	387	135	34.9	80	20.7	172	44.4

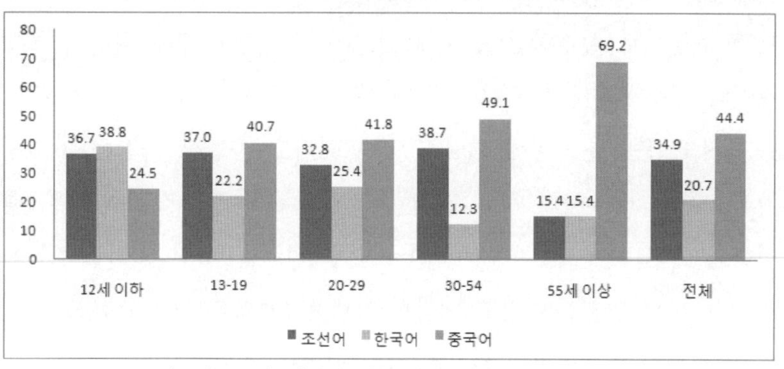

〈그림 3-13〉 자녀에 대한 언어 지향 태도(연령별)

 12세 이하의 학생 집단을 제외하면 중국어가 가장 많이 선택되었다. 이는 응답자들 중에 대다수가 중국어의 언어 전망을 가장 높게 평가한다는 점을 알 수 있다. 중국 내에서 상위 집단 언어인 중국어를 잘 알

---

32) 검정 결과 유의확률이 .001로서 유의수준보다 작음.

아야 중국 사회에서 출세하는 데 유리할 것이라는 의식이 깔려 있는 것이다. 이는 청도에서 조선어의 위상이 어느 정도 인정되기는 하지만 언중들이 중국어에 대해 잠재적인 권위 의식을 갖고 있다는 것을 말해 주기도 한다.

12세 이하의 학생 집단에서는 선호도에서 나타났던 것과 마찬가지로 한국어를 선택한 비율이 여전히 높게 나타났다. 청도의 일부 중소학교에 한국어가 교과목으로 개설되어 있지만 조선어라는 이름으로는 개설되지 않아 이 집단에 속한 학생들이 조선어를 조선족이 일상적으로 사용하는 구어 정도로만 이해하는 것에서도 원인을 찾아 볼 수 있겠다.

다음은 배우자의 언어 능력에 대한 희망 태도이다. 배우자 언어 능력에 대한 희망 태도를 조사를 하기 위해 배우자 민족에 대한 선호도를 보조 문항으로 설정하였다. 20세 이상의 응답자에 대해 원하는, 또는 현재의 배우자의 민족에 대해 물어 본 결과 기혼자 중 배우자가 '조선족'이라고 응답한 사람은 88.4%, '한족'이라고 응답한 사람은 10.3%를 차지하였다. 미혼자의 경우 전체 응답자의 68.6%는 '조선족 배우자를 원한다'고 답하였고 '한족'과 '한국인'을 선택한 사람은 각각 4.4%와 22.6%이며 '상관없음'이라고 대답한 사람은 10.3%를 차지하였다. <그림 3-14>에서도 보다시피 배우자의 희망 민족은 조선족이 압도적으로 많다. 조선족을 이상적인 결혼 상대의 민족으로 여기는 것은 민족적 동질성을 추구하려는 경향이 많으며 이는 타 민족과의 결혼으로 조선어가 소실되는 현상을 막는 데는 긍정적인 작용을 할 것으로 보인다. 앞에서 언급했던 정체성 인식에서 조선족은 한국인과 확연히 구분을 짓고 있다는 점은 이 문항의 응답 결과를 통해 다시 입증된다.

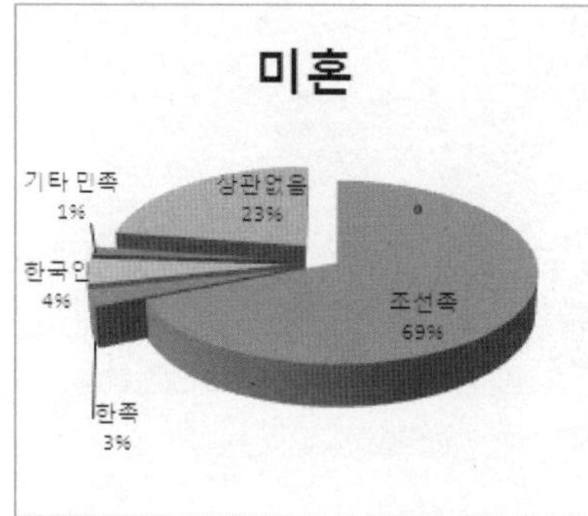

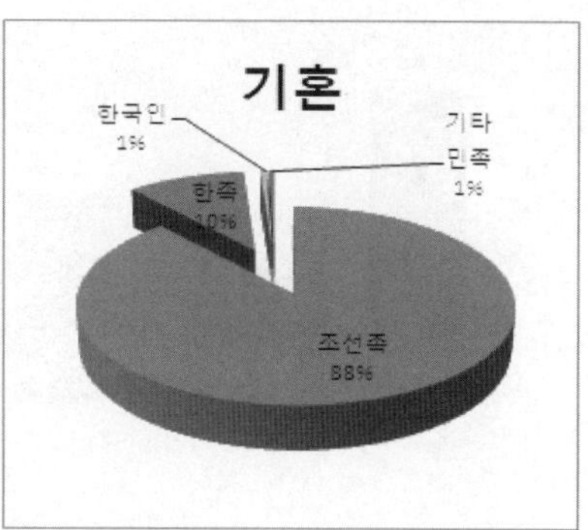

〈그림 3-14〉 배우자 희망 민족

배우자 선택에서 조선족에 대한 선호도가 압도적으로 우세한다는 전제 하에 배우자의 언어 능력의 희망에서는 어떤 태도를 취하는지 알아보기로 한다. 사회적 가치관과 성별에 의한 사회적 역할이 언어 태도에 영향을 미친다는 점을 고려하여 이 문항의 응답 결과는 성별에 따라 비교해 보기로 한다. 성별이 배우자에 대한 언어 지향 태도에 영향을 주는지에 대한 검정은 카이제곱 검정을 이용하였다.[33]

[설문 문항－배우자에 대한 언어 지향 / 문항 유형－단선형]
42. 나는 배우자가 ______을 제일 잘하길 원한다.

〈표 3-15〉 배우자에 대한 언어 지향 태도(성별)

구분	유효응답	朝		韓		中	
		인원	비율	인원	비율	인원	비율
남	191	103	53.9	41	21.5	47	24.6
여	165	59	35.8	37	22.4	69	41.8
전체	356	162	45.5	78	21.9	116	32.6

33) 검정 결과 유의확률 p=.001로서 유의수준보다 작음.

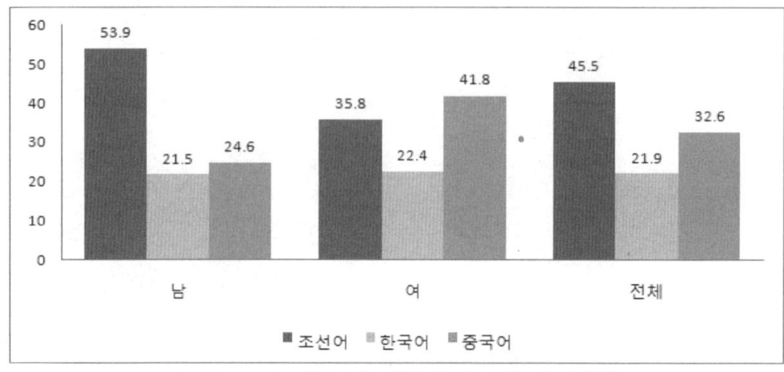

〈그림 3-15〉 배우자에 대한 언어 지향 태도(성별)

〈그림 3-15〉를 통해 배우자 언어 능력에 대한 지향 태도를 보면 앞에서 자녀의 언어 능력에 대한 지향 태도의 응답 결과와도 구별되고 배우자의 민족의 선호도와도 비교되는 점을 알 수 있다. 자녀의 언어에 대한 희망 태도에서는 중국어가 가장 많이 선택되었던 반면에 배우자에 대한 희망 언어에서는 조선어가 가장 많이 선택되었다. 하지만 조선어에 대한 선택 비율은 배우자의 민족으로 조선족이 선택되었던 비율보다는 확연히 적은 것으로 알 수 있다. 이 문항의 선택에서는 부부 간의 교감을 위한 정서적인 요인과 언어의 사회적 지위 및 실용성을 고려한 객관적 요인이 동시에 작용하였을 것으로 보인다.

남녀별 선택에서도 비교적 큰 차이가 발견된다. 남성 집단에서는 조선어를 선택한 비율이 여전히 다른 언어에 비해 압도적으로 많은 반면 여성 집단에서는 오히려 중국어를 선택한 사람이 많은 것을 볼 수 있다. 사회학적 연구에서 밝혀진 바에 따르면 일반적으로 여성이 남성보다 사회적 지위 의식(status-conscious)이 강하며 사회적으로 어떤 언어가 우위에 있느냐에 대해서는 여성이 더 민감하게 받아들인다.[34] 위의 문항에서 여성들이 '자신의 배우자가 가장 잘했으면 하는 언어'로 중국어를 많이 선택하였다는 점은 여성들이 배우자의 사회적 성공을 중국어 능력과 연결시키고 있으며 이는 중국어에 대한 권위 의식이 잠재하고 있음을 반영한다.

3.4. 언어 전망

이민 공동체 사회에서 그 구성원들이 자신의 언어를 세대 간에 전승시키면서 유지하려 하는지 아니면 언어 전환과 소멸을 초래하는지는 줄곧 사회언어학 연구에서 관심의 대상으로 되어 왔다. 조선족의 신흥 집거지인 청도에서 조선족이 지금까지 조선어를 잘 보존해 온 것처럼 계속 유지해 갈 것인지 아니면 다변적인 사회 환경 속에서 한국어나 중국어로 전환할 것인지에 대한 해답을 찾는 것은 본서의 연구 목표 중 하나이기도 하다.

앞에서 청도 조선족의 언어 태도에 대한 조사를 통해 조선족 공동체 내부의 구성원들에게는 조선어를 유지하려는 태도와 한국어나 중국어로 전환하려는 태도가 복합적으로 내재되어 있다는 사실을 알았다. 이는 조선어의 보존과 주변 언어로의 전환 가능성을 동시에 보여준다. 여러 가지 언어가 공존하는 사회에서 낮은 지위를 가진 언어는 쇠퇴할 위험에 빠지게 되며 이런 일이 발생할지의 여부는 '경쟁언어'(competing language) 또는 주류 언어와의 연관 속에서 승패가 결정된다.

---

34) 언어와 성 차이에 관한 논의는 Peter Trudgill(1986)을 참조.

여기서는 청도 조선족 공동체의 구성원들이 앞으로 청도 조선족 사회의 주류 언어에 대해 어떻게 예측하고 있으며 또 원하는 방향은 어떠한지에 대해 살펴보고자 한다. 집단 언어의 미래에 대한 예측이 조선족 공동체의 구성원들이 청도 조선족 사회의 객관적인 상황에 근거하여 내려지는 것이라면 미래에 대한 기대는 자기가 소속된 언어 집단에 대한 희망과 같은 주관적인 의식이 반영된 것이라고 볼 수 있겠다.

3.4.1. 예측

앞에서도 언급했다시피 청도 조선족 사회는 개혁개방과 중한 수교 이후에 조선족들의 국내 이동에 의해 새롭게 형성된 신흥 조선족 집거지다. 청도 조선족 공동체를 이루고 있는 구성원들은 대부분 90년대 이후에 전통 집거지를 떠나 청도로 이주하여 정착한 사람들이다. 사회 환경의 변화는 언어에 직접 또는 간접적인 영향을 끼치게 된다. 예비 조사에서부터 면접 조사에 이르기까지 응답자들로부터 청도에 온 이후에 언어 변화를 겪고 있다는 점을 반복적으로 확인할 수 있었다. 다음 문항은 청도 거주 조선족들이 청도로 이주한 이후에 언어 변화를 겪었는지의 여부를 알아보기 위한 것이다.

[설문 문항-언어 변화 여부 / 문항 유형-5점 척도식]
15. 나는 청도에 와서 나의 말이 이전과 달라졌다.

위의 문항에 대한 응답에서 평균값은 3.45로 나타났다.[35] 이는 청도 조선족들 대부분이 청도 이주 이후에 언어 면에서 변화를 겪고 있음을 말해준다. 아울러 개개인의 언어 변화가 청도 조선족 사회의 전반에 비교적 큰 영향을 미칠 것을 예측하게 한다. 구체적으로 어떤 변화가 일어나고 있으며 앞으로 어떤 방향으로 변하게 될지에 대한 예측은 청도 조선족 공동체의 구성원들 개개인의 생각을 통합적으로 살펴보는 데서 실마리를 찾을 수 있을 것이다. 청도 조선족 사회의 미래 언어 사용에 대한 예측 태도는 청도에 이주하여 생활한 기간이 다름에 따라 달리 나타날 것이 예상되어 이를 알아보기 위한 조사 항목의 요인 변수를 '청도 거주 기간'으로 정하여 응답 결과를 살펴보기로 한다.[36]

[설문 문항-예측 / 문항 유형-순위형]
33. 앞으로 청도의 조선족 사회에서 많이 쓰일 것 같은 말의 순서는 다음과 같다.

〈표 3-16〉 청도 조선족 사회 주류 언어 예측 태도(거주 기간별)

기간 구분	조선어		한국어		중국어	
	총점수	비율	총점수	비율	총점수	비율
1년 이내	59	32.8	73	40.6	48	26.7
1~5년	208	30.8	253	37.5	214	31.7
6~10년	231	29.0	275	34.5	291	36.5
10년 이상	120	24.7	163	33.5	203	41.8
전체	618	28.9	764	35.7	756	35.4

---

35) 이 문항의 유효응답자는 402명이고 표준편차는 1.245임.
36) 예측 태도와 청도 거주 기간의 분할표에서 Pearson 카이제곱의 유의확률은 .003으로 나타남.

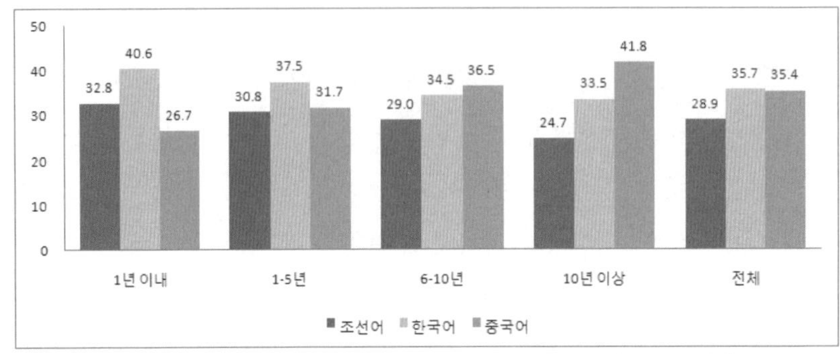

〈그림 3-16〉 청도 조선족 사회 주류 언어 예측 태도(거주 기간별)

〈그림 3-16〉을 보면 '조선족 사회에서 많이 사용될 것 같은 언어'로서는 한국어가 1위(35.7%)로 선택되었고 조선어는 중국어 다음인 3위(28.9%)로 밀려났다. 이 결과는 지금까지 여러 문항에서 조선어가 한국어에 비해 우세했던 결과와는 현저한 대조를 이룬다. '앞으로 조선족 사회에서 많이 사용될 언어'가 조선어가 아닌 한국어일 것이라는 예측이 더 많다는 사실은 현재 조선족 사회에서 실제로 조선어 사용이 감소하고 한국어 사용이 확대되고 있다는 점과 일맥상통한다. 이는 조선족 사회에서 한국어와 조선어가 상위어와 하위어의 관계에 놓일 가능성이 있음을 시사한다. 상위어와 하위어는 사회언어학에서 한 언어 안의 변종 사이에 쓰이는 좁은 의미의 양층언어현상(diglossia)을 나타낼 때 쓰는 용어이다.[37] 이런 현상이 나타나는 원인은 최근 들어 한국의 경제 문화가 조선족 사회에 깊은 영향을 미치는 것과 연관된다. 그 밖에 한국어 교육의 수요가 급증한 것이나 한국 위성 방송이 대량 보급된 것도 한 몫 한 것으로 보인다.

---

37) '상위어'와 '하위어'의 개념은 이익섭, 『사회언어학』, 민음사, 1994, 235~274면 참조

'앞으로 조선족 사회에서 많이 사용될 언어'를 한국어라고 예측하는 비율이 앞에서 살펴본 한국어 능력이나 한국어 선호도에 비해 훨씬 높은 점도 발견된다. 이것은 조선족이 모국어의 두 변종 즉 중국에서 소수민족의 한 언어로 간주되던 조선어와 중국 사회에서 외국어로 받아들여지고 있는 한국어 사이에 어떤 것을 상위어로 어떤 것을 하위어로 취급해야 하는지에 대한 엇갈린 심리가 반영되어 있다. 이는 조선족이 그동안 자신의 언어로 사용해 왔던 조선어를 상위어로 간주하고 싶은 마음과 조선족 사회 내부에서도 공식적인 자리에서는 한국어의 사용이 확대되고 있는 현실 간의 괴리에서 비롯된 것일 수 있겠다.[38]

<그림 3-16>을 보면 청도에 이주한 지 5년 미만인 사람들은 '앞으로 청도 조선족 사회에서 많이 쓰이게 될 언어'는 한국어라고 예측하는 비중이 높고 청도에 거주한 시간이 길어질수록 중국어일 것이라고 예측하는 비중이 높다. 이 결과에 대한 원인은 다음과 같은 측면에서 찾아 볼 수 있겠다. 청도에 이주해 온 시간이 짧을수록 본인이 원래 생활하고 있던 거주 지역과의 차이를 보다 크게 느끼게 된다. 그들은 한국어 사용면에서 청도의 상황은 원래 살던 지역에 비해 매우 광범위하다는 것을 느낄 때 '앞으로 청도 조선족 사회에서 많이 쓰이게 될 언어'로서 한국어가 될 것으로 전망하는 가능성은 커진다.

반면에 이 문항의 응답에서 청도에 이주해 온 기간이 5년 이상으로 비교적 긴 집단에 속한 사람들은 중국어에 대한 예측도가 높다. 청도에서 거주 기간이 길어지면서 사회적 접촉이 넓어지고 그 과정에 중국어 사용의 필요성을 더 많이 느끼게 되는 데서 비롯된 것으로 해석된다. 이는 조선족의 도시 사회 적응의 문제와도 연결시켜 볼 수 있다. 이종

---

[38] 조선족과의 공식적인 자리에서 한국어 사용이 확대되는 점은 본서의 4.1.2를 참조하기 바란다.

학(2003)은 청도 조선족을 대상으로 조선족의 도시 이주 및 사회적응에 대해 조사한 바가 있는데 조선족의 사회 적응 방식을 '同助', '同化', '孤立', '周邊化'로 나누어 사회적응의 정도를 청도 이주 시기에 따라 분석하였다. 그 결과 거주 기간이 길어질수록 적응 유형은 동화와 동조에 가까운 것으로 나타났다. 조선족의 도시 거주 시간이 길어지고 주류 사회와의 접촉이 지속적으로 증가하면서 적응은 동조에서 동화로 나갈 것으로 분석하였다.[39]

언어유지에 영향을 미치는 요인들은 Glazer(1978), Gaarder(1979)와 Clyne(1982)의 여러 연구서에서 논의되고 있다. Rene appel(2009)에서는 그들이 논의하고 있는 여러 가지 요인들을 '민족 언어의 생존력'이라는 요인에 결합시킬 것을 제안하고 있다. 즉 한 언어 집단의 언어 유지와 전환에 관한 요인에 대하여 한 언어 집단의 생존력이 높으면 그 언어가 유지되고 생존력이 낮으면 기존의 언어는 권위 있는 다른 언어로 전환될 수 있다는 것이다.

3.4.2. 기대

청도 조선족 사회의 언어 전망에서 예측이 현재 언어 환경에 의한

---

39) 이 연구에서는 청도 조선족의 사회 적응 방식을 네 가지로 유형화했다. 민족문화·정체성을 강하게 유지하면서 거주국 사회 참여도 활발히 하는 경우를 '동조', 민족문화·정체성은 약하나 거주국 사회 참여가 활발한 경우는 '동화', 민족문화·정체성은 강하나 거주국 사회 참여정도가 약한 경우는 '고립', 민족문화·정체성도 약하고 거주국 사회 참여의 정도 또한 약한 경우는 '주변화'로 하였다. 이주 시기별 적응 유형의 조사에서 동화의 50%, 동조의 40.5%가 이주한지 7년 이상이 지났으며 고립은 39.2%가 이주한 지 7년 이상이 지났다고 보고하였다.

객관적인 평가라면 기대는 본인의 민족 정체성이나 주관 의식에 입각한 주관적인 평가에 가깝다. 이러한 조사를 통해 청도 조선족 개개인이 갖고 있는 언어 정체성을 파악할 수 있다. 언어 유지와 전환에서 가장 뚜렷한 차이는 세대 간에서 발견된다. 그것은 가령, 한 집단 내에서 언어 전환이 일어난다고 해도 그것은 단시일 내에 일어나는 게 아니라 몇 대에 걸쳐서 일어나기 때문이다(이익섭, 1994 : 332). 따라서 조선족 사회의 주류 언어에 대한 기대 태도를 연령별로 비교 분석하고자 한다.[40]

[설문 문항-기대 / 문항 유형-순위형]
34. 앞으로 청도의 조선족 사회에서 많이 쓰여야 한다고 생각하는 말의 순서는 다음과 같다.

이 문항은 순위형으로 설정된 문항이지만 1위가 가장 중요하다고 판단되기 때문에 위의 응답에서 1위로 선택된 언어에 대해 연령별로 비교하기로 한다.

〈표 3-17〉 청도 조선족 사회 주류 언어 기대 태도(연령별)

연령 구분	조선어		한국어		중국어	
	인원	비율	인원	비율	인원	비율
12세 이하	17	35.4	13	27.1	18	37.5
13~19	4	14.8	10	37.0	13	48.1
20~29	50	42.7	39	33.3	28	23.9
30~54	76	48.1	39	24.7	43	27.2
55세 이상	7	31.8	10	45.5	5	22.7
전체	154	41.4	111	29.8	107	28.8

40) 기대 태도와 연령의 분할표에서 Pearson 카이제곱의 유의확률은 .024로 나타남.

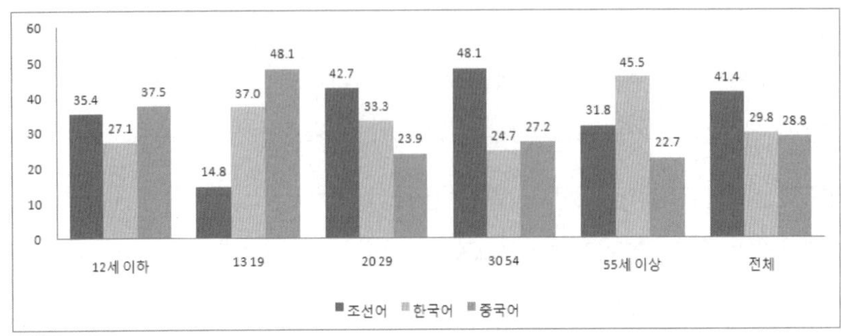

〈그림 3-17〉 청도 조선족 사회 주류 언어 기대 태도(연령별)

〈그림 3-17〉을 보면 조선족 사회의 언어에 대한 기대 태도에서도 19세 이하와 20세 이상의 집단 간에는 비교적 큰 차이가 발견된다. 19세 이하의 두 집단에서는 '앞으로 청도 조선족 사회에서 많이 쓰여야 하는 언어'로 중국어를 가장 많이 선택했고 20세 이상의 세 집단에서는 모두 조선어(또는 한국어)를 많이 선택했다. 연령별로 이런 차이가 발생하는 것은 이들이 갖고 있는 언어충성(language loyalty) 의식의 차이를 말해 주고 있다. 사회언어학에서 말하는 언어충성이란 '한 나라의 소수 민족이 그 나라의 위세 언어를 사용하면서 자신의 민족 언어를 지켜 가려는 의식'을 가리킨다(勞允棟, 2004).

언어충성은 언어와 민족 언어 집단의 사회 정체성의 관계에서 비롯된다. 조선어를 좋아하는 응답은 실용성, 효용성보다는 조선족으로서의 정체성에서 느끼는 긍지감에서 비롯된 것이라고 할 수 있다.[41] 조선족에게 언어충성은 모국어를 보존해 나가는 가장 큰 원동력이라고 할 수

---

41) 조선족 정체성에 관한 많은 연구에서 조선족이 민족 정체성에서 느끼는 긍지감은 높은 것으로 나타났다. 고지영(2003)에 의하면 '중국의 조선족으로서 얼마나 긍지를 갖고 계시냐'라는 물음에 긍정적으로 응답한 사람이 89.4%로 나타났고 최영관(2000)에서는 '긍지를 갖는다'라는 응답이 전체의 76.3%로 나타났다.

있다. 위 문항에 대한 응답 결과를 보면 20세 이상의 성인 집단의 언어 충성 의식은 19세 이하의 학생 집단에 비해 높다. 그러나 55세 이상에서는 다시 조선어의 선택 비율이 줄어들고 응답자의 45.5%가 한국어를 선택하였다. 그 이유는 노년층이 조선어와 한국어의 차이를 젊은 층에 비해 그다지 많이 느끼지 못하고 둘 다 모국어로 인식한다는 데서 비롯된다.

조선족 사회의 구성원들이 언어 사용에서 취하는 당위성 태도는 이들의 언어 선택 및 언어 전승에 대한 의식과 직결된다. 예측 태도에서 한국어가 조선어에 비해 우세했던 것에 비해 기대 태도에서는 조선어(41.4%)를 선택한 비율이 한국어(29.8%)에 비해 월등히 높다. 이 결과는 언어의 유지와 전환의 연관 속에 조선족이 중국어와 한국어와의 타협과 견제의 과정에서 취하게 되는 모순적인 심리를 보여주고 있다. 말하자면 청도 조선족 사회에서 한국어의 지위가 올라가고 있다는 사실을 인정하면서도 자신이 속해 있는 언어공동체에 대한 강한 결속력을 느끼고 있으며 자기 고유의 언어에 대한 애착과 그에 따른 기대를 갖고 있다는 것을 보여준 것이라 할 수 있다.

3장에서 논의된 내용을 정리하면 다음과 같다.

우선 언어 수행 능력의 평가에서 영역별로 보면 읽기 능력은 중국어가 조선어에 비해 우세하였으나 쓰기 능력은 조선어가 중국어에 비해 우세하였다. 말하기 능력에서는 조선어가 중국어에 비해 평균값이 조금 높게 나타났고 한국어 말하기 능력은 조선어나 중국어에 비해 낮게 나타났다. 중국어와 한국어의 방송 이해 능력에 대한 비교에서는 한국 방송을 중국 방송에 비해 잘 이해한다는 응답이 비교적 많은 것으로 나타났다.

학교 종류별로 언어 수행 능력의 차이를 비교해 본 결과 조선족 학교를 다닌 사람들은 중국어와 조선어 수행 능력의 차이가 그다지 크지 않은 반면에 한족 학교를 다닌 사람들의 조선어와 한국어 수행 능력은 중국어에 비해 매우 낮은 것으로 평가되었다. 이러한 차이는 소학교에서 고중학교로 올라가면서 점차 작아지는 점도 발견할 수 있었는데 이는 민전한 현상의 결과로 보인다.

이해와 표현 능력에 관련된 8개 문항의 응답 결과를 묶어서 종합적 언어 수행 능력을 비교해 본 결과 평균값은 조선어가 가장 높고 다음 중국어, 한국어의 순서였다. 종합적 언어 수행 능력을 출신지별로 비교해 보니 연변 출신자들은 조선어 능력과 한국어 능력은 기타 지역에 비해 높고 중국어 능력은 상대적으로 낮았다. 요녕성의 경우 중국어 능력이 기타 지역에 비해 상대적으로 높지만 한국어 능력은 가장 낮게 평가되었다. 흑룡강성과 길림성(연변 제외)의 경우는 성 내 조선족 집거지의 분포가 요녕과 연변 지역에 비해 비교적 분산되어 있기 때문에 언어 수행 능력의 편차가 다른 지역에 비해 크게 나타났다.

언어 수행 능력에 대한 평가를 통해 청도 조선족들의 조선어 보존 정도는 비교적 높은 편이라는 점을 알 수 있었다. 또한 언어 자체에 대한 평가, 언어 능력 향상 태도, 언어 사용에서 느끼는 호감도의 평가에서 조선어의 선택 비율은 결코 낮지 않았다. 가족 간의 대화, 조선족 간의 대화에서 조선어를 사용해야 한다는 응답이 가장 많았고 지향 태도에서는 19세 이하의 학생 세대도 중국어보다 조선어와 한국어 능력을 향상하려는 태도가 높게 나타났다. 이는 청도에서 적어도 앞으로 상당 기간 동안은 조선어가 보존될 수 있는 가능성을 시사해 준다.

조선어 유지의 가능성 여부는 연령별 비교를 통해서도 알 수 있었다.

조선어, 한국어, 중국어에 대한 선호도의 비교에서 20세 이상의 성인 세대는 조선어를 선택한 비율이 높은 반면 19세 이하의 학생 세대는 조선어나 한국어에 비해 중국어를 선호하는 것으로 나타났다. 이런 경향은 미래 청도 조선족 사회의 주류 언어에 대한 기대 태도에서도 다시 한 번 확인되었다. 20세 이상의 성인 세대는 조선어를 많이 선택한 반면 19세 이하의 학생 세대는 중국어를 가장 많이 선택했다. 젊은 세대로 갈수록 중국어에 대한 선호도가 높다는 사실은 세대가 교체됨에 따라 조선어가 계속 유지될 수 있을지에 대한 우려를 야기 시킨다.

청도 조선족들이 청도로 이주한 이후에 언어 면에서 변화를 겪고 있다는 응답 결과를 전제로 앞으로 조선족 사회의 주류 언어는 어떤 언어가 될지에 대한 예측 태도를 살펴본 결과 가장 많이 쓰이게 될 언어로 한국어가 가장 많이 선택되었다. 이는 한 언어의 두 변종 관계에 놓여 있는 한국어와 조선어가 조선족들의 선택에 의해 조선족 사회 내부에서 상위어와 하위어의 위치에 놓일 수 있다는 것을 말해준다.

이러한 경향은 아래에 4장에서 논의하게 되는 언어 사용에 대한 조사를 통해 더욱 뚜렷하게 밝혀질 것으로 판단된다.

04 | 중국 청도 조선족의 언어 사용

　이중(다중)언어 사용자는 단일 언어 사용자에 비해 많은 언어적 자원을 사용할 수 있게 된다. 화자들은 몇몇 방식을 동원하여 자신의 언어와 상대방의 언어를 조절하여 사용하며 각각의 언어를 특정한 의사소통 상황에 맞춰 사용한다. 이중(다중)언어 사회에서는 언어 사용자들에 의해 안정적인 언어 사용의 패턴들이 확립될 수 있지만 정치, 경제, 사회적 조건의 변화로 언어 가치와 언어 선호도에 변화가 발생할 수 있다. 따라서 어떤 언어는 언어적 지위가 상승할 수 있고 어떤 언어는 의사소통상의 기능이 제한될 수 있다.

　청도 조선족 공동체 내부에서 조선어, 한국어, 중국어는 구성원들의 언어적 자원이다. 청도 조선족들은 이러한 언어적 자원을 환경에 맞추어 다양하게 구사한다. 이 장에서는 청도 조선족의 언어생활의 모습을 좀 더 구체적으로 들여다보기 위해 언어 사용의 실제에 대해 기술하고 설명해 보고자 한다. 앞에서 논의한 언어 태도가 청도 조선족들의 언어 선택에서의 내면적인 모습이라면 실제 언어 사용은 구체적 發顯이다. 여기서는 청도 조선족들의 언어 태도와 사회적 요인이 실제 언어 사용에 어떻게 반영되는지를 조사된 자료를 통해 구체적으로 살펴볼 것이다.

청도 조선족의 언어 사용은 언어 선택과 언어 변용 두 측면으로 나누어 살펴보고자 한다. 언어 선택은 가정 내에서 상대, 조선족 사회에서 언어 장면에 따른 언어 전략의 문제를 둘러싸고 논의할 것이다. 언어 전략이란 이중(다중) 언어 사회에서 화자들이 몇몇 방식을 활용하여 자신들의 언어와 상대방의 언어를 조절하여 사용하는 행위를 말한다. 언어 변용은 언어 사용자들이 다른 언어와의 접촉 과정에서 언어 사용에 변화가 일어나는 양상을 가리킨다. 보다 객관적인 분석을 기하기 위해 우선 앞에서 분석한 내용에 근거하여 청도 조선족들을 주언어에 대해 분석하고 주언어를 변인으로 설정하여 구체적인 언어 표현형의 사용 양상에 대해 살펴볼 것이다.

이와 같은 논의를 통해 공시적으로 청도 조선족들의 조선어 사용 실태를 살펴 볼 수 있을 뿐만 아니라 청도 조선족 공동체의 언어 환경을 엿볼 수 있어서 앞으로 조선족 사회의 언어 미래를 전망하는 데 있어서도 보다 유력한 근거로 제공될 것으로 기대된다.

4.1. 언어 선택

이중(다중)언어 사회에서 사람들은 언어 사용 중에 여러 가지 전략들을 개발한다. 그들은 각각의 언어를 특수한 맥락, 참여자, 화제에 맞춰 사용하면서 자신의 언어적 자원에 대한 잠재력을 최대화하여 표현한다. 이런 경우에 각각의 언어는 상이한 상황적, 사회적 기능을 수행하게 된다. 이러한 언어 역할의 구분은 오랫동안 안정적일 수도 있고 또는 사용 언어의 위상 변화를 초래할 수도 있다(한국사회언어학회 편, 2007).

이중 언어 사용자들의 일반적인 의사소통 전략에는 각각의 언어 자료를 혼합하여 사용하는 코드 전환(code-switching)과 코드 혼용(code-mixing)이 포함된다.[1] 코드 전환은 서로 다른 민족 언어 간의 전환과 동일 민족 언어 내 변환형 전환이 있으며 같은 표준방언 내의 공식체(formal style)와 비공식체(informal style), 동일 언어의 상이한 지역 간 변이형의 전환 등 여러 가지로 분류하여 고찰할 수 있다(임영철, 1995). 청도 거주 조선족에게 조선어, 중국어, 한국어는 의사소통에서 자유롭게 선택하여 사용할 수 있는 언어 자원이다. 따라서 그들은 특정한 언어적 상황에 따라서 언어를 가려서 사용하게 된다.

여기서는 청도 조선족이 대화 상대와 장면에 따라 세 언어를 어떻게 구분하여 쓰고 있는지에 대해 살펴보게 된다. 이를 위해 대화 상대와 장면이라는 상황적인 틀을 설정하여 그 속에서 일어나는 코드 전환에 대해 분석할 것이다. 상대에 따른 코드 전환은 가정 내에서 대화 상대에 따라 어떻게 구분하여 사용하는지를 조사하고 장면에 따른 코드 전

---

1) 코드 전환과 코드 혼용에 대해서는 Blom and Gumperz(1972), Wardhaugh(1986), Holmes (1992) 등을 참조. code-switching은 부호 전환, 코드 바꾸기, 코드 전환 등으로, code-mixing은 부호 혼합, 코드 뒤섞기, 코드 혼용 등으로 번역되어 사용되는데 본서에서는 각각을 코드 전환과 코드 혼용이라는 역어를 사용하기로 한다. 이때 코드란 선택될 수 있는 변종(varier)을 가리키는 개념으로 그것은 별개 언어일 수도 있고 한 언어 안의 변종일 수도 있다. 따라서 중국 조선족 언어 사용을 예로 든다면 그들의 코드 전환 또는 코드 혼용은 중국어와 조선어 사이의 것을 가리킬 수도 있고 조선어와 한국어 또는 중국어와 한국어 사이의 것을 가리킬 수도 있다. 본서에서는 조사 방법의 한계로 코드 혼용에 대한 본격적인 조사는 실시하지 못하였다. 이에 대해서는 후속 연구로 미루기로 한다.

환은 조선족과의 대화에서 공식적인 자리이냐 비공식적인 자리이냐에 따라 언어 사용이 어떻게 달라지는지에 대해 알아보고자 한다.

4.1.1. 상대

대화 상대에 따른 언어 선택 양상을 살펴보기 위해 언어 환경을 가정 내부로 설정하였다. 일상 언어생활에서 가장 접촉이 많은 상대는 가족이다. 가족 구성원은 동질성이 매우 강하기 때문에 가족 외의 상대와는 구별되는 언어를 사용할 가능성이 높다. 그러나 가족 내에서도 세대에 따라서 사용하는 언어가 달라질 수 있다. 특히 급격한 언어 변동을 겪고 있는 상황이라면 부모, 형제, 자녀 등 상대가 누구냐에 따라 사용하는 언어가 달라질 수 있다. 이러한 상황을 감안하여 청도 조선족이 일반적으로 가정 내에서 대화 상대에 따라 언어를 어떻게 구분하여 사용하고 있는지를 알아보고자 하였다.

> [설문 문항-가정에서 상대별 언어 사용 / 문항 유형-단선형]
> 38. 나는 부모님과 말할 때는 ______을 사용한다.
> 39. 나는 형제나 내 또래의 친척들에게 말할 때는 ______을 주로 사용한다.
> 43. (기혼자) 나는 배우자와 말할 때는 ______을 주로 사용한다.
> 44. (기혼자) 나는 자녀들과 말할 때는 ______을 주로 사용한다.

먼저 위의 설문에 대한 응답 결과를 사회적 변수를 고려하지 않고 가정 내에서 상대에 따라 어떤 언어를 주로 선택하여 사용하는지를 살펴보았다.

〈표 4-1〉 가정에서 상대에 따른 언어 선택

구분	부모		형제		배우자		자녀	
	인원	비율	인원	비율	인원	비율	인원	비율
조선어	326	81.3	311	79.7	135	70.7	94	54.3
한국어	32	8.0	25	6.4	22	11.5	27	15.6
중국어	43	10.7	54	13.8	34	17.8	52	30.1
전체	401	100	390	100	191	100	173	100

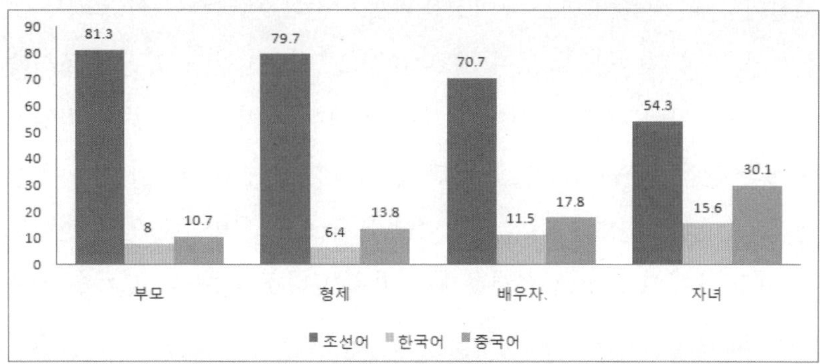

〈그림 4-1〉 가정에서 상대에 따른 언어 선택

<그림 4-1>에서 가장 두드러지게 나타나는 특징은 가족들과의 대화에서 조선어가 압도적으로 높게 사용된다는 점이다. 이러한 양상은 다중언어 사회에서 전형적으로 나타나는 양상이기도 하다. 가족은 가장 동질적인 언어 집단인 동시에 가장 비공식적인 대면 접촉을 하는 집단이다. 또한 가족 내에서는 특별한 제약이 없는 한 전통적으로 사용해 오던 언어가 사용될 수 있다. 따라서 청도의 조선족들도 오랫동안 사용해 왔던 조선어를 가장 동질적이자 비공식적인 언어집단인 가족 내에서 사용하고 있는 것이다.

<그림 4-1>이 보여주는 결과는 기존의 연구와 대략적인 일치를 보이지만 정도 면에서는 다소 차이를 보인다. 박경래(2002b)에서 연변에 거주하는 조선족을 대상으로 실시한 조사 결과에서는 가정에서 '조선어를 주로 사용한다'고 대답한 사람은 전체 응답자의 90% 이상 99% 정도라고 하였다.[2] 이를 바탕으로 박경래(2002b)에서는 가정 내에서 조선어 사용이 압도적이라는 점은 조선족이 상당한 수준으로 모국어를 보존하고 있다는 증거라고 보았다. 그런데 위의 결과에서는 박경래(2002b)보다 조선어 사용 비율이 다소 낮아졌음을 보여준다. 이러한 차이가 청도 조선족 사회의 특성을 잘 보여주는 것이라고 할 수 있다. 연변은 조선족의 비율이 매우 높고 조선어가 매우 우세한 지역이기 때문에 박경래(2002b)와 같은 결과가 나올 수 있다. 그러나 청도는 조선족의 비율이 상대적으로 낮고 연변 이외의 지역에서 온 조선족의 비율도 높은 편이므로 가정 내에서 조선어가 사용되는 비율이 다소 낮게 나타날 수 있는 것이다.

그러나 위에서 나타난 조선어 사용 비율은 일본이나 미국의 한인 가정을 조사한 임영철(1995)의 결과에서 나타난 한국어 사용 비율에 비해서는 압도적으로 높다. 임영철(1995)은 재일 한국인과 재미 한국인을 대상으로 조사한 연구에서 '일상적으로 가정에서 자주 사용되고 있는 언어는 한국어'라고 대답한 사람이 재일 한국인은 1.8%, 재미 한국인은 60.4%라고 보고하였다.[3] 이는 일본이나 미국에 거주하는 한국인의 모국어 능력과 관련이 있다.[4] 청도 거주 조선족 가정 내에서 모국어 선택

---

2) 박경래(2002b)에서는 연변 조선족이 사용하는 언어를 조선어와 한어로 하였다. 조선어를 선택한 비율이 90~99%라고 함은 상대별 평균 비율을 나타낸 것이다.
3) 임영철(1995)에서는 재일 한국인과 재미 한국인의 언어를 각각 한국어와 일본어 및 한국어와 영어로 하였다.

비율은 일본이나 미국의 한인에 비해서는 높은 편이고 연변 조선족에 비해서는 상대적으로 낮다. 이는 청도의 모국어 보존 정도가 일본이나 미국에 비해서 높지만 전통 집거지에 비해서는 가정 내에서 중국어 사용이 다소 확대되었음을 반영한다.

청도의 조선족 가정에서 조선어 사용 비율이 압도적으로 높기는 하지만 자녀나 배우자와 대화를 나눌 때는 조선어의 사용 비율이 상대적으로 낮아지는 것을 볼 수 있다. 반면 대화의 상대가 부모나 형제일 때는 거의 차이를 보이지 않는다. 상대가 자녀일 때는 조선어 사용 비율이 25% 가량 낮아진다. 이는 세대가 코드 전환의 주요 요인이 될 수 있음을 의미한다. 세대별 차이를 관찰하기 위해 연령에 따른 조선어 사용을 좀 더 자세히 분석하기로 한다.

<표 4-2>는 가정에서 상대에 따라 사용하는 언어가 어떤 것인지에 대한 응답 결과를 연령별로 나타낸 것이다.[5] <표 4-2>는 조선어, 한국어, 중국어 각각의 선택 비율을 나타낸 것이고 <그림 4-2>는 각 문항에서 조선어를 선택한 케이스만 골라서 나타낸 것이다.

<표 4-2> 집단별 가정에서 상대에 따른 언어 선택(연령별)

구분		부모	형제	배우자	자녀
12세 이하	조선어	38.8	36.7		
	한국어	24.1	24.5		
	중국어	36.7	38.8		

---

4) 임영철(1995)은 재일 한국인과 재미 한국인의 언어 능력 평가에서 '한국어를 못한다'라는 응답이 각기 67.9%, 9.6%로 나타났다고 보고하였다.

5) 19세 이하의 집단은 배우자와 자녀가 없는 것이 일반적이다. 따라서 극소수의 응답결과는 분석에서는 제외하였다. 또한 20세 이상의 집단에서는 배우자나 자녀와의 대화에 대해 기혼자에 한하여 응답할 것을 요구하였으나 일부 미혼자가 응답한 케이스가 있었다. 가정 내 에서의 언어 사용을 관찰하는 것이 목적이므로 미혼자의 응답도 분석에서 제외하였다.

		부모	형제	배우자	자녀
13~19	조선어	55.6	50.0		
	한국어	11.1	11.5		
	중국어	33.3	38.5		
20~29	조선어	87.4	86.8	69.2	54.7
	한국어	3.7	2.3	19.2	34.2
	중국어	8.9	10.9	11.5	11.1
30~54	조선어	92.1	91.3	70.3	46.2
	한국어	6.7	4.4	10.9	24.9
	중국어	1.2	4.4	18.8	28.9
55세 이상	조선어	88.5	84.6	73.1	54.3
	한국어	3.8	0.0	7.7	3.8
	중국어	7.7	16.4	19.2	41.9
전체	조선어	81.3	79.7	70.5	54.3
	한국어	8.0	6.4	11.6	15.6
	중국어	10.7	13.8	17.9	30.1

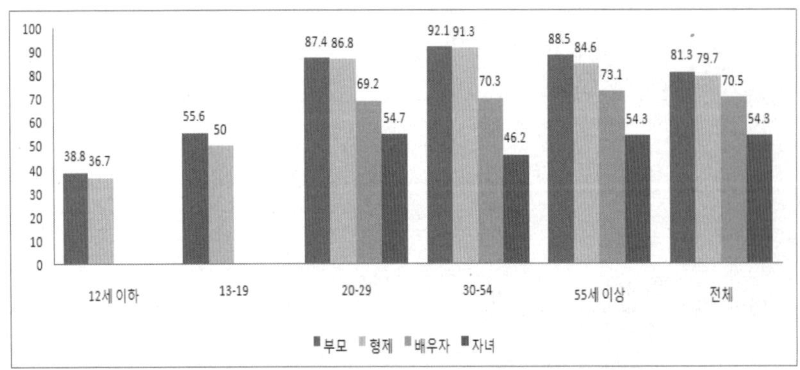

〈그림 4-2〉 가정에서 상대에 따른 조선어 선택(연령별)

　　〈그림 4-2〉에서 우선 모든 연령 집단을 비교할 수 있는 부모와 형제와의 대화에 대한 응답결과를 살펴보면 19세 이하와 20세 이상에서 급

격한 변화가 나타남을 알 수 있다. 이는 청도 조선족 사회에서 연령에 따른 언어변화가 급격하게 일어나고 있음을 보여 주는 것이다. 20세 이상의 성인들은 가정 내에서 주로 조선어를 사용하고 있고 연령에 따른 차이도 별로 없다. 그러나 19세 이하에서는 조선어 사용 비율이 급격하게 떨어지고 있으며 12세 이하의 집단에서는 더 많이 떨어지고 있음을 보여준다. 이러한 양상은 젊은 세대들의 조선어 능력이 상대적으로 낮다는 것으로 해석할 수 있다. 청도의 조선족 사회에서 조선어를 배울 기회와 사용할 기회가 상대적으로 적다 보니 조선어 수행 능력이 떨어지게 되고 이로 인해 조선어를 사용하기에 가장 적합한 환경인 가정 내에서도 청소년층 이하에서는 조선어 사용이 점차 줄어 드는 현상이 나타나게 되는 것이다. 이는 결국 젊은 세대들의 조선어 사용이 점차 감소될 것이라는 일반적인 경향을 재확인시켜 준다.

다음 상대가 배우자와 자녀일 때는 상대가 부모와 형제일 때에 비해 조선어 사용이 퍽 적다는 것을 볼 수 있다. 특히 상대가 자녀일 때는 더 큰 차이가 나타난다. 이러한 양상은 대화 당사자의 언어 능력과 밀접한 관련이 있다. 상대가 부모일 때 19세 이하에서 조선어 사용 비율이 낮아지는 것은 화자의 조선어 능력과 밀접한 관련이 있다. 20세 이상에서 자녀와의 대화에서 조선어 사용 비율이 낮은 것은 화자의 조선어 능력이 아닌 청자의 조선어 능력이 주요 요인임을 보여준다. 20세 이상에서 부모 및 형제와의 대화에서는 조선어 사용 비율이 매우 높다가 자녀와의 대화에서 조선어 사용 비율이 낮아진다는 것은 이들이 조선어 능력이 부족해서가 아니라 상대에 따라 코드 전환을 한다는 것을 의미한다. 자녀 세대의 조선어 능력이 떨어지다 보니 그들과의 대화를 위해서 조선어가 아닌 다른 언어로 코드를 전환하는 것이다.

상대가 배우자인 경우에도 대화에서 코드 전환이 일어남을 알 수 있는데 이는 대화 참여자의 조선어 능력에 따른 차이가 아닌 동질성의 정도에 따른 차이로 보인다. 부모와 형제는 언어의 동질성이 매우 높은 반면 배우자는 상대적으로 동질성이 낮을 가능성이 높다. 특히 청도의 조선족 사회에서는 다른 민족, 또는 다른 방언을 사용하는 조선족과 결혼하는 비율이 높아지고 있으므로 배우자와 조선어로 대화를 나누는 비율이 낮아지는 것이다.

이상의 양상을 종합하면 코드 전환의 요인으로 꼽을 수 있는 것은 세대와 동질성이다. 부모나 형제에서 유사한 경향이 나타나는 것은 윗세대나 동세대와의 대화에서는 조선어 사용 비율이 높다가도 아랫세대인 자녀와의 대화에서는 낮아진다는 것은 세대가 코드 전환의 주요 요인이라는 것을 잘 보여준다. 연장자와의 대화에서 모국어 사용률이 높은 것은 연소자가 연장자에 대한 예우적 심리나 윗세대로부터 모국어를 써야 한다는 언어민족 정체성과 같은 압력이 작용했을 것으로 판단된다. 민족 정체성 또는 전통의 유지에 따른 영향은 배우자나 자녀 사이에서는 적게 반영되며 사회적 실용성과 효용성이 더 많이 영향을 주는 것으로 보인다. 앞에서 배우자나 자녀의 언어 능력 희망 태도에서 중국어의 선호도가 높게 나타났던 것과 맞물리는 결과라고 볼 수 있다.

젊은 층의 부모 세대에서 코드 전환이 가장 활발하게 일어난다는 것은 Rene appel 외(2009)와 Lieberson & McCabe(1982)의 연구 결과와 일치한다. 이민 사회의 가정 내에서 언어 전환이 일어나는 모습을 관찰한 이 연구에 의하면 많은 소수 집단에서 민족 언어는 비공식적 영역 특히 가족 간의 의사소통에서 우월한 지위를 차지하지만 이런 상황에서도 주류 언어가 사용되고 결국에는 언어가 다양하게 사용된다는 것이다.[6)]

부모와 자녀의 대화 속에서 민족 언어의 사용률이 감소되고 주류 사회의 언어가 확대된다면 결과적으로 언어 소멸, 언어 전환이 일어날 수도 있다. 기존 연구 결과와의 비교를 통해 청도 조선족의 가정 내에서 중국어 사용은 전통 집거지에서보다 많아진 점을 알 수 있다.

<그림 4-1, 2>를 박경래(2002b)와 비교할 때 청도 조선족 사회의 특징적인 면모를 엿볼 수 있다. 박경래(2002b)에서는 가정 내에서 언어 선택 상황에 대한 조사에서 부모세대가 '가정에서 자식들에게 말할 때 주로 사용하는 언어가 중국어'라고 답한 비율은 7.5%, 학생세대가 '부모와의 대화에서 주로 사용하는 언어가 중국어'라고 답한 비율이 7.7%라 밝히고 있다. 이에 비해 청도는 이 두 가지 경우에 중국어 사용이 각각 30.1%, 35.5%로서 가정 내에서 부모와 자녀와의 대화에서 중국어 사용이 전통 집거지에 비해 많이 확대되어 있다. 가정에서 대화 상대에 따라 언어 선택이 달라져서 코드 전환이 일어난다는 점은 아래에 논의하게 될 기타 문항의 응답 결과를 통해서도 증명된다.

연령에 따라 조선어의 사용 비율이 달라지는 것은 다음 문항의 응답 결과를 분석한 것과도 일치한다. 다음 문항은 가정에서 대화 상대라는 설정이 없이 많이 사용되는 언어가 어떤 것인지를 물어 본 것이다. 그리고 <그림 4-3>는 이 문항에서 1위로 선택된 언어를 연령이라는 사회적 변수와 함께 교차분석하여 조선어, 한국어, 중국어가 선택된 비율을 나타낸 것이다.

---

6) Lieberson과 McCabe(1982)는 나이로비의 구제라티어를 사용하는 화자들이 언어사용 영역과 모국어 전환 간의 관계를 연구하였다. 그들은 많은 부모들이 아이들에게 말을 할 때 구제라티어와 영어를 모두 사용한다는 것과 이런 사실에서 구제라티어로부터 영어로의 전환에 관한 많은 부분을 설명할 수 있다는 점을 알게 되었다. 서유럽으로 이민을 온 가족들이 집에서 대화를 할 때도 같은 형태가 관찰될 수 있는데 여기서는 어린이들이 주류언어를 쓰기 시작한다는 것이다.

[설문 문항-가정에서 언어 사용 / 문항 유형-순위형]
27. 우리 가정에서 많이 쓰는 말의 순서는 다음과 같다.

<표 4-3> 가정에서 가장 많이 사용되는 언어(연령별)

구분	조선어		한국어		중국어	
	인원	비율	인원	비율	인원	비율
12세 이하	23	46.9	12	24.5	14	28.6
13~19	17	63.0	2	7.4	8	29.6
20~29	109	83.8	8	6.2	13	10.0
30~54	139	85.3	9	5.5	15	9.2
55세 이상	15	75.0	0	0.0	5	25.0
전체	303	77.9	31	8.0	55	14.1

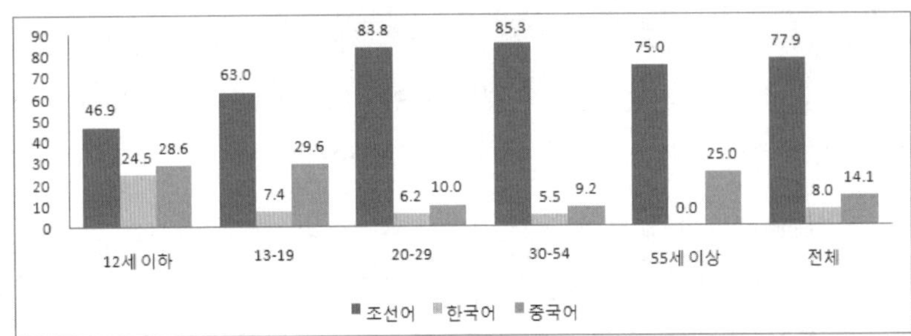

<그림 4-3> 가정에서 가장 많이 사용되는 언어(연령별)

위에서 보면 가정 내에서 조선어는 여전히 우월한 지위를 차지한다. 3장의 언어 태도 부분에서 '가족끼리는 조선말을 써야 한다'는 응답 결과에서 평균값이 4.13으로 나왔던 것과 맞물리는 결과이다. 아울러 조선어 사용률이 상대적으로 낮은 집단은 여전히 19세 이하의 학생 집단이라는 점도 앞의 결과와 같다. 그런데 특이한 점은 55세 이상의 집단에서 중국어 사용 비율이 다시 늘어난 점이다. 55세 이상은 교포 1세

혹은 2세가 대다수이며 19세 이하의 학생세대에 비추어 말하면 조부모 세대라고 할 수 있다. 이 집단에서 중국어 사용이 확대된 점은 요즘 젊은 세대가 아이를 부모에게 맡겨 키우는 현상이 많아짐에 따라 손자 손녀와 함께 생활하는 조부모세대가 아이들과의 대화에서 중국어 사용을 많이 하는 것과 관련이 있을 것으로 보인다. 이 집단의 조선어 사용률도 평균보다 높게 나타났다.

따라서 이런 가정에서 구성원들은 언어 사용에서 언어 코드 전환을 많이 하게 된다. 12세 이하의 집단에서는 한국어 사용률이 기타 집단에 비해 높다는 점도 발견된다. 이로부터 젊은 층의 부모세대에서 배우자 또는 아이들과의 대화에서 한국어 사용을 선호한다는 것을 알 수 있다. 이 점은 3장 언어태도 부분에서 젊은 세대가 한국어를 선호했던 조사 결과와 맞물리며 면접 조사의 자료를 통해서도 재확인된다.[7]

이상의 분석을 통하여 조선족 가정 내에서의 언어 사용은 상대에 따라 코드를 전환한다는 점을 확인하였고 아울러 코드 전환이 일어나는 언어는 주로 조선어와 중국어이며 12세 이하에서는 한국어로의 코드 전환도 활발히 일어난다는 점도 확인할 수 있었다.

---

7) 박○○ 씨(여, 36세, 주부)는 자녀의 언어 교육 문제에 대해 '(아이를) 한국인이 경영하는 국제학교 같은 데 보내고 싶지만 비용 문제 등을 고려하면 비현실적이다. 한족 학교에 보낼 생각이지만 집에서는 한국말로 교육할 것이다. 청도에 와서 한국인들과의 접촉이 많아지면서 방언은 되도록 안 쓰게 되고 지금은 부부 사이에도 한국어식으로 표현을 한다. 아이도 당연히 한국식으로 말을 따라할 것 같다.'고 하였다.

4.1.2. 장면

사람들은 제각기 일상 생활의 다양한 장면에 대응하여 그 장면에 가장 적합한 말을 선택하여 사용한다. 장면에 따른 말의 선택은 동일 언어나 동일 방언 화자라면 유사한 형태로 이루어질 것이지만 어떤 특정 장면에서는 어떤 특정한 말의 사용이 규칙화되어 사회적으로 관습화되어 간다(사나다신지, 2008). 청도 조선족도 공동체의 사회적 연결망 속에서 사회적 언어 행동을 반복하는 가운데 특정 장면에서는 특유의 말을 사용할 수 있을 것이라고 예측할 수 있다.

언어 선택에서 공식적인 자리이냐 비공식적인 자리이냐는 매우 중요한 장면 요인이 된다. 청도 조선족 사회에서 비공식적 자리와 공식적인 자리에서 언어 선택 양상이 어떻게 달라지는지를 조사하기 위해 설정된 문항은 다음과 같다.

> [설문 문항-조선족과 장면별 언어 사용 / 문항 유형-순위형]
> 28. 내가 조선족과 일상적인 대화에서 많이 쓰는 말의 순서는 다음과 같다.
> 29. 내가 조선족과 공식적인 대화에서 많이 쓰는 말의 순서는 다음과 같다.

이 문항에서 12세 이하의 화자들은 공식적 자리에 참석하는 기회가 매우 적기 때문에 응답 편차가 발생하기 쉬우므로 분석 대상에서 제외하기로 한다. 우선 사회적 변수에 상관없이 위의 응답에서 1위로 선택된 언어에 대해 장면별로 비율을 제시하면 다음과 같다.

〈표 4-4〉 장면에 따른 언어 선택

구분	비공식적 자리		공식적 자리	
	인원	비율	인원	비율
조선어	302	77.6	244	62.9
한국어	31	8.0	81	20.9
중국어	56	14.4	63	16.2
유효응답	389	100	388	100

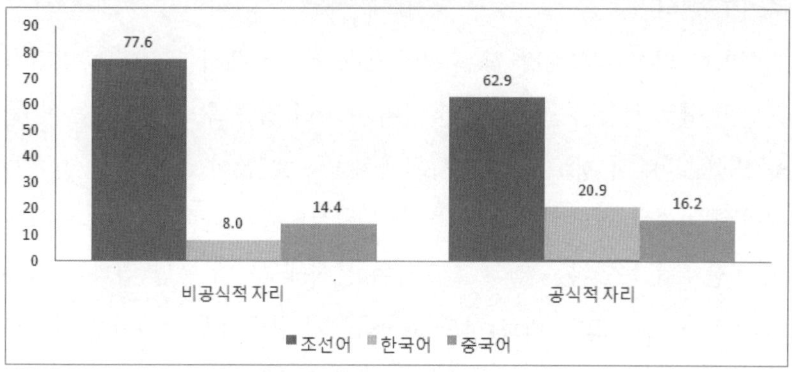

〈그림 4-4〉 장면에 따른 언어 선택

<그림 4-4>를 통해 조선족과의 대화에서는 공식적인 자리이든 비공식적인 자리이든 조선어가 가장 많이 사용된다는 것을 알 수 있는데, 대화 장면에서 화자가 조선족인지 알고 있기 때문에 이러한 결과가 나타난 것이다. 이는 청도 조선족 사회에서 조선어의 사회적 지위 또는 동일 민족 사회에 대한 공동체 구성원들의 결속감, 동질감 등 통합 의식이 비교적 높다는 것을 단적으로 보여준다.

그러나 공식적인 자리에서 한국어나 중국어의 사용 비율이 높아지는 것은 한국어와 중국어의 새로운 위상을 보여준다. 응답 결과로부터 보면 중국어는 비공식적인 자리와 공식적인 자리에서 사용률이 비슷하지만 조선어와 한국어 사용률에는 차이가 있다. 공식적인 자리에서 한국

어의 通用性과 公用性이 비공식적인 자리에서보다 제고되었다는 점으로부터 대화 장면에 따라 조선어와 한국어 간에 코드 전환이 일어난다는 점을 확인할 수 있다. 공식적인 자리에서는 비공식적인 자리에 비해 조선어의 사용이 감소하는 반면 한국어의 사용이 확대되는 것은 조선어와 한국어를 방언형과 표준어형으로 이해하는 의식이 존재함을 반영하기도 한다.

이러한 의식이 확대될 경우 언어 공동체 내부에서 조선어는 비격식적인 언어로 한국어는 격식적인 언어로 자리 잡을 수 있게 된다. 이 점을 또한 3장에서 청도 조선족 사회에서 앞으로 많이 쓰이게 될 언어가 어떤 것일지에 대한 예측에서 한국어를 선택한 비율이 조선어를 선택한 비율보다 높았다는 점과 결부하여 분석해 볼 때 응답 결과가 시사하는 바가 매우 크다. 바로 청도 조선족들이 한국어를 상위어로 인정하여 공식적인 장면에서 그 사용을 확대해 갈 것이라는 예측이 보다 확연해 진다는 점이다. 대화 장면에 따른 사용에서 이 점은 다시 한 번 입증되고, 그 밖에 조선족들은 가족이나, 조선족 간의 스스럼없는 자리와 다소 격식적이고 딱딱한 자리에서 상황에 따라 코드 전환을 하고 있다는 것을 알 수 있다. 이런 현상은 면접 조사를 통해서도 확인되었다.[8]

---

8) 이와 관련하여 응답자 지○○(여, 27세, 대학원생)은 '조선어는 가족, 친척, 동향 친구 등 친한 사이에서만 사용하고, 청도에 와서 만난 조선족이나 윗 사람, 공식적인 자리 등 어려운 자리에서는 한국어를 사용한다. 청도에 와서 알게 된 사람에게는 친해져도 말을 쉽게 바꾸지 않는 것 같다. 때로는 계속 한국어를 써야 한다는 것에 부담을 느낄 때도 있다. 상대가 조선족이고 동향이라는 것을 알아도 윗 사람이면 여전히 한국어를 사용하게 된다.'고 하였다.
다른 한 응답자 조○○(여, 33세, 교수)는 '조선족만 모인 사적인 자리에서는 같은 출신지인지 아닌지에 따라 다르다. 동향 사람만 있는 자리라면 원래 사용하던 방언으로 말하고 다른 출신지의 사람들도 있다면 중국어를 사용한다. 중국어가 존

장면에 따른 코드 전환은 사회적 변수에 따라서도 달리 나타나게 된
다. 비공식적인 자리와 공식적인 자리에서의 코드 전환을 보여 주는 변
수는 성별이다. 위의 문항에서 1위 선택 결과를 성별에 따라 카이제곱
검정을 해 보니 비공식 자리와 공식적인 자리에서 유의확률이 각각
.013과 .024로 나타났다. 장면에 따른 언어 선택 경향을 성별에 따라 교
차분석한 결과는 다음과 같다.

〈표 4-5〉 집단별 장면에 따른 언어 선택(성별)

구분	비공식 자리				공식적 자리			
	유효 응답	조선어 인원(비율)	한국어 인원(비율)	중국어 인원(비율)	유효 응답	조선어 인원(비율)	한국어 인원(비율)	중국어 인원(비율)
남성	207	166(80.2)	11(5.3)	30(14.5)	206	146(70.7)	36(17.7)	24(11.6)
여성	181	135(74.6)	20(11.0)	26(14.4)	181	104(57.6)	45(24.7)	32(17.7)
전체	388	301(77.6)	31(8.0)	56(14.4)	387	250(64.6)	81(20.9)	56(14.5)

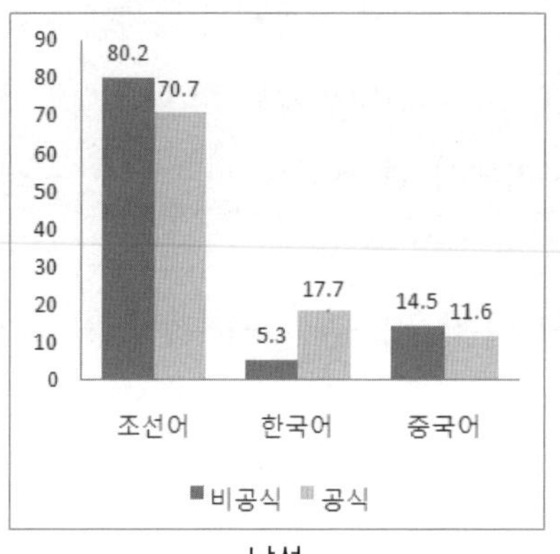

〈그림 4-5〉 집단별 장면에 따른 언어 선택(성별)

대말이나 격식에 그다지 신경 쓰지 않아서 편하다. 한국인이 있는 자리라면 한국
어로 표현하려고 노력하는 편이다. 공식적인 자리에서는 되도록 한국말로 표현한
다. 다른 사람들이 한국어로 말하니까 그런 것도 있고 한국어가 격식적이고 표준
어라는 느낌이 있다. 아마 한국 방송 등 매체의 영향이 큰 것 같다.'고 하였다.

<그림 4-5>에서 확인되는 주된 경향은 여성이 남성에 비해 조선어를 적게 사용한다는 것인데 비공식적인 자리든 공식적인 자리든 여성이 남성에 비해 조선어를 사용하는 비율이 낮게 나타났다. 이는 3장에서 확인한 결과와 일치한다. 즉 전통적으로 써 오던 조선어보다는 좀더 세련된 언어로 인식되는 한국어를 선호하여 사용하며 공식적인 자리에서는 중국 사회의 주류 언어인 중국어를 사용하는 경향이 남성보다 여성에게서 더 높게 나타난다는 점이 확인되었다.

특히 남성과 여성의 조선어/한국어 사용 비율 차이는 공식적인 자리에서 더 확대되었다. 앞에서 언급하였듯이 여성이 남성보다 사회적 지위 의식(status-conscious)이 강하다는 점은 많은 사회학적 연구에 의해 밝혀졌다. 즉 일반적으로 사회 계급과 관련된 언어 변종이 사회적으로 어떤 의미를 가지고 있는가에 대해서 여성이 더 민감하다는 것이다. 신분 상승을 나타내려는 욕구는 비공식적인 자리에서보다 공식적 자리에서 더 크게 작용하게 된다. 실제로 현지인들과의 인터뷰에서 여성 응답자들이 남성 응답자에 비해 공식적인 자리에서 한국어를 사용하려는 의식을 더 강하게 갖고 있다는 사실을 확인하였다.9) 이로부터 청도 조선족 사회에 한국어가 조선어에 비해 사회적 優位를 차지하는 언어라는 의식이 잠재해 있을 것이라는 推論이 가능해 진다.

조선족의 언어 사용에서 코드 전환이 일어난다는 사실은 다음과 같은 비교를 통해서도 입증된다. 아래의 문항을 통해 청도 조선족들이 다

---

9) 면접 조사에서 남성 응답자들은 대화 상대가 조선족인 경우에 비공식적인 자리냐 공식적인 자리냐에 따라 말 바꾸기(코드 전환)를 잘 하지 않는다는 응답이 많았다 (남○○, 최○○, 이○○ 등). 이에 비해 여성 응답자들은 대화 상대가 조선족일지라도 어떤 자리냐에 따라 언어 사용에서 조심성과 신중성을 기하게 된다는 응답이 많았다(김○○을 제외하고 전부 그렇다고 응답함)

양한 층위의 언어 환경 속에서 언어 사용 전략을 개발할 수 있는 가능
성을 살펴 볼 수 있다.

> [설문 문항-상황별 언어 사용 / 문항 유형-순위형]
> 26. 내가 많이 쓰는 말의 순서는 다음과 같다.(평상시)
> 27. 우리 가정에서 많이 쓰는 말의 순서는 다음과 같다. (가정 내)
> 28. 내가 조선족들과 일상적인 대화에서 많이 쓰는 말의 순서는 다음과 같다.
>   (조선족 비공식)
> 29. 내가 조선족들과 공식적인 대화에서 많이 쓰는 말의 순서는 다음과 같다.
>   (조선족 공식)

청도 조선족들의 전체적인 언어 선택 경향을 파악해 보기 위해 위
문항의 응답 결과를 응답자의 사회적 변수를 고려하지 않고 분석하기로
한다. 각 문항에서 1위로 선택된 언어를 문항별로 비교하기로 한다.

〈표 4-6〉 사용 환경에 따른 언어 선택

	평상시		조선족 공식		조선족 비공식		가정 내	
	인원	비율	인원	비율	인원	비율	인원	비율
조선어	187	47.8	244	62.9	302	77.6	303	77.9
한국어	56	14.3	81	20.9	31	8.0	31	8.0
중국어	148	37.9	63	16.2	56	14.4	55	14.1
유효 응답	391	100	388	100	389	100	389	100

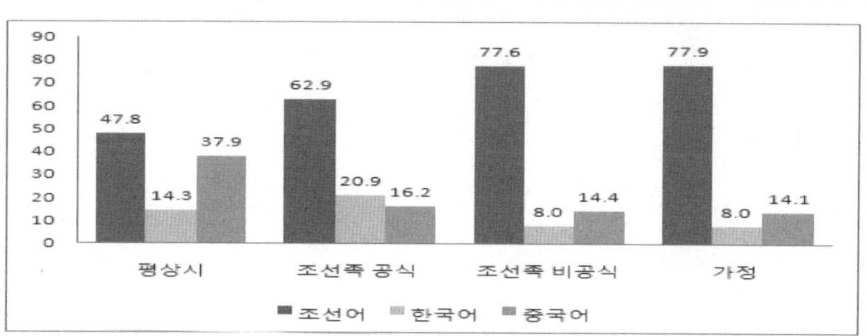

〈그림 4-6〉 사용 환경에 따른 언어 선택

<그림 4-6>을 보면 언어 사용 환경에 따라 각 언어를 선택하는 비율의 증감이 비교적 뚜렷하게 나타남을 알 수 있다. 조선어 사용률은 가정에서 가장 높고 사회 접촉이 많아질수록 감소하는데 반해 중국어는 상반된 경향을 보인다. 응답자의 평상시 대화 상대는 다양한 언어적 배경을 가진 화자들이다. 그 중에는 한족 외 기타 민족과 한국인, 조선족 등이 포함된다.

응답 결과에서 중국어 선택률이 갑자기 증가한 것은 바로 그런 이유에서다. 이는 대화 상대가 사용하는 언어에 따라 코드 전환이 일어나게 된다는 것을 의미한다. 이때 코드 전환이 일어나는 언어는 조선어(또는 한국어)와 중국어가 될 수 있다. 같은 민족과의 대화에서도 코드 전환은 여전히 일어난다.[10] 특히 한국인과의 대화에서 조선족은 조선어를 버리고 한국어를 선택하여 사용할 확률이 높아진다. 이는 3장 언어 태도 부분에서 '한국인과의 대화에서 한국어를 사용해야 한다'(문항 13)에 대한 응답 결과에서 평균값이 3.90으로 나타났던 것과도 일맥상통한다.

이로부터 청도 조선족들은 가정 내와 가정 밖, 조선족과의 공식적인 자리와 비공식 자리, 조선족과 기타 민족, 조선족과 한국인과의 대화 등 언어 상황이 달라짐에 따라 다양한 언어 선택을 하게 되므로 코드 전환이 활발히 일어난다고 할 수 있다.

4.2. 언어 변용

사나다신지(1986)에 의하면 사회언어학에서의 '언어 변용' 연구는 通

---

10) 가정과 조선족 공식/비공식 대화에서의 코드 전환에 관해서는 앞에서 논의하였으므로 여기서는 생략한다.

時的인 연구 즉 언어 변천에 초점을 맞춘 연구를 뜻한다. 예를 들면 지역 사회의 共通語化 연구나 젊은 세대의 새로운 언어 형식을 대상으로 한 연구, 또는 移民 사회의 언어 유지와 변용 과정에 대한 연구 등이 그 범위에 속한다고 할 수 있다. 이 절에서는 이중(다중)언어의 언어 환경에서 생활하는 청도 조선족들이 사용하는 언어 형식은 어떤 모습을 하고 있는지, 이들의 언어는 어떤 변화를 겪고 있는지에 대해 살펴보고자 한다.

청도 거주 조선족들의 조선어 보존 정도가 비교적 높은 편이라는 사실은 앞에서 여러 조사 결과를 통해 확인되었다. 말하자면 변인 간에 차이는 존재하였지만 언어 수행 능력의 평가, 언어에 대한 선호도, 가정에서의 언어 사용, 조선족 간의 언어 사용 등에서 모두 조선어가 선택된 비율이 매우 높게 나타난 것이다. 이 절에서는 앞에서 논의한 내용에 근거하여 청도 조선족들의 '주언어(main language)'에 대해 살펴보고 이를 변인으로 구체적인 발화 상황에서 나타나는 언어 변용의 모습을 살펴보고자 한다.

구체적인 발화 내용은 기층 언어를 탐구할 수 있는 내용과 언어 간섭을 관찰할 수 있는 내용으로 구성한다. 기층 언어가 주언어와 어떤 관계를 맺고 있는지 알아보고 이를 통해 청도 조선족들의 기층 언어가 잘 유지되고 있는지 아니면 다른 상황적 요인의 영향을 받고 있는지에 대해 분석할 것이다. 언어 간섭 현상은 조선어형, 중국어형, 한국어형의 사용 양상을 언어 장면과 주언어별로 나눠서 비교해 볼 것이다. 구체적인 언어 사용은 단순히 설문 조사에 의거하여 파악하는 것에 한계가 있으므로 전화 또는 직접 면담을 통하여 실제 언어 자료를 수집하였으며 이를 분석에 활용하였다.

4.2.1. 주언어 현황

청도의 조선족들은 대부분 다중언어 사용자들이다. 다중언어 사용자
들에게 어떤 언어가 주된 언어인가에 대해 파악해 보는 것은 청도 조
선족들의 현재 언어 현황을 알아보고 앞으로 언어 변화를 예측하는 데
매우 중요하다. 또한 기층 언어의 혼란, 언어 간의 간섭 양상 등을 파악
하는 데도 매우 유용하다.

다중언어 사용자들이 어떤 언어를 주로 사용하는가는 '주언어(main
language)'란 개념으로 파악해 볼 수 있다. 주언어는 각각의 언어에 대한
능력, 태도, 사용 등을 종합해 파악할 수 있다. 즉 가장 뛰어난 능력을
보이는 언어, 가장 선호하는 언어, 실제 언어 생활에서 가장 많이 사용
하는 언어가 무엇인가를 종합적으로 고려하여 파악하게 된다.

본서에서 주언어를 파악하기 위해 마련한 문항은 다음과 같다.[11]

[설문 문항−주언어 / 문항 유형−순위형]			
질 문	조선말	한국말	중국말
25. 내가 자신이 있는 말의 순서는 다음과 같다.	☐	☐	☐
26. 내가 많이 쓰는 말의 순서는 다음과 같다.	☐	☐	☐
27. 우리 가정에서 많이 쓰는 말의 순서는 다음과 같다.	☐	☐	☐
28. 내가 조선족들과 일상적인 대화에서 많이 쓰는 말의 순서는 다음과 같다.	☐	☐	☐

---

11) 이 문항 중 일부는 3.3.과 3.4.에서 언어 태도를 파악하는 데에도 이용하였다. 3장
에서는 1위가 가장 중요한 문항에 대해서는 1위만으로 분석하였다.

29. 내가 조선족들과 공식적인 대화에서 많이 쓰는 말의 순서는 다음과 같다.			
31. 내가 쉽다고 생각하는 말의 순서는 다음과 같다.			
32. 내가 좋아하는 말의 순서는 다음과 같다.			
34. 앞으로 청도의 조선족 사회에서 많이 쓰여야 한다고 생각하는 말의 순서는 다음과 같다.			

위의 8개 문항에 대한 응답에서 1위 언어에는 3점, 2위 언어에는 2점, 3위 언어에는 1점을 부여한 후 합산을 하였다. 그런데 가중치를 부여하여 분석하는 것이므로 어느 한 문항에라도 결측값이 있으면 결과가 왜곡될 수 있으므로 이런 경우에는 전체를 결측값으로 처리하여 총 362개의 케이스를 분석하였다.

주언어는 각 언어별로 나타난 점수 간의 비율로 측정하였다. 분석에 사용된 문항은 모두 8개이므로 점수를 합산하면 최대 24점이고 최소 8점이 된다. 따라서 조선어 점수와 중국어 점수의 비율(조선어 점수 ÷ 중국어 점수), 조선어 점수와 한국어 점수의 비율(조선어 점수 ÷ 한국어 점수)을 구하면 최대값이 3이다.[12] 이 수치를 바탕으로 각 케이스를 3등분하면 각각 주언어가 '조선어'인 사용자, '혼종'인 사용자,[13] '중국어' 사용자, '한국어' 사용자로 나눌 수 있다. 각 케이스를 3등분하는 방법은 여러

─────────

[12] 한국어와 중국어의 이중언어 사용자는 극소수이기 때문에 양자 간의 비율은 분석하지 않았다.

[13] 본서에서는 조선어와 중국어, 조선어와 한국어 간의 비율에 근거하여 매 응답자의 주언어를 측정하였으므로 혼종 사용자는 '조선어-중국어'와 '한국어-조선어' 혼종 사용자를 포함한다. 논의의 편의를 위해 '조-중', '한-조'라고 약칭한다. 이하 동일하다.

가지가 있는데 본서에서는 청도 조선족들의 언어 현황을 고려하여 각 수치를 x라 했을 때 'x <1, 1≦ x < 2, 2 ≦ x'로 3등분하였다.[14] 그 결과는 다음과 같다.

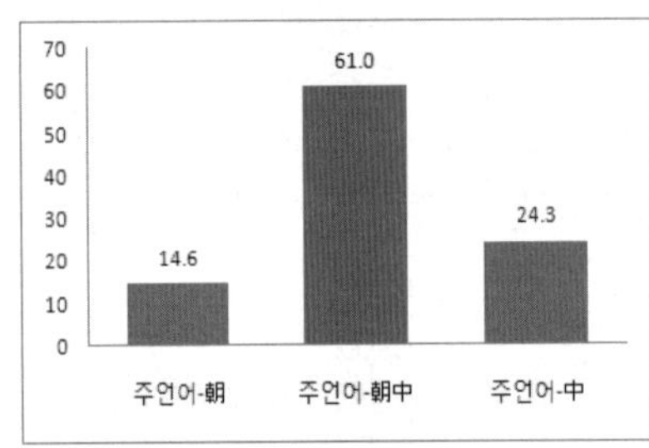

〈그림 4-7-①〉
언어 사용자의 주언어1(조선어와 중국어)

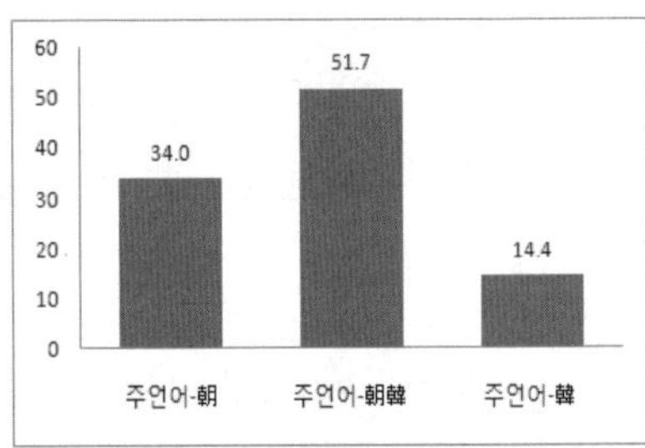

〈그림 4-7-②〉
언어 사용자의 주언어2(조선어와 한국어)

　　〈그림 4-7〉을 보면 두 경우에 모두 주언어가 혼종인 사용자가 가장 많다. 이는 조선어, 중국어, 한국어가 공존하는 이중(다중)언어사회의 특징을 잘 반영하는 것이라고 볼 수 있다. 〈그림 4-7-①〉은 중국에서 소수민족언어로서의 조선어와 국가 공용어인 중국어 간의 관계를 보여주고 〈그림 4-7-②〉는 한 언어의 두 변종으로서의 조선어와 한국어의 관계를 보여준다. 조선어와 중국어는 종래에 중국 조선족 사회에서 수평적으로 존재하고 있던 두 언어이고 조선어와 한국어는 한 언어의 두 변종으로서 수직 관계에 놓여있는 언어이다.

　　〈그림 4-7-①〉을 보면 청도 거주 조선족들 중에는 주언어가 중국어

---

14) 이 방법은 절대적인 기준으로 3분 한 것이지만 상대적으로 3등분하는 방법을 취할 수도 있다. 즉 전체 케이스의 점수를 순차적으로 나열한 후 상하 각각 1/3이 되는 지점으로 나누는 것으로서 SPSS의 기능을 활용하면 된다. 그러나 몇 가지 검증 결과 상대적인 기준보다는 절대적인 기준이 청도 조선족의 언어현황을 잘 보여주므로 본서에는 1과 2를 기준으로 3등분하여 분석한다.

인 사용자가 주언어가 조선어인 사용자에 비해 많다. 한족이 전체 인구의 대부분을 차지하는 중국 사회에서 당연히 나타날 수 있는 결과이기도 하다. <그림 4-7-②>에서는 한국어가 조선족 사회에 많은 영향을 끼치고 있기는 하지만 주언어가 조선어인 사용자가 주언어가 한국어인 사용자에 비해 많다는 것을 알 수 있다.

앞에서 밝혔듯이 주언어는 언어 수행 능력에 대한 자신감, 언어 선호도 및 언어 사용 등을 종합적으로 나타낸 것이다. 즉 언어 수행 능력이나 언어 선호도, 언어 사용에서 조선어, 한국어, 중국어 세 언어에 대해 언어 사용자가 순위로서 그 차이를 나타낸 결과를 종합한 것이다. 아래에는 3장과 4.1에서 중점적으로 다루었던 중요한 사회적 변수를 선택하여 주언어와 교차분석을 진행하고자 한다. 카이제곱 검정을 통해 사회적 변수별로 유의미적 차이를 보이는 것은 연령, 출신지, 학교 종류임을 알 수 있었다. 이런 차이는 특히 조선어와 중국어 간의 비교를 통해 주언어를 구분하였을 때 잘 나타났다.15) 각 변수별로 주언어를 비교해 보면 다음과 같다.

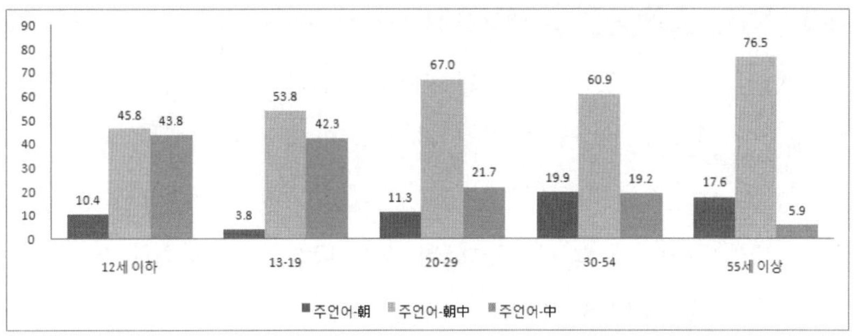

〈그림 4-8-①〉 집단별 주언어 비교1(연령별)

---

15) 이때 Pearson 카이제곱의 유의확률은 각각 .015, .000, .001임.

<그림 4-8-①>을 보면 모든 연령 집단에서 '조-중' 혼종 사용자 비율이 가장 많다는 것이 공통점이다. '조-중' 혼종 사용자 비율은 각 집단에서 모두 많은 비율을 차지하는 반면에 주언어가 조선어 또는 중국어인 비율은 집단 간에 차이를 보인다. 19세 이하의 학생 집단에서는 주언어가 중국어인 비율이 다른 집단에 비해 현저하게 많고 특히 12세 이하의 학생 집단에서는 조사 대상의 대부분이 청도 조선족 소학교의 학생이었음에도 불구하고 조선어가 주언어인 비율이 매우 적게 나타났다. 이는 이들이 조선족 학교를 다니지만 일상 생활에서 주로 사용하는 언어 또는 자주 접하는 언어는 중국어라는 점을 반영한다. 이런 경향은 13세 이상의 학생 집단에서 더 강하게 나타난다. 조선어가 주언어인 사용자의 비율이 훨씬 적어진 점에서이다. 3장에서 밝혔듯이 현재 청도에서 운영되고 있는 조선족 학교는 소학교밖에 없다. 따라서 13세 이상의 초중학생들의 경우, 주요 언어 환경은 거의 중국어로 바뀌게 되어 그들의 주언어가 중국어로 될 가능성은 점점 커지게 되는 것이다.

중국어를 주언어로 하는 비율이 가장 적게 나타난 집단은 55세 이상의 노인 집단이다. 이 집단에 속한 사람들이 중국어가 주언어인 비율이 가장 적은 원인은 이들 중 대부분이 한반도에서 중국으로의 이주를 경험한 한인 1세거나 또는 學齡期에 중국의 文化大革命을 겪은 이유로 인해 중국어 교육을 제대로 받지 못한 사람이 많기 때문이다.

3장에서 출신지에 따라 언어 수행 능력에서 차이가 있다는 점을 확인하였다. <그림 4-8-②>을 통해 이 점을 다시 한번 확인해 볼 수 있다. 출신지별로 주언어 비율을 나타내면 다음과 같다.

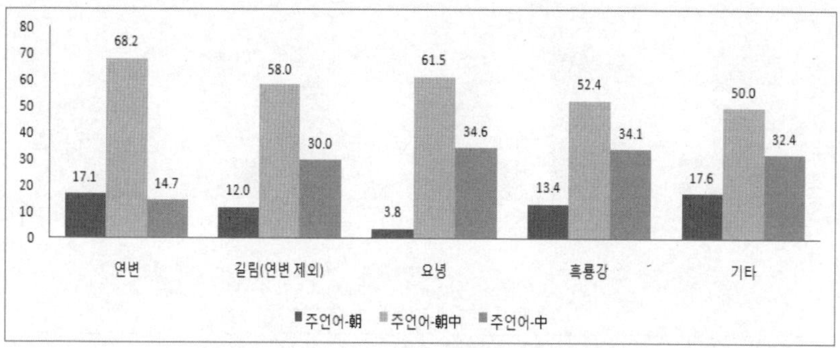

〈그림 4-8-②〉 집단별 주언어 비교2(출신지별)

<그림 4-8-②>에서 보듯이 주언어가 중국어인 비율이 가장 낮은 지역은 연변이다. 연변은 다른 지역에 비해 중국어 사용 환경이 제한되고 언어 사용자들의 중국어 능력이 상대적으로 낮다는 것을 반영한다. 반면에 요녕 지역은 조선어를 주언어로 하는 언어 사용자가 매우 적고 중국어 주언어 사용자가 가장 많다. 길림(연변 제외)과 흑룡강 지역은 주언어가 조선어인 비율이나 주언어가 중국어인 비율에서 모두 연변과 요녕 사이 수준을 나타내고 있다. 3장에서 논의하였듯이 길림과 흑룡강은 연변과 요녕 지역에서 볼 수 있는 조선족의 밀집과 산재의 특징을 모두 갖고 있는 지역이기 때문이다. 출신지에 따른 주언어의 비교를 통해 조선족들의 언어와 지역 간에 중요한 연관이 있다는 점이 다시 한 번 확인된다.

다음은 조선족들이 받은 학교 교육과 주언어 간의 관계를 알아볼 수 있는 학교 종류별 비교다.

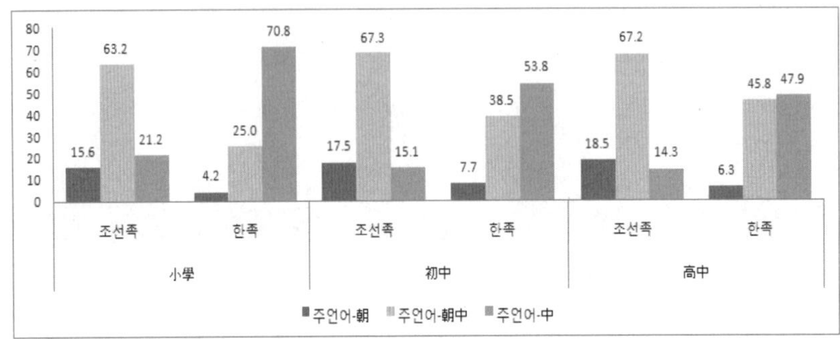

〈그림 4-8-③〉 집단별 주언어 비교3(학교 종류별)

3장에서 논의하였던 내용을 다시 한 번 언급하자면 조선족 학교를
다닌 사람은 중국어와 조선어 능력의 차이가 그다지 크지 않지만 한족
학교를 다닌 사람들의 조선어 능력은 중국어 능력에 비해 훨씬 낮았다.
또한 한족 학교 출신자들의 중국어와 조선어 능력의 차이는 소학 단계
에서 고중 단계로 올라갈수록 점점 작아지는 경향도 발견되었다. <그
림 4-8-③>에서도 이러한 경향은 유사하게 나타나고 있다. 조선족 학
교를 다닌 사람의 경우 소학, 초중, 고중 단계에서 모두 '조-중'혼종 사
용자 비율이 가장 많다는 것은 이들의 조선어와 중국어의 차이가 많이
나지 않는다는 것을 말해준다. 한족 학교를 다닌 사람의 경우 조선어가
주언어인 비율은 매우 적으며 '조-중'혼종 사용자의 비율은 소학에서
고중으로 올라 갈수록 커지고 있다. 이 점 역시 앞에서 언급한 민전한
의 현상과 연관된다. 초중 또는 고중 단계에서 민전한의 결과로 조선어
교육을 받은 사람들이 한족 학교로 옮겨 가는 경우가 생겨 '조-중'혼종
사용자들의 비율은 높아진 것이다.

정리해 보면 조선족 학교를 다닌 사람들은 대부분 주언어가 '조-중'
혼종인 사용자가 많고 한족 학교를 다닌 사람들은 주언어가 중국어인

사람이 많으며 민전한의 결과로 초중, 고중 학교가 한족 학교인 사람 중에서 '조-중'혼종 사용자가 늘어났다는 것이다.

3장과 4.1에서 언어 수행 능력, 선호도, 언어 사용에서 연령, 출신지, 학교 종류별로 각각 나눠서 살펴보았던 경향들을 주언어와의 비교를 통해 보다 종합적으로 파악할 수 있었다. <그림 4-8>을 통해 언어 수행 능력과 언어에 대한 선호도가 언어 사용에 직접적인 영향을 주고 있다는 사실은 한층 더 자명해지며 본서의 기준에 의해 분류된 주언어는 실제 언어 표현형의 선택 사용에서 중요한 변수로 설정할 수 있는 근거가 충분해 진다.

따라서 주언어에 의해 청도 조선족들의 기층 언어의 혼란 양상과 언어 간 간섭을 파악하는 것은 매우 흥미 있는 일이라 여겨진다.

4.2.2. 기층 언어의 혼란

개인의 발화는 다양한 층위에서 이루어질 수 있다. 자신의 발화를 충분히 조정하고 통제할 수 있는 상황이라면 자신이 원하는 대로 상황에 맞게 언어를 선택할 수 있다. 방언 사용자나 이중 언어 사용자의 경우에도 표준어나 자신이 원하는 외국어로 말을 할 수 있다. 따라서 이러한 경우에는 개인의 기층 언어가 무엇인지 알기 어렵다. 그렇지만 자신의 발화를 제어하기 어려운 상황에서는 기층 언어가 자기도 모르게 나올 수가 있다. '화가 날 때'나 '숫자를 셀 때'가 이러한 상황의 대표적인 사례이다. 화가 날 때는 이성적인 통제가 어렵기 때문에 사용하는 말 또한 가장 기층의 말이 나올 가능성이 크다. 2개 국어 이상에 능숙하더

라도 '숫자를 셀 때'나 '화가 날 때'에는 가장 익숙한 언어거나 기층을 이루는 언어가 사용될 수 있다.

아래의 두 가지 경우에 조선족들이 사용하는 언어는 어떤 것인지를 살펴보기로 한다.

[설문 문항-기층 언어 / 문항 유형-단선형]
35. 나는 숫자(數)를 셀 때 _____을 주로 사용한다.
36. 나는 화가 났을 때 _____을 주로 사용한다.

'숫자를 셀 때' 사용하는 언어'를 통해 주로 조선어와 중국어의 상호 간섭 양상을 살펴보고자 하였다. 조선어와 한국어의 숫자를 세는 방식은 거의 유사하지만 중국어의 그것과는 근본적으로 다르기 때문이다. 野元菊雄(1973)는 이중 언어사용자와 관계가 있는 숫자에 대해 '숫자는 언어능력의 가장 기초가 되며 이중 언어사용이 일반적인 사회에서 어떤 언어가 基層이 되어 있는가를 결정하기 위해 어떤 쪽의 언어로 숫자를 세는지에 대해 질문한다'고 한다(임영철, 1995에서 재인용). 숫자 세기가 화자의 언어 수행 능력과 기층 언어를 확인하는 데 참고가 될 수 있다는 관점이다.

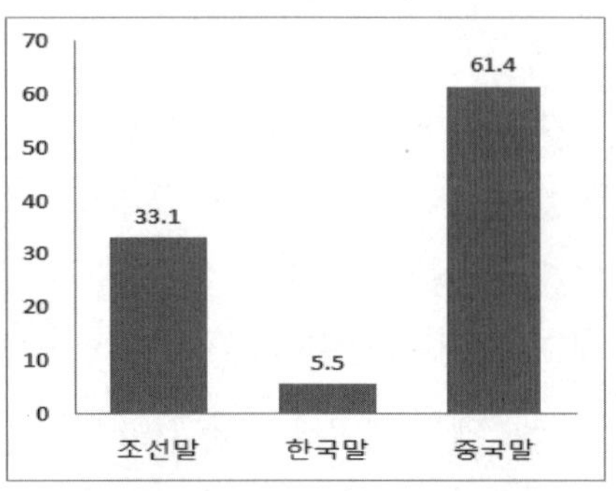

〈그림 4-9〉 숫자를 셀 때 쓰는 말

이에 대한 응답 결과는 오른쪽과 같다.16) 이 결과는 일반적인 예측과 차이가 있다. 청도의 조선족들이 '가장 자신 있어 하는 언어'가 조선어고 비공식적 상황에서도 조선어가 가장 많이 쓰이고 있기 때문에 '숫자를 셀 때'도 조선어가 가장 많이 쓰일 것이라는 예측이 일반적일 것이다. 그러나 결과는 '중국어로 센다'는 대답이 조선어의 두 배 가까이나 된다. 이는 앞에서 분석된 주언어와 연관이 있을 것으로 보아진다. 4.2.1.에서 본 대로 조선어와 중국어의 비교를 통해 살펴본 청도 조선족들은 주언어가 '조-중' 혼종인 사용자 비율이 가장 높았다. 이는 조선어와 중국어를 혼종으로 사용하고 있는 사람들 대부분이 '숫자를 셀 때' 중국어를 사용한다는 것을 의미한다.

아래에 주언어와 '숫자 셀 때 쓰는 말'의 관계를 구체적으로 살펴보기로 한다.

〈표 4-10〉 주언어와 '숫자를 셀 때 쓰는 말'의 비교

구분	유효 응답	조선어		한국어		중국어	
		인원	비율	인원	비율	인원	비율
주언어-朝	51	29	56.9	4	7.8	18	35.3
주언어-朝中 혼종	219	85	38.8	8	3.7	126	57.5
주언어-中	88	7	8.0	8	9.1	73	83.0
전체	358	121	33.8	20	5.6	217	60.6

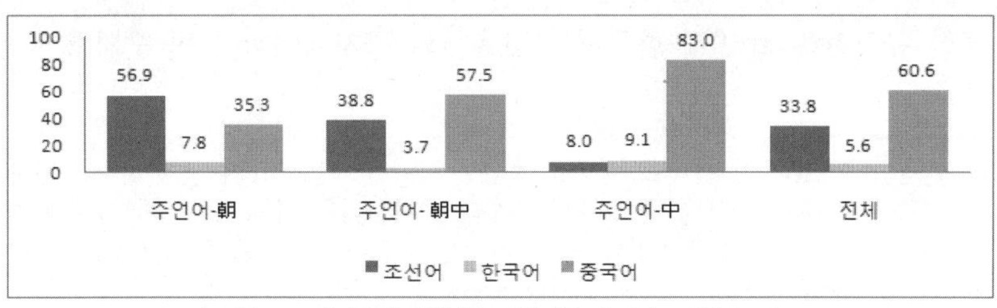

〈그림 4-10〉 주언어와 '숫자를 셀 때 쓰는 말'의 비교

16) 이 문항에서 한국어를 선택한 사람은 그리 많지 않으나 이에 대한 설명을 붙이자면, 숫자에서는 조선어와 한국어의 차이가 거의 없으므로 한국어를 선택한 응답자들은 그 구별을 알아채지 못하거나 또는 자신이 하는 말을 한국어라고 생각하는 부류의 사람들일 것으로 판단된다.

<그림 4-10>을 보면 주언어가 중국어인 경우에는 대부분 숫자를 셀 때도 여전히 중국어를 사용하고 있고 주언어가 '조-중' 혼종인 경우에도 숫자를 셀 때는 중국말을 사용한다는 응답이 많다. 특이한 점은 주언어가 조선어인 경우에도 숫자를 셀 때는 중국어로 한다는 응답이 꽤 많다는 점이다. 3장에서 논의된 언어 수행 능력과 관련된 변수를 선택하여 '숫자를 셀 때 사용하는 언어'와의 관계를 살펴본 결과 '숫자를 셀 때 사용하는 언어'가 언어 수행 능력과 연관이 있으나 정비례하지는 않고 중국어가 사용되는 경향이 강하게 나타났다.[17]

이는 청도 조선족들의 기층 언어는 일반적인 언어 수행 능력이나 언어 사용 양상 이외에 다른 요인이 많이 작용할 가능성을 시사한다. 즉 숫자를 셀 때는 기층 언어의 발현이나 사회적 요인보다 언어 자체의 요인, 특히 數를 적고 읽는 방법상의 특성으로 설명되어야 할 것 같다. 조선어나 한국어에 비해서 중국어는 읽기가 훨씬 쉽다. 백 이내의 수를 예로 들자면 1부터 10까지의 '一, 二, 三, 四, 五, 六, 七, 八, 九, 十'를 읽을 줄 알면 10보다 큰 수는 '十一, 十二, 十三 … 二十, 二十一, 二十二 … 三十, 四十, 五十 … 九十'처럼 간단한 조합으로 이루어지고 읽는 방법 또한 단일하다. 반면에 한국어는 고유어와 한자에서 유래한 숫자를 모4

---

17) 가장 자신 있는 언어가 조선어라고 응답한 사람 중에도 53.1%는 중국어로 숫자를 센다고 하였다. 출신지, 연령 등의 변수와 교차분석을 해 보아도 중국어가 가장 많이 쓰인다는 사실을 확인할 수 있다. 요녕 출신이 중국어 능력이 가장 높고 연변 출신이 중국어 수행 능력이 가장 낮다. 이에 따라 숫자를 셀 때 중국어를 쓰는 비율은 요녕 출신이 가장 높고 연변 출신이 가장 낮다. 또한 나이가 어릴수록 중국어 수행 능력이 뛰어난데 19세 이하가 중국어 수행 능력이 가장 높은 것과 일치하여 이 연령대가 숫자를 셀 때 중국어를 가장 많이 사용한다. 이는 출신지 및 연령이 중국어 수행 능력과 밀접한 관련이 있다는 점에서 설명이 가능하다. 결국 언어 능력이 숫자를 셀 때 중국어를 사용하는 비율과 관련이 있기는 하지만 중국어가 가장 많이 사용되는 언어라는 것은 여전히 유효하다.

두 사용할 뿐만 아니라 경우에 따라서 고유어를 써야 할 때도 있고 한 자어를 써야 할 때도 있고 또는 고유어와 한자어를 병용해서 사용할 때도 있다. 예를 들면 단위성 의존명사 앞의 수는 고유어 서수 관형사로 '한 명, 열 척, 열두 그루, 열세 벌' 등으로 읽어야 한다는 규정이 있지만 20 이상에서는 고유어인 '스물, 서른' 등과 함께 한자어인 '이십, 삼십' 등이 병용해 쓰인다. 또 다른 예를 들자면 '5시 5분 5초'를 읽을 경우에 '5'를 읽는 방법은 '다섯'과 '오'로 달라진다. 12시를 기준으로 '8시, 9시'는 '여덟시, 아홉시'와 같이 고유어로 읽어야 하지만 '13시, 14시'는 '십삼시, 십사시'처럼 한자어로 읽는다. 한국어에서도 숫자가 커질수록 한자어가 더 말하기 쉽다는 이점이 언어 사용자들에게 작용하듯이 조선족에게 있어서 숫자는 중국어가 더 편리한 언어로 선택될 수 있다. 실제로 숫자를 셀 때 중국어가 더 편하다고 인식하고 있는 점은 면접 조사를 통해서도 확인할 수 있었다. 조사에 참여한 20명의 응답자 중에서 17명은 숫자를 셀 때 주로 사용하는 언어가 중국어라고 대답하였는데 그 이유에 대해 8명은 중국어가 '쉬워서'라고 대답하였고 6명은 '편해서'라고 대답하였으며 3명은 '습관이다'라고 대답하였다.

　참고로 다음은 2단계 면접 조사에서 주언어가 조선어, 조-중 혼종, 중국어인 화자들이 숫자 셀 때 사용하는 언어에 대해 면담한 내용이다.

연구자 : 숫자를 말하거나 셀 때 조선말과 중국말 중 어떤 말을 주로 사용하시나요? 그 이유는 무엇인가요?

[주언어가 조선어인 화자]
응답자 : JJ1(김○○, 여, 58세)
응답자 : JJ2(오○○, 남, 61세)

JJ1 : '하나, 둘, 셋, 넷..'이렇게 세지므. 전화번호르 쓸 때는 보통
　　　또 중국말로 쓰지므. 돈 셀 때두 중국말로 쓰고 十塊(10원),
　　　머 셀 때 一个、兩个、三个、四个 '(한 개 두 개 세 개 네 개)
　　　이렇게 하무 좀 편리한 감이 나구, 평시에는 조선말으 마이
　　　쓰는데 숫자를 셀 때는 어째 그런지 중국말루 마이 하게 되
　　　지므

JJ2 : 보통 세는 게 '하나, 둘, 셋, 넷'…근데 돈 셀 때는 중국말로
　　　해요. 전화번호도 그렇구요.

[주언어가 조-중 혼종인 화자]
응답자 : JC1(조○○, 여, 33세)
응답자 : JC2(최○○, 남, 33세)

JC1 : 조선말로 쓰우. 난 '일, 이, 삼, 사' 이렇게 한다. '하나, 둘'도
　　　아이고, '일, 이, 삼, 사'이러문 더 쉽단 말이. 돈 셀 때두 '일,
　　　이, 삼, 사' 이렇게. 십 아래는 '하나, 둘, 셋, 넷.'이렇게 할
　　　수느 있는데 기본상 마흔, 쉰..머 이런 말은 아이 쓰우.

JC2 : 一二三四(1, 2, 3, 4), 중국말. 기본상 중국말 쓰우. 머 셀 때
　　　'一、二、三、四、五、六、七、八.'(1, 2, 3, 4, 5, 6, 7, 8)어째
　　　그런가무 조선말으느 길재. 중국말이 편안하구 기억하기두
　　　숩구.

[주언어가 중국어인 화자]
응답자 : CC1(유○○, 남, 24세)
응답자 : CC2(김○, 여, 19세)

CC1 : 漢語.(중국어). 조선말 那个(그거) 很長(너무 길다). '십 이십,
　　　사십'..這樣的很長, 有時候感覺(이런 거 너무 길다고 여겨진
　　　다), 也不會, 都(그리고 잘 모른다), 点數的時候用중국말. (숫
　　　자 셀 때 중국말을 사용한다).
　　　…전화번호 不一樣(다르다). 跟(와/과) 한국 사람과 통화 할 때

> 는 一和二分不淸(1과 2를 구분 못한다), 하나 或者(또는) 둘
> 然后(그리고) 공일공 뭐…이렇게 말해요.
> CC2 : 저는 중국말로 세요. 조선말 我奶奶說(우리 할머니가 사용
>   하신다).

위의 사례로 볼 때 숫자를 셀 때 중국어를 선택하는 이유는 중국어가 조선어나 한국어에 비해 숫자를 세는 방법이 단순하여 조선족들에게 편리하게 인식된다는 것을 알 수 있다. 물론 사회적 요인도 개입이 되어 있을 것으로 보인다. 숫자를 세는 일은 비공식적인 생활을 영위하는 데 불가피하다. 특히 중국인과의 접촉 또는 주류 사회에서의 노출이 많을수록 숫자를 셀 때 주로 사용하게 되는 언어는 중국어일 가능성이 높아질 것으로 판단된다.

다음은 숫자를 세는 일보다 심리적인 요인이 크게 작용할 수 있는 화가 났을 때의 언어 선택에 대해 살펴보기로 한다. 사회언어학자들은 무의식적인 발화 형식을 통해 이중 언어사용자들의 기층 언어를 확인한다. 감탄사 연구나 꿈속 언어 연구가 그것이다. 화자가 어떤 일에 대

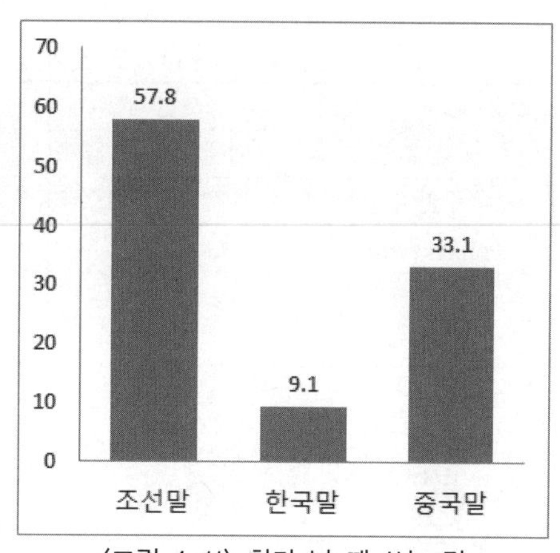

〈그림 4-11〉 화가 날 때 쓰는 말

해 격한 감정이 솟구쳐 화를 낼 때 사용하게 되는 언어도 무의식적인 발화에 속하는 경우가 많다. 청도 조선족이 '화가 났을 때 자주 사용하

는 말'을 통해 이들 심층에 내재한 언어의 지위를 엿볼 수 있을 것으로 판단된다.

이에 대한 응답결과는 오른쪽과 같다. 전체적으로 보았을 때 '화가 날 때 주로 사용하는 언어'가 조선어라고 응답한 비율은 57.8%로 중국어의 33.1%를 상회하고 있다. 이는 숫자를 셀 때 중국어를 사용한다는 응답이 압도적으로 많았던 것과 대조된다. 이러한 결과는 일반적인 예측과 일치한다. 즉 조선어가 대다수 청도의 조선족이 '가장 자신 있어 하는 언어'이고 사용 비율도 가장 높은 언어이기 때문에 화가 났을 때도 조선어를 가장 많이 사용하는 것으로 설명할 수 있다. 그리고 이 결과를 통해 청도 조선족 사이에서 조선어가 기층 언어로 자리 잡은 화자가 많다는 점도 파악할 수 있다.

다음은 주언어와 '화가 날 때 사용하는 말'의 관계를 나타낸 것이다.

〈표 4-12〉 주언어와 '화가 날 때 쓰는 말'의 비교

구분	조선어		한국어		중국어	
	인원	비율	인원	비율	인원	비율
주언어-朝	37	71.2	5	9.6	10	19.2
주언어-朝中 혼종	142	64.5	14	6.4	64	29.1
주언어-中	29	33.0	15	17.0	44	50.0
전체	208	57.8	34	9.4	118	32.8

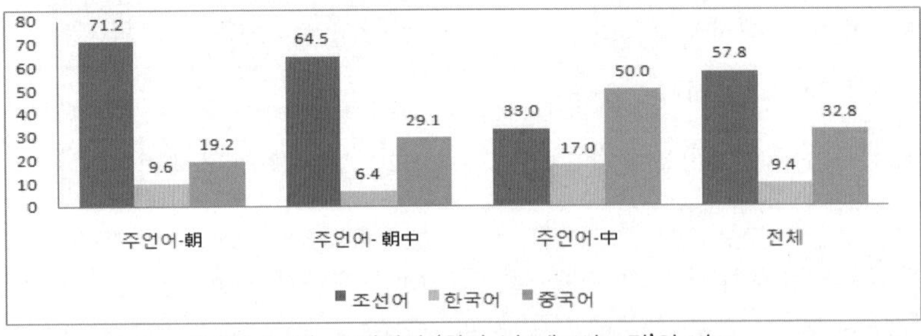

〈그림 4-12〉 주언어와 '화가 날 때 쓰는 말'의 비교

<그림 4-12>를 보면 주언어가 조선어인 경우에 조선어를 선택한 비율이 중국어에 비해 많고 주언어가 중국어인 경우에는 중국어를 선택한 비율이 많다. '자신 있는 말'과 '화가 날 때 사용하는 말'의 관계를 교차분석해 보니 마찬가지로 서로의 연관성을 찾아 볼 수 있었다.[18] '화가 날 때 사용하는 말'이 주언어와 '자신 있는 말'과 연관이 있지만 숫자를 셀 때의 경우와는 달리 주언어가 중국어인 집단을 제외하고 기타 두 집단은 조선어를 선택한 비율이 중국어보다 훨씬 많다. 조선어를 기층 언어로 가지고 있다고 일반화해도 무리가 없어 보이는 결과이다. 또한 '숫자를 셀' 경우에는 사회적 요인보다는 언어적인 요인이 많이 작용한 데 비해 '화를 낼 때'는 사회적인 요인이 크게 작용함을 알 수 있다.

다음은 주언어가 조선어, 조-중 혼종, 중국어인 화자들이 '화가 날 때 사용하는 언어'에 대해 면담한 내용이다.

연구자 : 화가 났을 때, 놀랐을 때, 또는 무엇인가에 찔렸을 때, 잠꼬대 할 때, 어떤 말이 가장 쉽게 나오나요?

[주언어가 조선어인 화자]
JJ1 : 조선말이 나오지므 어디메 이렇게 뎄을 때는 '아 따가라' 이러지므 쌈할 때는 상대바이 한족이무 방법없이 중국말로 막 하지므
JJ2 : 나느 조선말로 나올 수두 있구 '哎呦!'(아이구!) 이렇게 중국말로 나올 수도 있어요 비슷비슷해. 잠꼬대느 조선말로 해요

18) 가장 자신 있는 언어가 조선어라고 응답한 경우 69.5%가 화가 날 때 사용하는 말을 조선어라고 응답하였고 가장 자신 있는 언어가 중국어라고 응답한 경우에는 53.6%가 화가 날 때 중국어를 사용한다고 응답하였다.

[주언어가 조-중 혼종인 화자]
JC1 : 욕할 때 거의 조선말이지. 운전할 때라메.. 바늘에 찔겠을
　　　때 '아가!'이래오. , 깜짝 놀랐을 때두 '어마!' 이렇게 조선말
　　　이 튀어 나오.
JC2 : 욕할 때 나느 중국말으 마이 쓰우. 근데 놀랬을 때느 조선
　　　말이 나가구. 어디 찔렜을 때두 '아가' 이래오. 첫 번 째 반
　　　으이까나.

[주언어가 중국어인 화자]
CC1 : '아~'이건 중국말이에요? 조선말이에요?...오토바이 타고 가
　　　다가 .... 아, 조선말 써요. '아..씨' 이렇게. 說夢話(잠꼬대)할
　　　때 조선말 쓰나 봐요. 기숙사 친구들 說听不懂(못 알아듣는
　　　다)
CC2 : 我好像是朝語(나는 아마 조선말로 하는 것 같다.), 조선말인
　　　것 같아요. 놀랬을 때는 '哎呀媽啊 (어마나)'라고 하는데 反
　　　正(아무튼) 기분 나쁜 일이 있을 때 조선말로 많이 하는 거
　　　같아요. 참, 놀랬을 때는 '아 깜짝이야', '아 놀래라' 也愿意
　　　這樣式儿(이렇게도 자주 표현한다). 리유는 몰라요..

　　면담 자료에서 보다시피 '화가 날 때 조선말을 쓴다'고 응답한 사람
이 많다. 여기서 제보자들은 '숫자를 셀 때'와는 달리 '화가 날 때'는 상
대방이 한족일 경우에는 조선어가 아니라 중국어를 사용하게 된다는
상황 설명을 하고 있었다. 또한 무의식적인 발화라는 점에서 '화가 날
때'와 비슷한 상황이 될 수 있는 '놀랐을 때'나 '잠꼬대 할 때' 조선어를
사용한다는 응답이 대부분이라는 점을 확인할 수 있었다. 이에 관해서
는 앞으로의 연구를 통해 더 밝혀볼 생각이다.

　　이상의 논의를 요약하자면 청도 조선족 개개인의 기층 언어는 주언

어가 될 수 있지만 언어 자체 및 언어 사용의 상황적 요인 또한 많이 개입되고 있다. 첫째, 숫자를 셀 때 기층 언어는 주언어와 일정한 연관은 있지만 주로 중국어가 많이 선택되고 있다. 즉 주언어가 어떤 언어이건 간에 사용상의 편의에 따라 중국어를 많이 쓰기도 한다는 것이다.[19] 둘째, 화를 내는 상황에서는 전체적으로 조선어가 많이 사용되지만 역시 언어적 상황에 따라 상대가 한족인 경우에는 결국 중국말이 선택된다. 이는 청도 조선족들의 기층 언어는 언어 자체의 요인 및 언어 상황에 따라 불안정하게 유지되며 혼란을 겪고 있음을 보여준다. 이와 유사한 경향은 뒤에서 나오는 표현형의 사용에서도 나타난다.

4.2.3. 언어 간섭의 양상

언어는 시대와 지역, 사회적인 요건을 구분하지 않고 끊임없이 변해가고 있다. 특히 이민 사회에서 소수 민족의 언어는 사회적인 요인들에 의해 끊임없는 변천의 과정을 겪게 된다. 앞 절에서 논의했듯이 중국 조선족의 언어는 내적으로는 방언 간의 상호 간섭이나 영향을 받아왔고 외적으로는 중국어의 영향을 받아왔다. 이러한 간섭 요인들은 청도와 같은 신흥 집거지에서 더 크게 작용하게 된다. 따라서 조선족은 동일한

---

19) 이러한 상반된 결과는 청도 조선족 사회의 미래 언어를 예측하는 데 실마리가 될 수 있다. 현재까지는 조선어가 청도 조선족의 기층 언어이고 앞으로도 상당기간 지속될 가능성이 있지만 '편리성'의 측면이 실제 사용 양상에 큰 영향을 미친다는 것에 주목할 필요가 있다. 숫자를 세는 데 중국어가 편리하기 때문에 많이 사용한다는 것은 다른 국면에서도 편리성에 따라 중국어를 사용할 가능성이 높음을 시사한다. 이렇듯 편리성에 따라 중국어를 많이 사용하게 되면 세대를 거듭할수록 청도 조선족의 기층 언어는 중국어로 전이될 가능성이 크다.

의미의 여러 가지 표현형들을 접하게 되고 그것을 선택, 사용하게 된다.

지금까지 조선어 변용의 문제는 흔히 조선어의 특수성, 이질화라는 주제로 실제 사용보다는 체계 간의 분석을 중심으로 이루어져 왔다.[20] 이에 대한 보완으로 여기서는 실태 조사를 통해 청도 조선족의 조선어 변용 현상을 살펴보고자 한다.[21]

각 문항의 설문 형식은 다음과 같다.

질　　문	가족들과 말할 때	조선족과 말할 때		한국인과 말할 때	
		공식적 자리	비공식적 자리	공식적 자리	비공식적 자리
47. ＿＿＿＿ 간다/감다/갑니다. (누군가 빨리 오라고 할 때) ① 인차　　② 가지/가주 ③ 제각/데각　④ 금방 ⑤ 기타 : ＿＿＿＿	□	□	□	□	□
48. 아니, ＿＿＿＿. (누군가 미안하다고 했을 때) ① 일없다/일없슴다/일없습니다 ② 필요없다/필요없슴다/필요없습니다 ③ 괘안타/괘않슴다/괘않습니다 ④ 괜찮다/괜찮슴다/괜찮습니다 ⑤ 기타 : ＿＿＿＿	□	□	□	□	□

---

20) 이에 관한 연구는 곽충구(2000), 김동소 외 2인(1994), 김병운(2000), 김선희(1998), 박영순(2004), 서정섭(2005), 신석환(1998)을 참조.

21) 이에 대한 조사 자료는 다음과 같은 방법으로 수집하였다. 1차적으로 설문지에 의해 응답 결과를 수집하고 2차적으로 설문 조사에 참여한 응답자 중 몇 명을 선정하여 방문 또는 전화를 통해 설문 조사 결과를 확인 또는 보충하였고 3차적으로 설문 조사에 참여하지 않은 응답자를 찾아 면접 조사를 통해 실제 언어 자료를 더 보충하였다.

  구어는 문어에 비해 덜 보수적이어서 언어의 변화를 더욱 쉽게 확인할 수 있다. 이 점을 고려하여 설문지는 조선족이 평소에 자주 사용하는 구어 표현형을 선정하여 문항으로 설정하였다.[22] 본 논의를 위해 설정된 문항은 12개이며 매 문항에 들어갈 표현형들은 동일한 의미로 여러 가지 형태가 쓰이는 것들로 구성하였다. 주로 조선족의 출신 지역 방언형, 한국어 표준형 및 중국어식 표현형을 포함하며 '기타'에는 본인이 사용하는 표현형을 기입하도록 하였다.

  각 문항은 언어 환경별로 구별하여 표시하도록 하였다. 언어 환경은 가정에서의 사용, 조선족과의 공식/비공식적 자리에서의 사용, 한국인과의 공식/비공식적 자리에서의 사용으로 설정하였다. 조선족이 실제로 조선어를 사용하는 모습을 알아보려는 데 목적이 있으므로 최대한 현장감을 살리려고 설문지는 조선어로만 작성하였다. 따라서 평소에 조선어를 자주 사용하고 한글 해독이 가능한 사람에 한해서만 조사하였다. 단 문자 독해가 어려워 전체적으로 조사원의 도움을 받았던 노인 응답자의 자료는 분석에 포함시켰다. 본서에서 분석에 이용한 전체 문항은 다음과 같다.

---

47. [조/한]_____ 간다/감다/갑니다. (누군가 빨리 오라고 할 때)
① 인차　② 가지/가주
③ 제각/데각　　④ 금방　　　　　　⑥ 기타 : _________

48. [조/한]아니, _____. (누군가 미안하다고 했을 때)
① 일없다/일없슴다/일없습니다
② 필요없다/필요없슴다/필요없습니다

---

22) 음운 현상을 서면으로 조사한다는 것이 사실상 불가능하다고 여겨졌기 때문에 이번 설문 조사에서는 음운에 관한 문항을 되도록 포함시키지 않았다.

③ 괜안타/괘않습다/괘않습니다
④ 괜찮다/괜찮습다/괜찮습니다
⑤ 기타 : ___________

49. [조/한]이 문제는 너무 _____. (시험문제의 답을 알기 어려울 때)

① 바쁘다/바쁩다/바쁩니다
② 시끄럽다/시끄럽습다/시끄럽습니다
③ 힘들다/힘듬다/힘듭니다
④ 어렵다/어렵습니다
⑤ 기타 : ___________

50. [조/한]그 집_____ 잘생겼다/잘생겼습다/잘생겼습니다. (남자 주인을 말할 때)

① 나그네 ② 남덩/남정   ③ 남자
④ 신랑재 ⑤ 남편   ⑥ 기타 : ___________

51. [조/한/중]너무 _____ 못 먹는다/먹습다/먹습니다. (고추의 맛)

① 매바서   ② 매워서
③ 라(辣) 해서   ④ 기타 : ___________

53. [조/한/중]이 고기는 _____에 얼마입니까? (1㎏)

① 한 키로/킬로   ② 일 키로/킬로
③ 한 공근   ④ 기타 : ___________

54. [조/한/중]나는 9시에 _____한다/함다/합니다. (일하러 직장에 갈 때)

① 쌍발   ② 상반
③ 출근   ④ 기타 : ___________

56. [한/중]_____를 타라/타세요. (택시를 타라고 말할 때)

① 추주/추주차   ② 출조/출조차
③ 택시/택시차   ④ 기타 : ___________

57. [한/중]이 _____ 맛있다/맛있습다/맛있습니다. (빵이 맛있다고 말할 때)

① 멘보   ② 면보
③ 면포   ④ 빵   ⑤ 기타 : ___________

58. [한/중]___이 먹고 싶다/싶슴다/싶습니다. (🍦이 먹고싶을 때)
① 빙치린   ② 빙기림
③ 아이스크림   ④ 기타 : ___________

61. [조/한]이게 ______? (아랫사람에게 궁금해서 물을 때)
① 뭐고/뭐꼬   ② 뭐이야/머이야
③ 뭐니/뭐냐   ④ 기타 : __________

64. [조/한]이거 ______ 써야 한다/함다/합니다. (물건이 고장 났을 때)
① 고테서   ② 고체서
③ 고쳐서   ④ 기타 : __________

　　본 조사의 목적이 조선족이 조선어를 실제로 사용하는 상황에서 한국어와 중국어의 간섭을 어떻게 받아들이는지 알아보려는 데 있었으므로 위의 문항을 두 부류로 나눠서 분석하기로 한다.[23) 하나는 한국어 간섭을 보기 위한 문항들이고 다른 하나는 한국어와 중국어의 간섭이 동시에 보기 위한 문항들이다.

　　응답 결과에 대한 분석은 다음과 같은 방법으로 진행하고자 한다. 우선 응답자의 사회적 변수를 고려하지 않고 설문지에 설정된 대화 장면 즉 가족, 조선족 공식/비공식 자리, 한국인 공식/비공식적 자리에서 개별적인 표현형의 사용 경향을 살펴볼 것이다. 이를 통해 언어 환경에

---

23) 문항번호 뒤의 [ ]에 있는 정보는 각 문항에서 간섭 여부를 알아보고자 하는 언어이다. 각각의 의미는 다음과 같다. 이중에서 조선족들의 원 방언 어형과 한국에서 유입된 어형은 구별이 안 되는 것이 있을 수 있다. 따라서 각 문항에 대한 응답 결과를 분석할 때는 필요에 따라 조선어와 한국어의 간섭, 조선어와 중국어의 간섭 등으로 나눈다.
　　　　[조]－조선족들이 쓰는 본래 어형
　　　　[한]－한국어에서 유입된 어형
　　　　[중]－중국어에서 유입된 어형

따라 표현형의 선택 경향이 어떻게 다르게 나타나는지 관찰할 것이다.

다음, 가장 일반적인 언어 사용 상황이 될 수 있는 '조선족 비공식 자리'를 언어 장면으로 정하고 개별적인 표현형을 조선어, 한국어, 중국어, 기타로 유형화하여 주언어 집단별로 사용 양상을 살펴 볼 것이다. 이렇게 하는 목적은 개개인의 주언어가 구체적인 표현형의 선택에서는 어떻게 반영되는지를 관찰하기 위해서이다. 이중(다중)언어 사용자들로서의 청도 조선족들에게 주언어가 안정적으로 내재하고 있는지 아니면 외적 상황의 영향을 많이 받게 되는지에 관한 해답도 찾을 수 있을 것으로 판단하였기 때문이다.

[한국어의 간섭]

한국어의 간섭 양상은 청도 조선족 언어의 미래를 예측하는 데도 매우 중요하다. 한국어의 간섭 양상을 파악할 수 있는 문항은 47~50, 52, 59~65번이다. 각각의 문항은 전체적으로 한국어형의 간섭 양상을 파악하기 위한 것으로 구성되었다. 먼저 한국어의 표준어 부사 '금방'의 간섭 여부를 확인하기 위한 문항 47에 대한 응답 결과는 다음과 같다.[24]

---

24) 각각의 표현형들이 어떤 어형인가는 표현형 옆의 괄호 안에 조선어형과 한국어형으로 구별해 표시한다. 중국 조선족들의 출신지역이 다양하고 방언형의 분포가 다소 불규칙적이어서 조선어형과 한국어형을 명확하게 가르기는 어렵다. 그러나 각종 방언자료집 및 <2007 한민족 언어 정보화 통합 검색 프로그램> 중 '한국 방언' 검색 기능을 활용하고 중국 조선족과의 접촉과정에서 수집한 자료를 바탕으로 조선어형과 한국어형으로 나눈다. 이것이 절대적인 분류는 되기 어렵지만 이러한 분류를 통해 대략적인 경향을 파악하는 것은 가능하다.

〈표 4-13〉 '금방' 표현형의 장면별 사용

대상 표현형	가족 인원(비율)	조선족 비공식 인원(비율)	조선족 공식 인원(비율)	한국인 비공식 인원(비율)	한국인 공식 인원(비율)
인차(조)	232(73.7)	118(38.3)	185(60.1)	72(23.5)	39(12.6)
가지(조)	2(0.6)	3(1.0)	6(1.9)	3(1.0)	2(0.6)
제깍(조)	21(6.7)	4(1.3)	37(12.0)	6(2.0)	2(0.6)
금방(한)	57(18.1)	178(57.8)	73(23.7)	208(68.0)	256(82.6)
기타	3(0.9)	5(1.6)	7(2.3)	17(5.6)	11(3.5)

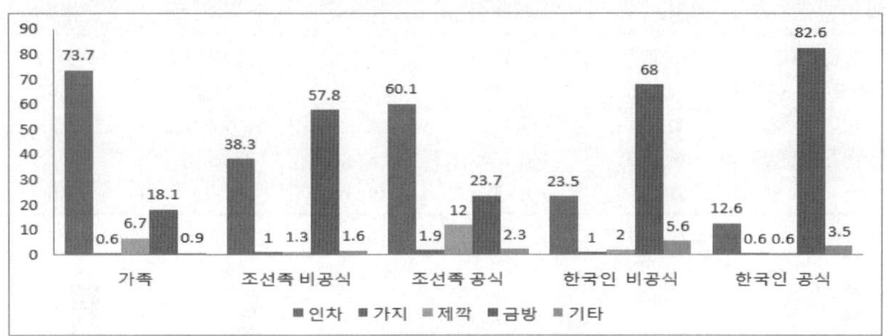

〈그림 4-13〉 '금방' 표현형의 장면별 사용

　　<그림 4-13>은 조선어형과 한국어형의 간섭 양상을 전형적으로 보여준다. '인차'는 주로 한반도 동북지역에서 사용되는 어형이지만 중국의 조선족 사회에 광범위하게 퍼져 있다. 이에 비해 '금방'은 주로 남한지역에서 사용되는 어형으로서 중국 조선족 사회에서 일부 사용되고 있기는 하나 한국어로 인식되는 어형이다. 따라서 가족과 조선족을 대할 때는 '인차'가 많이 쓰이다가 한국인을 대할 때는 '금방'이 많이 쓰이고 있다. 또한 공식적인 상황에서는 '금방'의 사용 빈도가 매우 높아진다. 이는 한국어가 청도의 조선족 사회에 상당히 영향을 미치고 있으며 공식적인 상황에서는 그 영향력이 더 커지고 있음을 보여준다. 이 항목의 '기타'란에는 '빨리', '지금', '곧', '바로'가 있었다. 확인 조사에서 그 밖의 조선어 방언형은 제기되지 않았고 한국어형인 '빨리', '곧'

을 사용한다는 응답이 있었다.[25]

한국어 형용사 '괜찮다'의 간섭 여부를 알아보기 위한 문항 48에 대한 응답 결과는 다음과 같다.

〈표 4-14〉 '괜찮다' 표현형의 장면별 사용

표현형 \ 대상	가족 인원(비율)	조선족 비공식 인원(비율)	조선족 공식 인원(비율)	한국인 비공식 인원(비율)	한국인 공식 인원(비율)
일없다(조)	178(56.5)	139(45.4)	54(17.5)	30(9.8)	14(4.5)
필요없다(한)	4(1.3)	7(2.3)	15(4.9)	8(2.6)	5(1.6)
괘안타(조)	5(1.6)	13(4.2)	10(3.2)	13(4.2)	7(2.2)
괜찮다(한)	126(40.0)	146(47.7)	228(74.0)	253(82.4)	284(91.0)
기타	2(0.6)	1(0.3)	1(0.3)	3(1.0)	2(0.6)

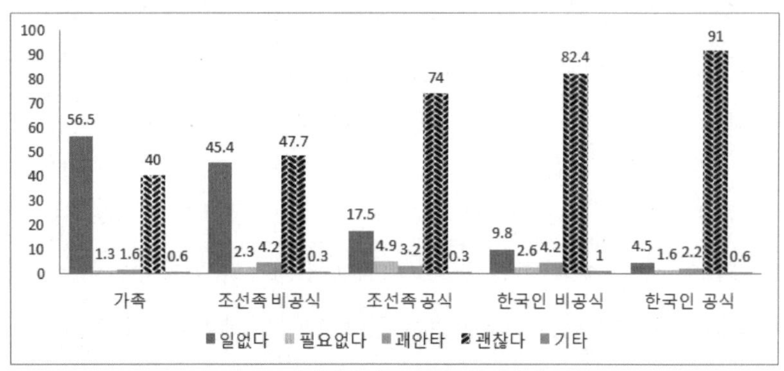

〈그림 4-14〉 '괜찮다' 표현형의 장면별 사용

'괜찮다'는 '금방'에 비해 한국어의 간섭이 훨씬 더 많이 일어났음을 보여준다. '일없다'는 한반도 북부 방언에서 많이 쓰이는 어형이지만 중국 조선족 사이에서도 광범위하게 사용되고 있다. 가족들 사이에서

---

25) 김○○(여, 38세)은 '빨리'를 장면의 구분이 없이 많이 사용한다고 응답하였다. 김 α(여, 19세)은 '이제'가 '인차'에 비해 표준어라고 판단되어 '조선족의 공식적인 자리'에서 사용하게 된다고 응답하였다. 유○○(남, 24세)은 '조선족의 공식적인 자리' 또는 '한국인과의 대화'에서 '금방'과 함께 '곧'도 자주 사용한다고 하였다.

는 '괜찮다'에 대해 '일없다'가 가장 많이 사용된다는 것을 확인할 수 있다. 그러나 한국인을 대할 때나 공식적인 상황에서는 한국어형 '괜찮다'의 사용 비율이 급격이 높아진다. 공식적인 상황에서 한국어형의 사용 비율이 높아지는 것은 '금방'의 경우와 같지만 그 증가폭이 매우 크다.

이는 조선어형 '일없다'가 한국어형과 더 큰 충돌 양상을 보이기 때문에 나타나는 것이다. '일없다'가 한반도 북부 지역 및 중국의 조선족 사이에서는 '괜찮다'의 의미로 사용되지만 남부 지역, 다시 말해 한반도 남부방언에 기반을 두고 있는 한국인들에게는 '일없다'가 '소용없다, 필요없다'라는 부정적인 의미로 받아들여지기 때문이다. 따라서 한국인과의 대화에서 '일없다'를 쓰게 되면 오해를 불러일으킬 소지가 있다. 청도의 조선족들은 한국인과 자주 접촉하게 되고, 한국의 방송을 볼 기회가 많기 때문에 이러한 점에 대해 잘 인식을 하고 있다.[26] 따라서 공식적인 상황과 한국인을 대하는 상황에서는 '일없다' 대신 '괜찮다'를 훨씬 더 많이 사용하게 되는 것이다.

한국어 표준어 '어렵다'의 간섭 여부를 알아보기 위한 문항 49에 대한 응답 결과는 다음과 같다.

〈표 4-15〉 '어렵다' 표현형의 장면별 사용

표현형 \ 대상	가족 인원(비율)	조선족 비공식 인원(비율)	조선족 공식 인원(비율)	한국인 비공식 인원(비율)	한국인 공식 인원(비율)
바쁘다(조)	164(51.9)	114(36.9)	70(22.8)	23(7.5)	9(2.9)

26) 박○○(남, 35세)는 위의 문항에 대한 응답에서 "전에는 '일없다'를 많이 사용했는데 한국인 친구로부터 '일없다'는 상대방의 말을 거절하는 의미로 쓰일 수 있다는 말을 들은 이후로 다시는 안 쓰려고 했다.' 고 말했다. 강○○(여, 59세)는 '청도에 와서 주변에서 '일없다'라는 말을 쓰는 조선족을 못 봤다. 한국 사람들의 오해를 산다고 들었다. 그래서 나도 안 쓰려고 자제하는 편인데 가끔 튀어 나올 때가 있다.'고 했다.

시끄럽다(조)	5(1.6)	17(5.5)	6(2.0)	1(0.3)	1(0.3)
힘들다(한)	35(11.1)	55(17.8)	42(13.7)	47(15.3)	47(15.2)
어렵다(한)	111(35.1)	123(39.8)	189(61.6)	232(75.6)	250(80.6)
기타	1(0.3)	0(0.0)	0(0.0)	4(1.3)	3(1.0)

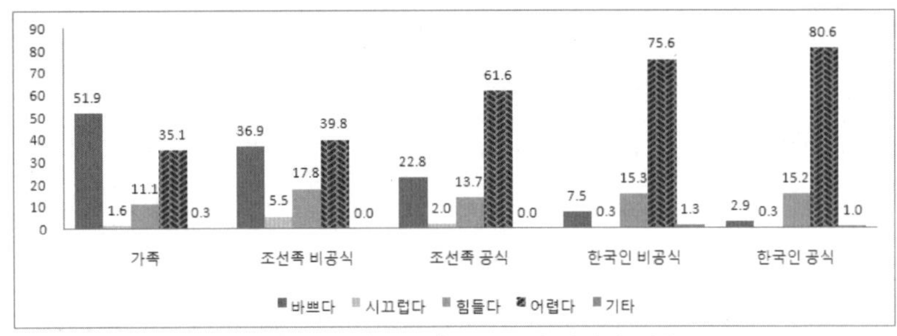

〈그림 4-15〉 '어렵다' 표현형의 장면별 사용

'어렵다'는 '괜찮다'와 유사한 양상을 보여 준다. '바쁘다'는 중국의 조선족 사이에서 한국어 표준어 '어렵다'의 의미로 많이 사용되는데 이는 한국어에서 '일이 많다, 급하다'의 뜻으로 쓰이는 '바쁘다'와 의미 충돌을 일으킨다. 비록 중국 조선족들이 비공식적인 상황에서는 '바쁘다'를 많이 쓰지만 한국인과의 접촉에서는 의미상의 충돌로 인해 의사 소통이 정확히 안 될 수도 있다.[27] 이렇듯 중국 조선족들이 쓰는 비공식적인 표현형이 한국어의 다른 어형과 충돌을 일으킬 때는 상대적으로 적게 쓴다는 것을 확인할 수 있다.

중국 조선족들이 쓰는 비공식적인 표현형이 한국어의 다른 단어와 충돌을 일으킬 때 한국어의 표현형으로 대치되는 양상은 문항 50에 대한 응답에서도 확인된다. 한국어 '남편'에 대응하는 표현형은 다음과 같다.

---

27) 지○○(여, 27세)의 진술에 따르면 상대방이 조선족이고 친숙한 사이면 말을 편하게 하게 되어 '바쁘다'는 말을 쓰게 되는데 만약 상대방이 못 알아듣는다면 '어렵다'를 바꿔 쓴다. 실제로 그런 경험이 있다. 한국인이나 조선족과의 공식적인 자리에서는 한국말을 하는 편이기에 '어렵다'를 쓴다고 한다.

<표 4-16> '남편' 표현형의 장면별 사용

표현형 \ 대상	가족 인원(비율)	조선족 비공식 인원(비율)	조선족 공식 인원(비율)	한국인 비공식 인원(비율)	한국인 공식 인원(비율)
나그네(조)	103(32.9)	76(24.8)	39(12.7)	13(4.2)	8(2.6)
남정(조)	1(0.3)	4(1.3)	5(1.6)	4(1.3)	2(0.6)
남자(조)	63(21.1)	63(20.5)	47(15.3)	39(12.7)	26(8.4)
신랑재(조)	38(12.1)	50(16.3)	20(6.5)	12(3.9)	8(2.6)
남편(한)	107(34.2)	111(36.2)	195(63.3)	232(75.8)	260(83.9)
기타	1(0.3)	3(1.0)	2(0.6)	6(2.0)	6(1.9)

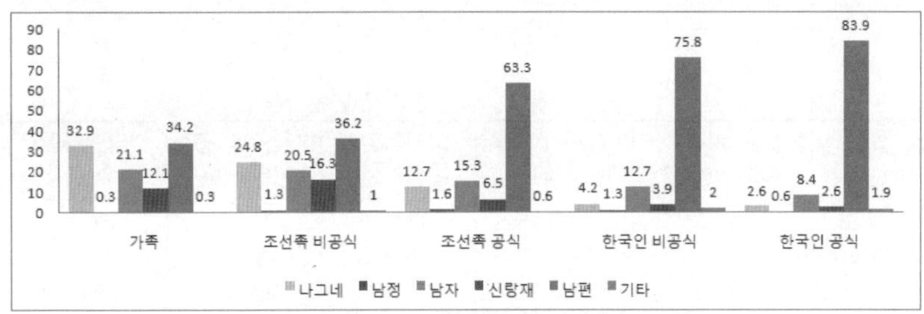

<그림 4-16> '남편' 표현형의 장면별 사용

<그림 4-16>에서 도드라지는 것은 조선어형 '나그네, 신랑재'의 변화 양상과 한국어형 '남편'의 변화 양상이다. '나그네'는 한국어 표준어인 '남편'에 대응하는 한반도 동북지역 방언형이다. '신랑재'는 '신랑+쟁이 > 신랑재이 > 신랑재'의 변화를 겪은 것으로 보이는 방언형으로 연변 지역의 젊은 조선족 사이에서 많이 쓰인다. 그런데 '나그네'는 '자기 고장을 떠나 다른 곳에 잠시 머물거나 떠도는 사람'을 뜻하는 한국어와 의미 충돌을 일으킨다. 또한 '신랑재'는 단어형성법과 변화과정이 한국인에게 매우 낯설게 느껴진다.[28] 이러한 이유로 한국인을 대할 때

---

28) 박○○(여, 36세)은 "'나그네', '신랑재'는 전형적인 조선어 사투리라는 느낌이 들어 촌스럽게 들린다. 예전에는 사용했지만 지금은 다른 사람이 말하는 것을 들어도 어색하다"고 말했다. 남○○(남, 57세)는 "가끔 가족과의 대화에서는 '(저 집) 나그네'라는 표현을 쓰기는 하지만 거의 사용하지 않는 편이다. '남편', '아저씨'

나 공식적인 상황에서는 '남편'의 사용이 늘어나는 양상을 보인다. 이 문항의 '기타' 응답란에는 몇 안 되었지만 '**(자녀 이름) 아빠', '아저씨', '老公'('남편'의 중국어 표현)이 있었다.

이상의 간섭 양상은 주로 어휘에 관련되는 것인데 어미의 선택이나 용언의 활용에서도 이와 유사한 양상이 발견된다. 먼저 어미의 선택과 관련된 문항 61의 결과는 다음과 같다.

〈표 4-17〉 '뭐니?' 표현형의 장면별 사용

대상 표현형	가족 인원(비율)	조선족 비공식 인원(비율)	조선족 공식 인원(비율)	한국인 비공식 인원(비율)	한국인 공식 인원(비율)
뭐고(조)	21(6.6)	26(8.4)	17(5.5)	27(8.8)	19(6.1)
뭐이야(조)	188(59.5)	156(50.5)	113(36.6)	55(17.9)	48(15.5)
뭐니(한)	98(31.0)	120(38.8)	167(54.0)	212(69.1)	225(72.8)
기타	9(2.8)	7(2.3)	12(3.9)	13(4.2)	17(5.5)

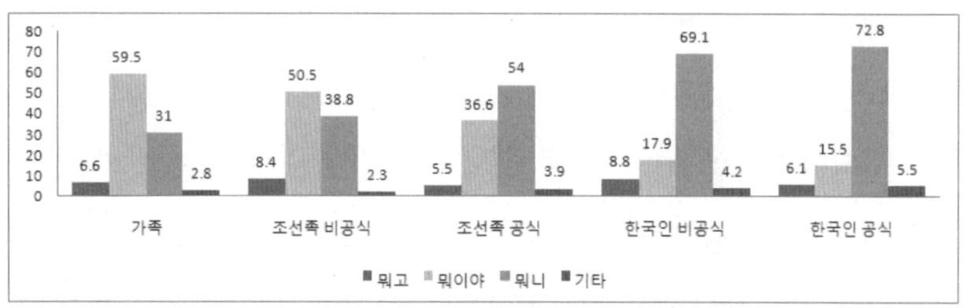

〈그림 4-17〉 '뭐니?' 표현형의 장면별 사용

〈그림 4-17〉에서 의미 있는 응답을 보이는 것은 '뭐이야'와 '뭐니'다. '뭐이야'는 한반도 동북방언에 기반을 둔 연변 지역 방언에서 많이 사

라는 표현을 많이 쓴다. 젊은 사람일 경우에는 '신랑'이라고 한다."고 했다. 송○○(여, 25세)은 '나그네'는 나이 든 사람에 대해 사용하고 '신랑재'는 나이가 어린 사람에 대해 사용한고 하였고 이○○(여, 19세)는 '남편'이 한국어라는 느낌이 강하여 쓰기 어색할 때가 있다. 특히 아주 친한 사이라면 한국어 표현은 피해서 쓰게 된다. 그래서 '남자'라는 표현을 쓸 때가 많다.

용되다가 중국 조선족 사회에 널리 퍼진 표현이다. 이에 반해 '뭐니'는 전형적인 한국어 표현형으로 인식되고 있다. '뭐이야'와 '뭐니'의 실현 양상은 다른 어휘의 실현 양상과 추이가 비슷하다. 즉 조선족끼리 이야 기를 나누거나 비공식적인 상황에서는 조선어형인 '뭐이야'가 많이 사용되고, 한국인을 대할 때나 공식적인 상황에서는 한국어형인 '뭐니'가 많이 사용된다는 것은 다른 어휘들의 사용 양상과 그 경향이 일치된다. 이 문항의 '기타' 응답으로는 '뭐야', '뭐지', '뭔데'가 있었는데 이는 모두 한국어형이라고 볼 수 있다. 기타 방언어형은 나타나지 않았고 확인 조사에서 일부 화자들이 선택 의도에 대해 설명하였다.[29]

그러나 이 어미는 어휘 항목에 비해 증감의 폭이 그리 크지 않았다. 조선족 어형인 '뭐이야' 는 한국인과 만날 때나 공식적인 상황에서도 상대적으로 많이 사용되는 편이다. 이는 이 문항이 어미의 사용 양상과 관련되어 있다는 것으로 설명될 수 있다. 어미는 자립형태소가 아니어서 자립형태소의 대표격인 명사와 달리 일반 화자가 인식하기 어렵다. 또한 실질형태소도 아니어서 그 존재를 파악하기도 어렵다. 따라서 언어 감각이 뛰어난 화자만이 이 차이를 인지할 수 있고, 주의를 많이 기울여야 원하는 표현형을 사용할 수 있다.[30] 어미가 어휘에 비해 이러한 특징을 가지고 있기 때문에 상대적으로 조선어형과 한국어형의 간섭이 적게 일어나는 것으로 보인다.

어미의 선택 양상에서 나타나는 특징은 용언의 활용형에서도 유사하

---

29) 이○○(남, 25세), 최○(남, 28세), 한○(나, 17세)는 '뭐고', '뭐꼬'라는 표현은 친한 친구들과의 농담 어조로 얘기할 때 사용하며 공식적인 자리에서는 전혀 사용하지 않는다고 하였다.

30) 확인 조사에서 일부 응답자(김○, 박○○, 김○○, 강○○, 오○○)는 '뭐이야'와 한국어형 '뭐야'를 구별하지 못하였다. 즉 '뭐이야'와 '뭐야'가 설문지의 응답과 실제 발음이 일치하지 않았다.

게 나타난다. 표준어형 '고치다'의 간섭 여부를 알아보기 위한 문항 64
에 대한 응답 결과는 다음과 같다.

〈표 4-18〉 '고쳐서' 표현형의 장면별 사용

대상 표현형	가족 인원(비율)	조선족 비공식 인원(비율)	조선족 공식 인원(비율)	한국인 비공식 인원(비율)	한국인 공식 인원(비율)
고테서(조)	7(2.2)	8(2.6)	5(1.6)	1(0.3)	2(0.6)
고체서(조)	95(29.9)	85(27.4)	38(12.3)	18(5.9)	13(4.2)
고쳐서(한)	215(67.6)	214(69.0)	265(85.5)	279(90.9)	287(92.9)
기타	1(0.3)	3(1.0)	2(0.6)	9(2.9)	7(2.3)

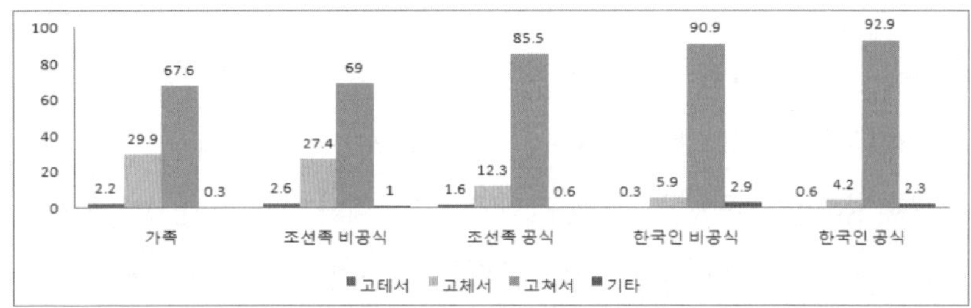

〈그림 4-18〉 '고쳐서' 표현형의 장면별 사용

　　〈그림 4-18〉은 어휘나 어미와는 다소 다른 양상을 보여준다. '고쳐
서'는 북부지역에서도 사용되기는 하지만 주로 한국어의 활용형으로
인식된다. 이에 비해 '고테서'나 '고체서'는 북부지역의 활용형으로 간
주된다. 한반도 남부지역에서는 활음화에 의해 '고치+어서'가 '고쳐서'
로 나타나지만 한반도 북부지역에서는 '고티, 고치+어서'가 활음화에
이은 축약으로 '고테서, 고체서'로 나타난다. 그런데 〈그림 4-18〉을 보
면 조선어형과 한국어형의 증감 양상도 다른 경우와 유사하다.

　　그러나 한국어형이라고 생각되는 '고쳐서'가 모든 경우에 높은 사용
비율을 보이는 것은 설명이 필요하다. 길림이나 요녕 출신의 조선족,
즉 동북 및 서북 방언을 원 방언으로 사용하는 조선족의 대부분은 실

제 발화에서 '고테서'나 '고체서'를 사용한다. 그리고 설문 이후 면접이나 전화를 통한 조사에서도 이러한 사용 양상이 확인되었다.[31] 그럼에도 불구하고 위의 결과는 실제 사용 양상과 일치하지 않는다. 이는 질문지를 이용한 설문의 한계 때문이다. 청도의 조선족들이 비록 '고테서'와 '고체서'를 쓰더라도 정서법상으로는 '고쳐서'로 쓰고 있다. 따라서 정서법의 간섭으로 이러한 결과가 나온 것이다.

이상에서 어휘, 어미, 활용형 등을 개별적으로 분석하여 조선어와 한국어의 간섭 양상을 파악하였고 조선어형과 한국어형이 사용 장면에 따라 다르게 선택되어 사용된다는 사실을 확인하였다. 이상의 결과를 종합하면 다음과 같다. 첫째, 전체적으로 볼 때 가족 간의 대화에서는 조선어형이 많이 쓰인다는 것을 알 수 있다. 조선족과의 대화에서는 비공식적 상황에서는 조선어형이 많이 쓰이지만 공식적인 상황에서는 한국어형이 많이 쓰이고 한국인과의 대화에서는 공식적인 자리든 비공식적인 자리든 한국어형이 많이 선택된다. 3장 언어 태도 부분에서 언어 사용의 호감도에 관한 문항인 '가족끼리 조선말을 써야 한다고 생각한다'(평균값 4.13), '조선족끼리는 조선말을 써야 한다고 생각한다'(평균값 3.97), '한국인에게는 한국말을 써야 한다고 생각한다'(평균값 3.89) 등의 응답 결과와 비교해 볼 때 '조선족 간에서 조선말을 사용해야 한다'는 응답이 비교적 많았음에도 실제 사용에서는 한국어형의 사용 비율이 비교적 높다는 점은 시사하는 바가 크다. 특히 조선족과의 공식적인 대화에서는 조선어형의 사용을 기피하고 한국어형을 선호한다는 점은 한국

---

31) 강○○, 김○○, 남○○, 박○○, 이○○, 최○, 김○은 설문지에 '고쳐서'를 사용하는 것으로 응답하였으나 확인조사에서 실제 발음을 관찰한 결과 '고테서', '고체서'로 나타났다.

어형이 공식적인 자리에서 사용하기에 적합한 표현형으로 인식되고 있다는 것을 반영한다. 이런 인식이 확대될 경우 한국어가 조선어에 대한 간섭을 더 크게 일어날 수 있으며 한국어가 조선어를 대신하여 조선족 사회에서 광범위하게 쓰일 수 있게 될 것이다. 조선족 사회 내부에서 언어 사용자들이 조선어형보다는 한국어형을 선호하는 경향이 확대됨에 따라 3장에서 미래 청도 조선족 사회의 주류 언어에 대한 예측에서 한국어가 조선어에 비해 우세했던 결과가 나타나게 되는 것이다. 둘째, 어휘에 비해 어미나 활용형에서는 한국어의 간섭이 상대적으로 적게 일어나고 있으며 특히 활용형에서는 한국어의 간섭 현상이 거의 발견되지 않는다는 점이다. 어미나 활용형은 공식적인 상황에서 한국어형의 사용 비율이 높아지기는 하지만 그 증가폭이 어휘에 비해 작다. 이는 개별 방언 화자의 언어 변화는 어휘 사용에서 가장 먼저 나타나고 음운이나 문법은 맨 마지막에 이루어진다는 언어학의 일반 이론과 맞물린다.

다음은 이러한 개별적인 표현형을 조선어, 한국어, 기타로 유형화하여 주언어 집단별로 사용 양상을 분석해 보고자 한다. 여기서는 가장 일반적인 언어 사용 상황이 될 수 있는 '조선족 비공식'을 택하여 응답 결과를 분석하고자 한다. 논의의 중복을 피하기 위해 앞의 문항을 어휘, 어미, 활용 세 분야로 종합하여 분석할 것이다. 어휘 사용은 '금방', '괜찮다', '어렵다', '남편'에 관련된 문항에 대한 응답 결과를 종합하여 분석하고 어미 사용은 '뭐니'의 응답 결과를, 활용형 사용은 '고쳐서'의 응답 결과를 종합하여 주언어와 교차분석을 실시해 보기로 한다.

〈표 4-19-①〉 주언어별 조선어와 한국어형 어휘의 사용

표현형＼대상	주언어가 조선어인 경우	주언어가 조-한 혼종인 경우	주언어가 한국어인 경우
조선어	30.7	30.0	29.1
한국어	68.8	69.2	70.3
기타	0.5	0.8	0.7

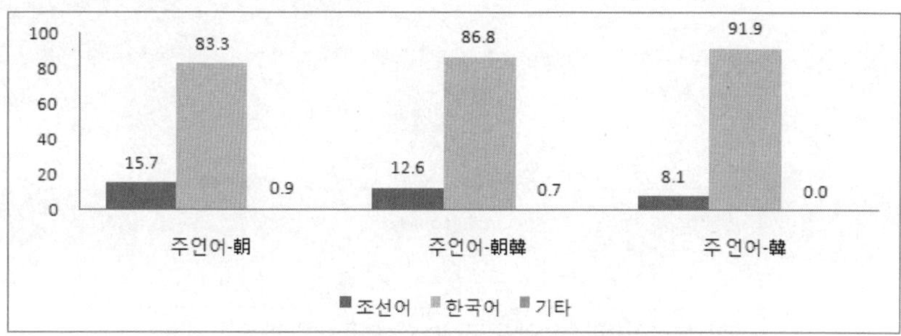

〈그림 4-19-①〉 주언어별 조선어와 한국어형 어휘의 사용

〈표 4-19-②〉 주언어별 조선어와 한국어형 어미의 사용

표현형＼대상	주언어가 조선어인 경우	주언어가 조-한 혼종인 경우	주언어가 한국어인 경우
조선어	42.6	41.1	35.1
한국어	55.6	54.3	56.8
기타	1.9	4.6	8.1

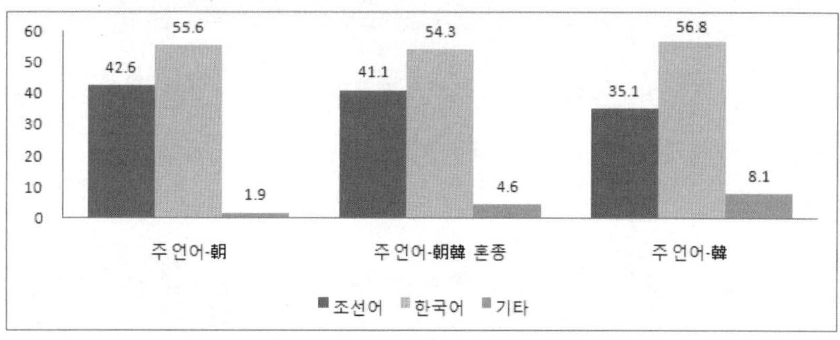

〈그림 4-19-②〉 주언어별 조선어와 한국어형 어미의 사용

〈표 4-19-③〉 주언어별 조선어와 한국어형 활용의 사용

대상 표현형	주언어가 조선어인 경우	주언어가 조-한 혼종인 경우	주언어가 한국어인 경우
조선어	15.7	12.6	8.1
한국어	83.3	86.8	91.9
기타	0.9	0.7	0.0

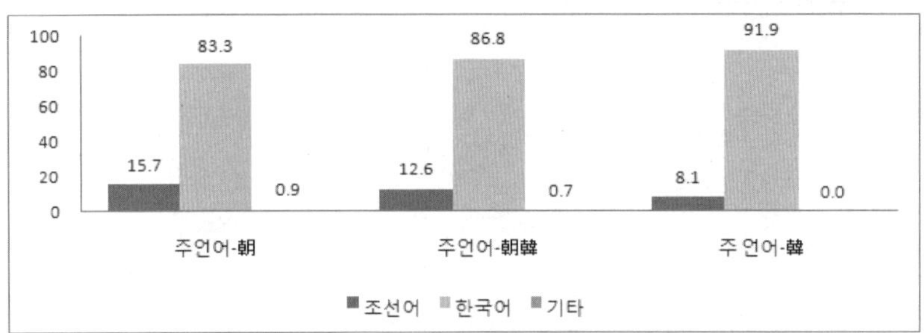

〈그림 4-19-③〉 주언어별 조선어와 한국어형 활용의 사용

<그림 4-19>를 보면 한국어형의 선택률이 조선어형에 비해 현저하게 높다. 어휘, 어미, 활용형에서 각각 조금씩 차이가 있지만 주언어가 조선어인지 한국어인지에 따라서는 차이가 거의 없어 보인다. 특히 주언어가 조선어인 화자도 어휘 표현에서 원 방언형보다 한국어형을 선호하여 사용한다는 점은 한국어가 조선어에 대한 간섭이 상당히 크다는 것을 의미한다.

다음은 주언어가 조선어, 조-중 혼종, 중국어인 화자를 대상으로 한국어의 간섭 현상에 대해 면담한 내용이다.

연구자 : '인차, 가지, 제깍, 금방'과 같이 청도에 사는 조선족들이 어디 출신인가에 따라 사용하는 말이 많이 다릅니까? 출신지역에 따라 달리 쓰이는 예에는 또 어떤 것이 있을까요?

[주언어가 조선어인 화자]

응답자 : JJ1(김○○, 여, 58세)

응답자 : JJ2(오○○, 남, 61세)

JJ2 : 마이 다르죠. 이기(남편)는 안쪽(흑룡강) 말이 많고 나는 연변말으 마이 하지. 나느 '개씸하다' 이래는 데 이기는 '밸 난다' 머 이래구. 다른 게 많지. 내 우정 고칠라구 애르 마이 썼지문요. '우정'이라는 말도 '억지로' 이런 말으 쓸라고 애르 딱 쓰지므.

JJ1 : 연변에는 '핵교', '동미' 이런 말들이 있잖아요? 근데 이런 거느 기본상 다 없어짓버렸어. 여기 와서는 (부인이) 말이 마이 개변댔지므. 근데 아직두 마이 남아있어. 연변말하구 흑룡강말은 래원은 같지만 다른 게 많아요. 못 알아 들을 것도 많지문요. '제구나, 와늘', 머 이래 줄 때 이 사람은 '엇다' 이러구. 근데 사투리는 점점 없어지는 거 같아요.

[주언어가 중국어인 화자]

응답자 : CC1(유○○, 남, 24세)

응답자 : CC2(김O, 여, 19세)

CC1 : 衣服(옷), 와기, 샤쯔, 우리느 '와기' 이렇게 말하는데 한국 쪽에서는 샤쯔, 티셔쯔? 아니고...外套(겉옷) 또...쟈크..쟈켓? 上衣(윗옷) , 쟈켓? 好像是(아마도). 우리는 '와기'라 글잖아요. 그래서 딴 데서 온 사람이거나 跟韓國人說話的時候(혹은 한국 사람과 이야기기할 때는), 不說 '와기'('와기'라고 표현하지 않는다) 모 알아 들을까봐서요.

CC2 : 사라, 접시, 저까치, 숟갈..연변 사람들은 뭐라고 말해는지 모르겠고 한국 사람들은 '수저'라 말해죠? '숟가락', '저가락' 포함해 가지구서는...그 담에 '디실' 뭔지 알아요? ..'바닥'을 우리 그 쪽에서는 '디실'라 그래요. 완전히 모르죠? 하하 이렇게 못 알아 들으니까 표준말 하는 거 같아요. 한국말..

洗澡(목욕하다)란 말이 '모깡한다', '모까하다'? '모욕한다', 머 또 '세수하다, 샤워?' 어떤 게 표준말이에요? 우리 엄마는 '모깡한다' 글고...

연구자 : '일없다–괜찮다', '바쁘다–어렵다'와 같이 조선말과 한국말이 다른 경우에 상황에 따라 어떻게 쓰십니까? 이와 비슷한 다른 사례로는 무엇이 있을까요?

[주언어가 조–중 혼종인 화자]

JC1 : 한국 사람이 있을 때는 가레서 쓰오 머 '책으 번지다' 이런 거는 '책을 펼치다' 이러구, '던제라' 이런 거는 '버려라' 이러구.. 또 머이 있는가. 옳소. '알린다'는 말은 '표가 난다', '티가 난다' 이렇게 바까 쓴단 말이요.

JC2 : 그 사람이 '수펴이 있다' 이런 말은 '수준이 높다' 이렇게 말해야지 아님 한국 사람들이 웃재요. '수평'이란 말은 우리 중국말에서 온 말인데 한국 사람들은 이런 뜻을르 아이 쓰니까. 머 '영 좋다' 이런 거는 '참 좋다' 이렇게 말하고.

[주언어가 중국어인 화자]

CC1 : '사무실', 這個單詞(이 단어), 우리 '반공실'이라 그러는데 한국사람들은 '사무실'이라 글잖아요. 이말 그날 同事(동료).. 부장 跟我說(나한테 말하기를) '반공실 아이고 사무실이.야 사무실'. 이제 사무실이라 그래요. '반공실'이라 하문 한국 쪽에서 모 알아 듣잖아요

연구자 : 친족 명칭이 조선족 사회에서도 출신지역에 따라 다르고 한국말과도 다릅니다. 이런 문제로 혼란스러웠던 경험이 있나요? 구체적인 사례와 함께 말씀해 주세요.

[주언어가 조선어인 화자]

JJ1 : 다르지. 흑룡강에는 '아재'라는 말이 없지문요. '고모', '이모'

거저 이런 마르 쓰지무. '사위'르 '싸우재'라 글고. 우리 작
은 시누 남편이무 '시맵시', 근담에는 '형부' 연변에서는 '형
부'라 안 하잖아. '아저씨'라구 하지.

[주언어가 조-중 혼종인 화자]
CJ1 : 우리 사춘 오빠한테 '아매', '아재' 이런 말 하문 잘 모 알아
    듣소. 개구 '아즈바이' 이런 말두 그렇구. '아재 나그네'를
    '아즈바이'라구 하는데 이런 말으 잘 모 알아듣소 우리 엄
    마르 오빠는 원래 우리 말루 하문 '마다매'라구 불러야 되
    는데 '이모', '姨媽'(이모)라구 하우.

[주언어가 중국어인 화자]
CC1 : '姐夫'를 '형부'라 글죠. 그럼 姐夫는 管我叫什么呀? (형부는
    나를 뭐라고 부르는가?)....아~'처남'이라 그래요? 이런 거 我
    就搞不淸楚(나는 잘 모른다.)
CC2 : 지금 별로 안 쓴 같아요. 어릴 때는 작았을 때는 다 불렀는
    데 지금은 그리 말 안해요. 이전에는 할매, 외할매 그담에
    선 삼춘, 삼춘매, 마다바이, 그리구선 마든매 근데 연변 쪽
    에서는 '이모'를 '아재'라 글고 어떤 데는 '아재' 好像是大爺
    ('大爺'를 의미하는 것 같다). 이러니까 집에 있을 때는 '머
    라고 부르라'글면 '머라 부르고 그랬는데' 나와서는 사람들
    이 말하는 게 다 다르니까 데게 복잡해요.

위의 면담 내용을 통해 청도에서 조선족들은 각 지역의 방언 차이를
많이 느끼고 있다는 사실을 확인할 수 있다. 동일 지역 출신자들의 대
화에서는 서로의 원래 방언형이 의사소통에서 문제가 되지 않지만 차
이가 존재하는 표현형은 다른 지역의 출신 또는 한국인과의 대화에서
는 의사소통의 장애가 될 수도 있다. 따라서 의미적 차이가 많이 나거

나 형태가 많이 다른 표현에서는 표준어형을 사용하려는 의식이 나타나는 것이다. 이때 모두가 알아들을 수 있는 표준어형은 한국어일 가능성이 크다. 방송, 인터넷 등의 매체를 통해 한국어의 파급 효과가 커지면서 한국어가 표준어라는 의식이 확산되었기 때문이다.

이러한 현실 속에서 한국인과의 대화, 그리고 공식적인 상황에서는 한국어가 의도적으로 선택되고 있다. 공식적인 상황에서는 이미 한국어로의 개신이 일어나고 있으며 가족과의 대화와 같은 비공식적인 상황에서 조선어가 쓰이는 것은 오히려 잔재해 있는 관습적 양상을 반영하는 것으로 보인다. 청도 조선족 사회에서 한국어의 간섭은 점차 확대될 것으로 예상된다. 비공식적인 상황에서 주언어가 어떤 언어이건 간에 한국어 표현형이 많이 쓰이는 것은 청도 조선족들의 언어 체계에 한국어 표현형이 깊이 침투되어 있다는 것을 의미한다.

더욱이 청도 조선족 사회가 세대를 거듭할수록 원 방언의 영향력이 작아지면서 한국어의 간섭은 더 커질 가능성이 있다. 청도의 조선족 사회에서 현재까지는 구성원들이 원 방언형을 많이 유지하고 있다. 그런데 원 방언형이 유지되려면 동일한 언어적 배경을 가진 화자들끼리 안정적인 집거 형태를 이루고 있을 때 가능하다. 그러나 현재의 청도 조선족 사회는 여러 지역 출신의 화자들이 모여서 형성되었기 때문에 원 방언형이 유지되기가 어렵다. 여기에 한국인 또는 한국어와 접하는 기회가 많아질수록 조선어의 영향력은 작아지는 반면 한국어의 영향력은 커질 수밖에 없게 되는 것이다.

[중국어와 한국어의 간섭 비교]

앞에서 한국어 간섭에 대한 파악은 주로 조선어형과 한국어형이 경쟁 관계에 놓여 있는 경우에 한해서 살펴보았다. 아래에서는 한국어형과 중국어형이 경쟁관계에 놓여 있는 경우를 중심으로 살펴보고자 한다. 청도의 조선족들은 중국어의 영향도 매우 크게 받을 수밖에 없다. 중국 내 소수민족으로서의 조선족은 현재까지는 정체성을 잘 유지하고 있으며 언어도 비교적 잘 보존하고 있지만 중국에 살고 있는 이상 중국어의 영향으로부터 자유로울 수가 없다. 또한 사회가 발전하면서 새로운 어휘들이 많이 생겨나기 마련인데 조선족들이 자체로 대응된 조선어 표현을 만들어서 사용하지 않는 한 중국에서 만들어진 어휘를 가져다 쓸 수밖에 없게 된다. 특히 청도와 같은 신흥 조선족 집거지는 전통 조선족 집거지보다 집거 밀도가 떨어질 뿐만 아니라 원 방언의 영향력도 상대적으로 작기 때문에 중국어의 간섭이 더 크게 작용할 수밖에 없다. 더욱이 전통 집거지와 같은 조선족 학교가 거의 없어 어린 시절에 조선어를 체계적으로 배울 기회도 적어졌다. 따라서 중국어가 조선족의 언어생활에 어떻게 영향을 미치는가를 파악해 보는 것 또한 청도 조선족 언어의 미래를 예측하는 데 매우 중요하다.

중국어형과 한국어형이 경쟁 관계에 있을 때 어떤 표현형을 더 선호하는지, 사용 환경의 제약은 받는지에 대해 살펴볼 필요가 있다. 전통적인 어휘나 표현이 아닌 경우, 즉 중국 내 조선족 사회가 형성되기 이전에는 우리말에 없었던 어휘나 표현은 근래에 만들어진 한국어형과 중국어형이 경쟁 관계에 놓이게 되므로 한국어형과 중국어형의 선택 양상을 서로 비교하는 방법으로 분석할 필요가 있다.

먼저 한국어의 형용사 '맵다'의 간섭 여부를 알아보기 위한 문항 47
에 대한 응답 결과를 보면 다음과 같다.[32]

〈표 4-20〉'매워서' 표현형의 장면별 사용

대상 표현형	가족 인원(비율)	조선족 비공식 인원(비율)	조선족 공식 인원(비율)	한국인 비공식 인원(비율)	한국인 공식 인원(비율)
매바서(조)	138(43.4)	121(39.4)	41(13.3)	30(9.8)	8(2.6)
매워서(조/한)	154(48.4)	165(53.7)	259(83.8)	271(88.3)	294(94.2)
라해서(중)	24(7.5)	18(5.9)	8(2.6)	4(1.3)	7(2.2)
기타	2(0.6)	3(1.0)	1(0.3)	2(0.7)	3(1.0)

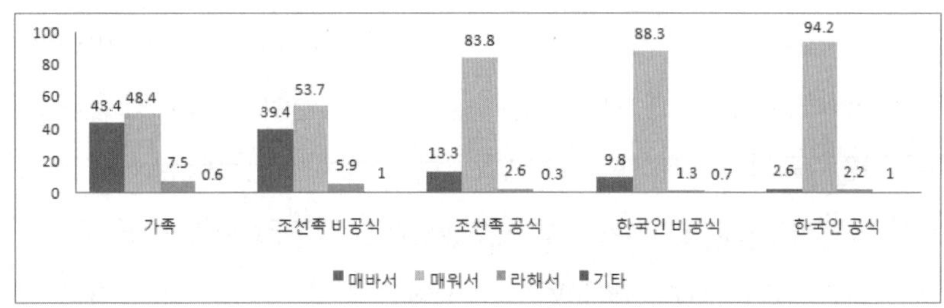

〈그림 4-20〉'매워서' 표현형의 장면별 사용

한국어의 형용사 '맵다'의 활용형으로는 〈그림 4-20〉에서 보듯이 '매
워서'와 '매바서'가 압도적으로 높게 나타났다. '매워서'가 한국어나 조
선어에서 매우 광범위하게 쓰이는 것이어서 가장 높은 비율로 사용되
는 것은 당연하다. '매바서'는 한반도 동북지역에서 많이 쓰이는 조선
어형인데 비공식적인 상황에서는 많이 쓰이나 공식적인 상황에서는 적
게 쓰인다는 점은 일반적인 조선어형과 같다. 이 문항에 대한 '기타' 응
답으로는 '매와서'가 있었으며 확인 조사를 통해서 '매와서'로 표현하
는 화자가 꽤 있음을 알 수 있었다. 예를 들면 설문 조사에서 '매워서'

---

32) 각각의 표현형들이 어떤 어형인가는 표현형 옆의 괄호 안에 조선어형, 한국어형,
중국어형으로 구별해 표시한다.

라고 응답한 응답자 중에서 일부(김ㅇ, 윤ㅇㅇ, 이ㅇㅇ 등)는 실제로 '매와서'로 발음하고 있었다. 이 문항도 앞에서 살펴본 '고쳐서'와 마찬가지로 문법 형태소의 차이를 일반 화자가 인식하기 어려워 '매와서'라고 발음하는 화자들이 설문 조사에서는 '매워서'를 선택한 것으로 보인다.

그런데 이 문항에 대한 응답 결과에서 중국어형의 사용 비율에 주목할 필요가 있다. 중국어에서 유래한 '라(辣)해서'는 비공식적인 상황에서 조금 쓰이기는 하지만 공식적인 상황에서는 거의 쓰이지 않는다. 중국어와의 혼효형 '라(辣)하다'는 중국의 조선족 사이에서 흔히 쓰이는 형용사이다. 그러나 비공식적인 상황에서 극히 적은 비율로 사용되고 나머지 상황에서는 거의 쓰이지 않고 있다. 이는 한국어의 고유어 '맵다'가 있기 때문이다. 고유어 표현이 있는 상황에서 굳이 중국어 혼효형을 쓸 필요가 없는 것이다. 이러한 결과는 적어도 고유어 계열 표현이 있는 경우에는 중국어의 간섭이 잘 일어나지 않는다는 해석이 가능해 진다. 그리고 '라(辣)하다'와 같이 조선어와 중국어를 단어 내부에서 섞어 쓰는 것에 대해 부정적으로 평가하는 의식이 보편적으로 존재하는 것도 다른 한 원인이 된다. 이러한 사실은 다른 문항의 응답 결과를 통해서도 확인된다.

고유어 계열 표현이 없는 신어의 경우에는 혼효형의 사용에 대해 관대한 편이다. 즉 전통적인 표현형이 없는 상황에서 한반도와 제한된 교류만 하면서 형성된 중국의 조선족 사회에서는 독특한 표현형이 쓰이기도 한다. 특히 중국 사회에서 소수민족으로 살아가다 보니 자연스럽게 중국어 신어의 영향을 받게 된다. 다음의 사례는 이러한 상황에서 중국어가 어떤 영향을 미치는지 잘 보여준다. 한국어 어휘 '출근'의 간섭 여부를 알아보기 위한 문항 54에 대한 응답 결과를 분석하면 다음과 같다.

<표 4-21> '출근' 표현형의 장면별 사용

표현형 \ 대상	가족 인원(비율)	조선족 비공식 인원(비율)	조선족 공식 인원(비율)	한국인 비공식 인원(비율)	한국인 공식 인원(비율)
쌍발(중)	167(52.7)	130(41.9)	47(15.2)	11(3.5)	7(2.3)
상반(중/조)	10(3.2)	18(5.8)	10(3.2)	10(3.2)	7(2.3)
출근(한)	138(43.5)	162(52.3)	253(81.6)	286(92.3)	294(94.5)
기타	2(0.6)	0(0.0)	0(0.0)	3(1.0)	3(1.0)

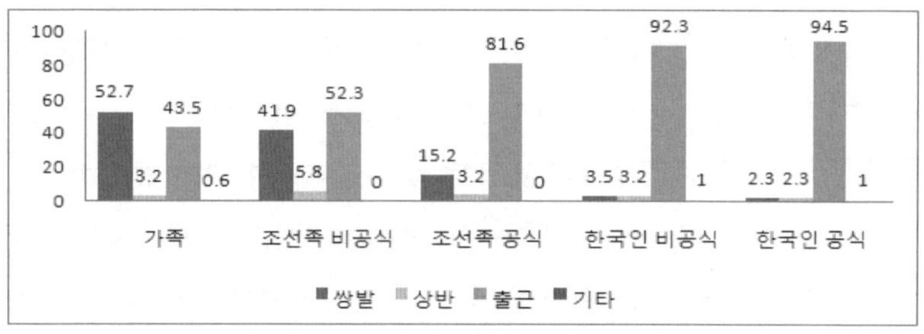

<그림 4-21> '출근' 표현형의 장면별 사용

전통 사회에서는 '출근'의 개념이 없었기 때문에 한국어에서 쓰는 '출근'이나 중국어에서 쓰는 '上班'은 모두 근래부터 쓰이기 시작한 단어다. 그런데 중국의 조선족은 한국어의 '출근'을 한국과의 수교 이전에는 받아들일 기회가 없었기 때문에 중국어 단어를 그대로 수용해서 사용했다. 따라서 '쌍발'은 중국어의 '上班[shàngbān]'을 발음대로 읽은 것이고 '상반'은 한자를 한국식 한자음으로 읽은 것이다.[33]

<그림 4-21>을 보면 가족 및 조선족과의 접촉에서는 '쌍발'이 사용

---

33) '上班[shàngbān]'는 중국어의 語流音變의 규칙에 의해 er화가 실현되어 韻尾 音素 /-n/뒤에 er이 따르게 된다. 따라서 중국어식 발음은 '상반, 쌍반'이 아니라 '상발, 쌍발'로 되는 게 보통이다.

되지만 한국인과의 접촉에서는 '출근'이 압도적으로 더 많이 사용되고 있다. 또한 조선족과의 공식적인 상황에서도 '출근'이 매우 높은 비율로 사용되고 있다. 이러한 양상은 청도의 조선족 사회에서 '출근'과 '쌍발'이 경쟁 관계에 있지만 점차 한국어의 영향력이 높아지고 있음을 보여 준다. 이전에는 중국어에서 차용한 '쌍발'을 사용했는데 한국인과의 접촉이 늘어날수록 점차 '출근'의 사용 비율이 높아지는 것이다.

'출근'이나 '쌍발'은 모두 신어지만 한자어이기 때문에 조선족들이 수용하는 데 별 장애가 없다. 중국어에서 '出勤'이라는 말이 '上班'과 똑같은 의미로는 쓰이지 않지만 '出勤率'과 같이 '출근'과 유사한 의미로 쓰이기 때문에 이질감이 느껴지지는 않는다. 그런데 吸借한 외래어는 양상이 다르게 나타날 수도 있다. 음차한 외래어 중 매우 이른 시기에 차용된 '빵'의 간섭 현상에 대하여 조사한 결과는 다음과 같다.

〈표 4-22〉'빵' 표현형의 장면별 사용

표현형 \ 대상	가족 인원(비율)	조선족 비공식 인원(비율)	조선족 공식 인원(비율)	한국인 비공식 인원(비율)	한국인 공식 인원(비율)
멘보(중)	172(54.3)	138(44.7)	56(18.1)	16(5.2)	7(2.2)
면보(중/조)	26(8.2)	24(7.8)	19(6.1)	4(1.3)	1(0.3)
면포(중/조)	5(1.6)	7(2.3)	5(1.6)	4(1.3)	7(2.2)
빵(한)	113(35.6)	139(45.0)	229(74.1)	280(91.2)	296(94.9)
기타	1(0.3)	1(0.3)	0(0.0)	3(1.0)	1(0.3)

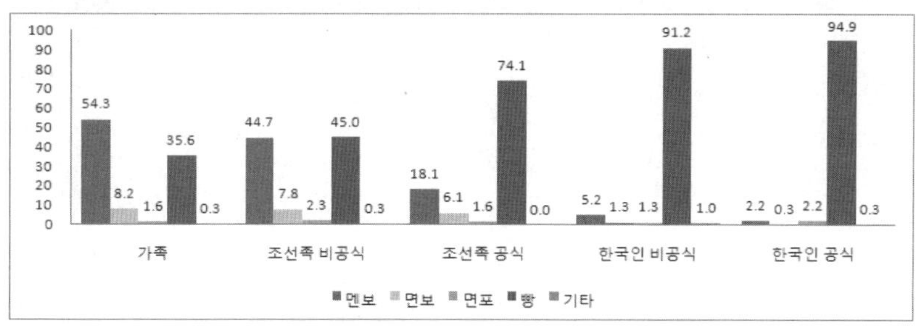

〈그림 4-22〉'빵' 표현형의 장면별 사용

<그림 4-22>에서 중국어의 '멘보'와 한국어의 '빵'이 경쟁관계에 있음을 알 수 있다. 그런데 두 표현형의 사용 양상은 <표 4-21>의 '출근'과 거의 일치된다. 중국어의 '멘보'는 주로 가족 및 조선족과의 대화에서 사용하고 한국인과의 대화에서는 '빵'을 사용한다. 또한 비공식적인 상황에서 '멘보'를 많이 사용하는 것 또한 '출근'의 경우와 유사하다.

음차한 외래어기는 하지만 차용한 역사가 그리 오래되지 않은 단어에서는 '빵'과 다른 양상이 나타날 가능성이 있다. 한국어의 '택시' 및 '아이스크림'에 해당하는 단어의 간섭 현상에 대하여 분석한 결과는 다음과 같다.

〈표 4-23〉 '택시' 표현형의 장면별 사용

표현형 \ 대상	가족 인원(비율)	조선족 비공식 인원(비율)	조선족 공식 인원(비율)	한국인 비공식 인원(비율)	한국인 공식 인원(비율)
추주(중)	107(33.8)	88(28.4)	40(12.9)	5(1.6)	6(1.9)
출조(중/조)	2(0.6)	7(2.3)	5(1.6)	5(1.6)	3(1.0)
택시(한)	206(65.0)	212(68.4)	264(84.9)	295(95.2)	298(95.8)
기타	2(0.6)	3(1.0)	2(0.6)	5(1.6)	4(1.3)

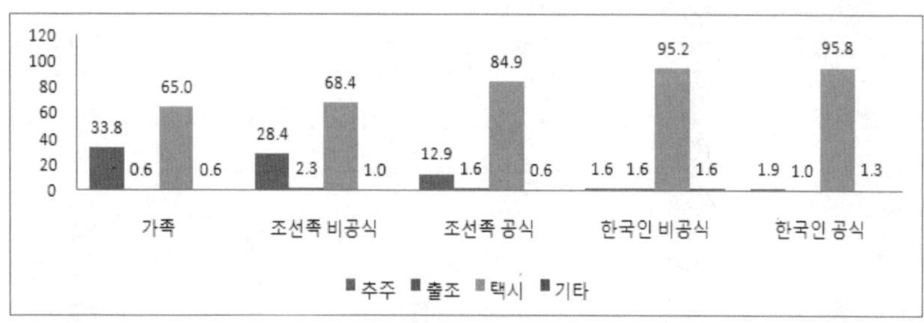

〈그림 4-23〉 '택시' 표현형의 장면별 사용

〈표 4-24〉 '아이스크림' 표현형의 장면별 사용

표현형 \ 대상	가족 인원(비율)	조선족 비공식 인원(비율)	조선족 공식 인원(비율)	한국인 비공식 인원(비율)	한국인 공식 인원(비율)
빙치린(중)	202(64.1)	179(58.1)	99(32.0)	11(3.6)	3(1.0)
빙기림(중/조)	3(1.0)	5(1.6)	6(1.9)	2(0.7)	3(1.0)
아이스크림(한)	103(32.7)	119(38.6)	201(65.0)	288(94.1)	300(97.1)
기타	7(2.2)	5(1.6)	3(1.0)	5(1.6)	3(1.0)

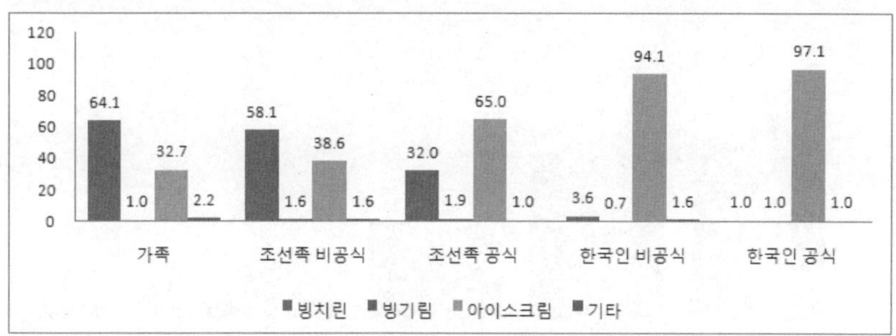

〈그림 4-24〉 '아이스크림' 표현형의 장면별 사용

'택시'와 '아이스크림'도 한국인과의 대화에서는 한국어형이 많이 쓰이는 점은 다른 예들과 유사한 양상을 나타낸다. '택시'와 '아이스크림'도 중국어형과 한국어형이 경쟁할 경우 한국인과의 접촉에서는 한국어형이 많이 쓰이는 양상은 일관되게 나타남을 알 수 있다. 그런데 가족 및 조선족과의 접촉에서는 중국어형과 한국어형이 쓰이는 비율이 조금씩 차이가 난다. 즉 중국어형은 가족과의 대화에서 가장 많이 쓰이고 조선족 비공식적인 자리에서 공식적인 자리에서보다 많이 쓰인다. 한국어형이 쓰이는 비율 차이는 또 이와 반대로 나타난다. 이러한 차이가 나타나는 이유를 알아보기 위해서는 각 어형을 종합적으로 비교할 필요가 있다. '출근, 빵, 택시, 아이스크림'의 사용 양상을 종합하면 다음과 같다.[34)]

〈표 4-25-①〉 중국어형 어휘의 장면별 사용

표현형＼대상	가족	조선족 비공식	조선족 공식	한국인 비공식	한국인 공식
쌍발	55.9	47.7	18.4	6.7	4.6
추주	34.4	30.7	14.5	3.2	2.9
멘보	64.1	54.8	25.8	7.8	4.7
빙치린	65.1	59.7	33.9	4.3	2

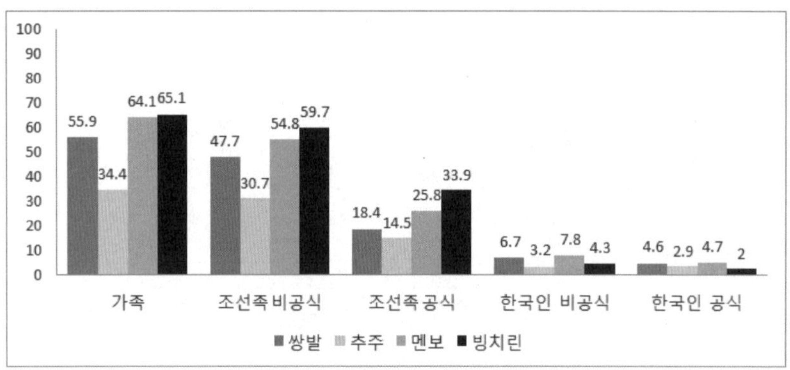

〈그림 4-25-①〉 중국어형 어휘의 장면별 사용

〈표 4-25-②〉 한국어형 어휘의 장면별 사용

표현형	가족	조선족 비공식	조선족 공식	한국인 비공식	한국인 공식
출근	43.5	52.3	81.6	92.3	94.5
택시	65	68.4	84.9	95.2	95.8
빵	35.6	45	74.1	91.2	94.9
아이스크림	43.5	52.3	81.6	92.3	94.5

34) 전반적으로 중국어를 한국식 한자음으로 읽는 경우는 매우 드물게 나타난다. 따라서 '상반, 면보, 면포, 출조, 빙기림' 등은 모두 중국어형에 포함시킨다. 또한 '기타'는 무시해도 좋은 수치이므로 제외한다.

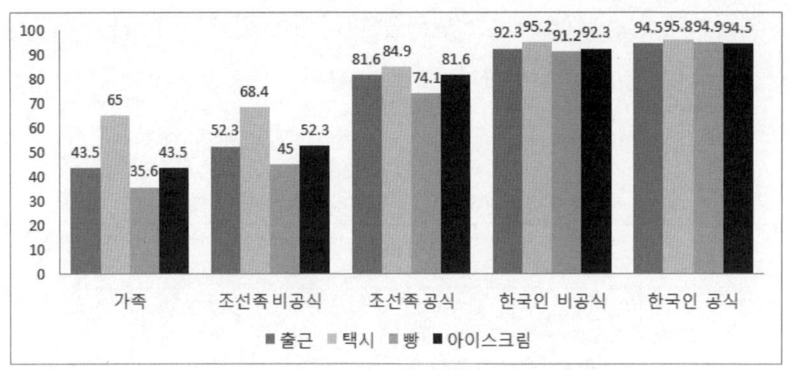

〈그림 4-25-②〉 한국어형 어휘의 장면별 사용

〈그림 4-25-①〉을 보면 '택시'의 경우는 '추주'라는 중국어형 사용 비율이 매우 낮음을 알 수 있다. 이 문항에 대한 응답자들의 선택 의도는 면접 조사를 통해 확인할 수 있었다. 설문 조사에서 '택시'를 선택한 응답자 중에 4명(김○, 박○○, 김○, 이○○)은 이 경우에 '打車(택시를 타다)'라고 표현하며 '打車를 타라/타세요'라는 표현은 없으므로 '택시'를 선택했다고 하였다. 그러나 '추주가 편하다', '추주가 좋다'는 식으로도 표현한다고 응답하였다. 설문지에 제시된 것과 같이 '목적어+서술어'의 구조에서 '打車'라는 중국어 표현은 '打(타다)'와 '車(차)'가 결합된 단어 결합(詞組)이지만 화자들에게는 2음절 단어처럼 인식되고 또한 그것으로 직접 문장이 될 수도 있기 때문에 '추주를 타라/타세요'라는 조선어식 표현이나 '택시를 타라/타세요'라는 한국어식 표현에 비해 편리하게 받아들여진다. 문장 속의 한 구절 또는 단어를 중국어로 교체하여 쓰는 것은 문장 전체를 중국어로 표현하는 것에 비해 부정적으로 평가된다는 사회적 인식과도 연관된다.[35]

---

35) 면접 조사 과정에서 응답자(김○○, 박○○, 남○○, 김○, 윤○○)들이 제보.

외국어에서 유래한 도량형 단위를 나타내는 외래어 명사는 다른 양상을 보이는 것으로 나타났다. 도량형 단위 중 '킬로(Kilo)'의 간섭 양상은 다음과 같다.

〈표 4-26-①〉 '1 Kilo' 표현형의 장면별 사용

표현형 \ 대상	가족 인원(비율)	조선족 비공식 인원(비율)	조선족 공식 인원(비율)	한국인 비공식 인원(비율)	한국인 공식 인원(비율)
한(조) 키로(한)	126(39.7)	127(41.2)	133(43.0)	107(35.0)	105(34.0)
일(한) 키로(한)	113(35.6)	117(38.0)	126(40.8)	167(54.6)	168(54.4)
한(조) 공근(중)	41(12.9)	28(9.1)	26(8.4)	19(6.2)	23(7.4)
기타	37(11.7)	36(11.7)	24(7.8)	13(4.2)	13(4.2)

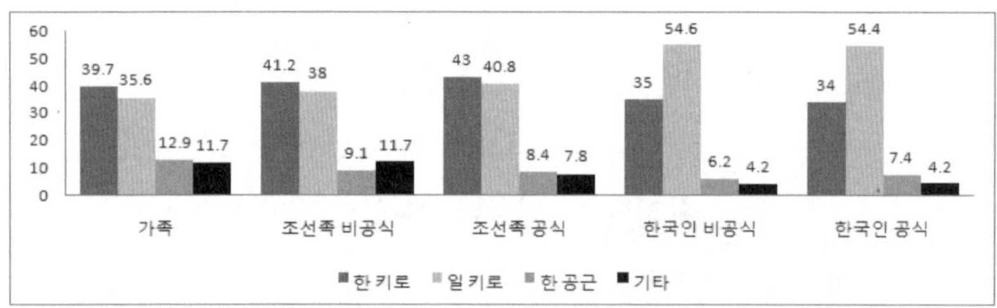

〈그림 4-26-①〉 '1 Kilo' 표현형의 장면별 사용

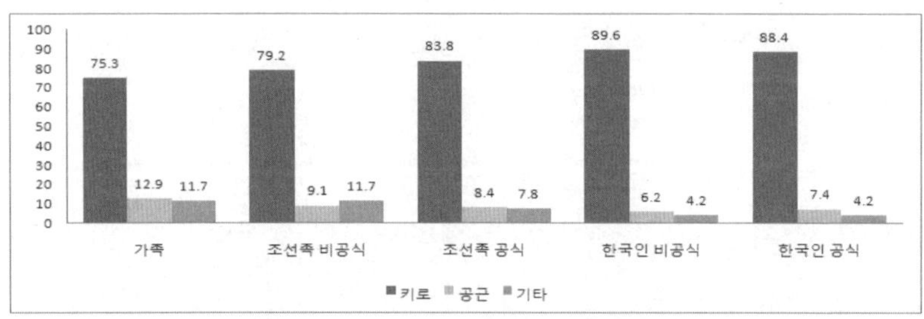

〈그림 4-26-②〉 'Kilo' 표현형의 장면별 사용

<그림 4-26>을 통해서 두 가지 간섭 양상을 파악할 수 있다. 첫째는 수를 세는 방식으로서 숫자 '1'을 어떻게 표현할 것인가 하는 점이다. 즉 조선어형인 '한'으로 발음할 것인가, 한국어형인 '일'로 발음할 것인

가의 문제다. 중국의 조선족들은 이 경우에 북한 지역 주민들과 마찬가지로 주로 '한'으로 읽는 경향이 강한데 <그림 4-26-①>에서 확인할 수 있다. 이는 '일'로 읽는 한국어와 차이를 보이는데 한국인을 대할 때도 '한'으로 말하는 비율이 매우 높은 편이다. 앞에서 살펴보았듯이 조선어형과 한국어형이 경쟁관계에 있을 때, 한국인과의 대화에서는 한국어형을 사용하는 비율이 매우 높았는데 이 경우에는 그리 큰 차이를 보이지 않는 특징이 있었다. 앞에서 '쌍발, 추주, 멘보, 빙치린'는 조선어 규범에서 표준어로 査定되지 않은 중국어형 어휘임에 반해 '한키로'는 조선어규범에 맞은 표준형이다[36]. 조선족과의 공식적인 대화나 한국인과의 대화에서 사용 비율이 비교적 높은 이유는 많은 조선족들이 '한키로'를 표준어형으로 인식하기 때문이다.

중국어형의 간섭을 확인하기 위해서는 <그림 4-26-②>에서와 같이 '키로'와 '공근(公斤)'만 비교할 필요가 있다. 여기서 '공근'을 중국어형으로 정의하는 이유는 'km', 'kg'에서 'k'에 해당되는 조선어형은 '키로'이기 때문이다.[37] <그림 4-26-②>는 도량형의 단위를 표현하는 경우 다른 예들과는 달리 중국어의 간섭이 매우 적음을 알 수 있다. '꿍진(公斤)'이나 '공근'처럼 중국어식으로 발음하는 것은 비공식적인 상황에서도 별로 나타나지 않고 대부분 한국어식으로 발음한다. 이는 중국의 조선족들에게 '공근(公斤)'이 매우 낮설기 때문이다. 중국에서 무게를 잴 때

---

36) 서영섭(1981), 『조선어실용문법』의 '수사의 사용'(66면)에 관한 내용에서 '고유어로 된 수사는 고유어로 된 단위명사와 잘 어울리며 또한 한자어로 된 단위명사나 외래어로 된 단위명사와도 어울려 쓰인다.'고 하였고 예로 '한그람, 일곱메터, 아홉톤'을 들고 있다.
37) 연변교육출판사 편(1984), 『중학생 조선어실용문법』의 '수사의 바로쓰기?'(81~82면)에는 '대상에 따라 그것에 맞는 수사와 단위명사를 옳게 결합시켜 써야 한다'고 하였고 예로 '일곱키로, 십키로, 두키로, 한키로, 스무키로'를 들고 있다.

는 주로 '근(斤)'을 쓴다. 따라서 문항처럼 '이 고기는 1kg 에 얼마입니까?'라는 문장은 중국 사회에서 듣기 힘들다.[38] '기타'에 응답한 예가 다른 문항에 비해 많은 것도 그 이유 때문이다. '기타'에는 '한 근', '두 근'이라는 답도 있었다. 문항에 제시된 도량형 단위가 중국에서 사용 환경이 다소 제한적일 수가 있기에 일반적인 경향을 대표하기는 어려운 점이 있다. 이에 대한 보충으로 면담을 통해 't' 'm', 'cm', 'm²'와 같이 한국과 중국에서 사용 범위가 유사한 도량형 단위의 사용에 대해 조사하였다. 이에 관해서는 아래의 면담 내용에 대한 분석에서 자세하게 논의하기로 한다.

이상에서 혼효형, 외래어 표현, 도량형 단위에서 한국어와 중국어 간섭 양상을 살펴보았다. 지금까지 분석된 결과를 정리하면 다음과 같다. 첫째, 혼효형에서 한국어형이 중국어형에 비해 많이 사용되는 점 외에 예전부터 사용되어 오던 조선어 표현이 있는 경우에는 중국어형은 거의 사용되지 않는 반면에 예전에는 없었다가 새로 생겨난 말인 경우에는 중국어형의 사용 비율이 증가하였다. 둘째, 한국 외래어와 중국 외래어가 경쟁 관계에 있을 때는 한국어 간섭이 중국어에 비해 더 많이 일어나고 있었다. 셋째, 도량형 단위에서는 중국과 한국의 도량형 단위의 사용 기준이 달라 중국어의 간섭은 많이 일어나지 않았다. 넷째, 중국어의 간섭이 나타날 경우 비공식적인 상황에서 다소 많이 나타나고 공식적인 상황이나 한국인과의 대화 상황에서는 많이 나타나지 않는다.

다음은 이러한 개별적인 표현형을 한국어, 중국어, 기타[39]로 유형화

---

38) 박○○(여, 35세)은 '1kg에 얼마입니까'라는 말은 사용해 본 적이 없다. 마트에서는 가격표에는 'kg' 또는 '公斤'이 붙어 있어도 점원들은 '斤(근)'으로 가격을 알려 준다. 시장에서 물건을 사는 경우에도 '한 斤(근)에 얼마입니까?로만 사용한다.'고 하였다.

하여 주언어 집단별로 사용 양상을 분석해 보고자 한다. 여기서는 가장 일반적인 언어 사용 상황이 될 수 있는 '조선족 비공식'을 택하여 응답 결과를 분석하고자 한다. 논의의 중복을 피하기 위해 앞의 문항을 혼효형, 외래어, 도량형 단위 분야로 종합하여 분석할 것이다. 혼효형은 '맵다', '출근하다'에 관한 응답 결과를 종합하고, 외래어는 '택시', '빵', '아이스크림'에 관련된 문항을, 도량형 단위는 '키로'에 대한 문항의 응답 결과를 종합하여 주언어와 교차분석을 실시해 보기로 한다. 중국어의 간섭 양상을 보기 위한 것이므로 분석할 주언어 집단은 조선어, 조-중 혼종, 중국어로 한다.

〈표 4-27-①〉 주언어별 한국어와 중국어형 혼효형의 사용

표현형 \ 대상	주언어가 조선어인 경우	주언어가 조-중 혼종인 경우	주언어가 한국어인 경우
한국어	80.9	82.9	85.7
중국어	8.5	9.7	5.0
기타	10.6	7.4	9.2

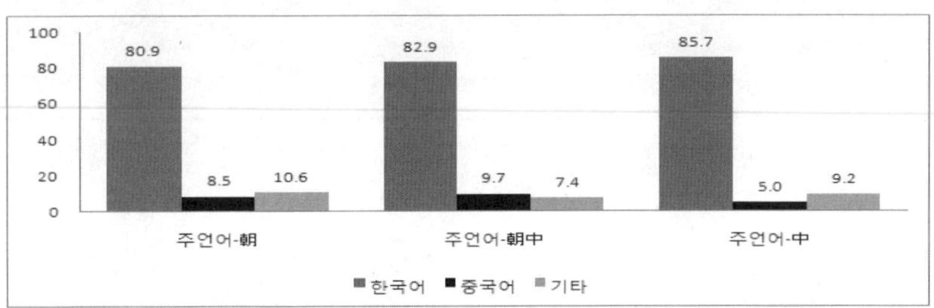

〈그림 4-27-①〉 주언어별 한국어와 중국어형 혼효형의 사용

---

39) 여기에서 '기타'로 유형화된 표현형은 각 문항에서 한국어형과 중국어형을 각 1개씩 제외한 표현형을 전부 합산한 빈도수로 하였다.

〈표 4-27-②〉 주언어별 한국어와 중국어형 외래어의 사용

표현형 \ 대상	주언어가 조선어인 경우	주언어가 조중 혼종인 경우	주언어가 한국어인 경우
한국어	75.2	75.0	74.2
중국어	22.0	23.5	19.8
기타	2.8	1.6	6.0

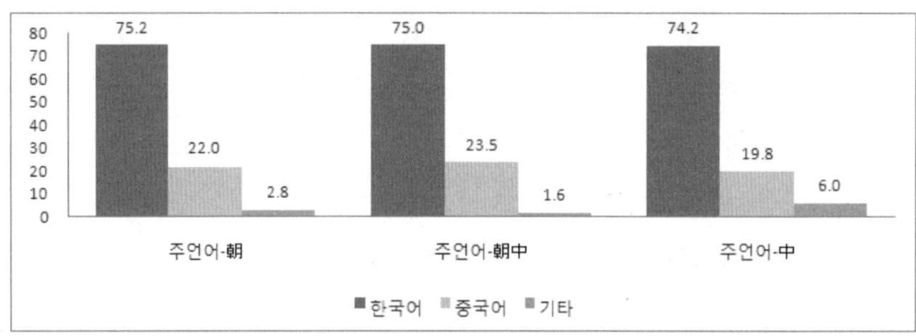

〈그림 4-27-②〉 주언어별 한국어와 중국어형 외래어의 사용

〈표 4-27-③〉 주언어별 한국어와 중국어형 도량형 단위의 사용

표현형 \ 대상	주언어가 조선어인 경우	주언어가 조–중 혼종인 경우	주언어가 한국어인 경우
한국어	55.3	35.8	45.0
중국어	8.5	6.8	13.3
기타	36.2	57.4	41.7

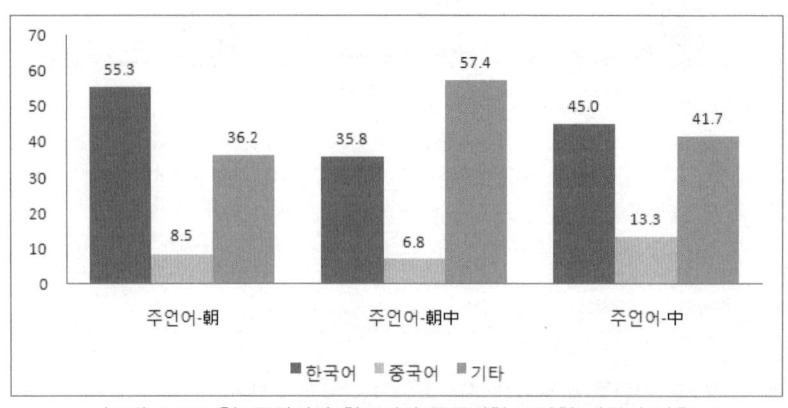

〈그림 4-27-③〉 주언어별 한국어와 중국어형 도량형 단위의 사용

<그림 4-27>을 보면 혼효형, 외래어, 도량형 단위에서 모두 한국어의 간섭이 중국어에 비해 많이 일어난다. 세 분야에서 중국어 간섭은 외래어에서 가장 많이 일어나는 것을 볼 수 있다. 주언어별로 응답 결과를 비교하면 경향이 뚜렷하지는 않지만 눈에 뜨이는 점은 중국어가 주언어인 집단이 혼효형이나 외래어 사용에서 중국어 간섭 정도가 오히려 다른 집단에 비해 작다는 점이다. 다만 도량형 단위에서는 중국어의 간섭을 다른 집단에 비해 많이 받는 것으로 나타났다. 앞에서도 논의하였듯이 어근 또는 단어 차원에서 중국어로 전환하는 일은 조선족들 사이에서 부정적으로 받아들여지고 있다는 것을 알 수 있다. 조선어에서 해당 표현을 찾지 못하여 중국어로 전환하여 표현해야 할 경우에는 문장 전체를 중국어로 표현하는 것이 좋다는 태도는 면접 조사를 통해서도 확인할 수 있었다. 그러나 중국어 능력이 상대적으로 낮은 경우에는 문장 전체를 중국어로 표현하는 것이 어려울 수도 있기에 해당 표현만 중국어로 전환하여 표현하는 일이 발생하게 된다는 것이다.

도량형의 경우는 이와는 조금 다르다. 예컨대 문항에 제시된 중국어 간섭 표현형 '공근'의 경우 '추주'나 '빙치란' 같이 중국어 음을 그대로 차용한 것이 아니라 한자음으로 전환한 것이기에 위와 같은 거부감은 조금 적게 느껴질 수 있다. 그럼에도 불구하고 무게 단위를 나타내는 도량형으로 'kg'은 중국과 한국에서 사용 범위가 다르기에 '공근'이나 '키로'의 표현은 사용 환경이 제한적일 수 있다. 도량형에 대한 좀 더 일반적인 사례는 면접 조사를 통해 사용 양상을 확인할 수 있었다.

다음은 한국어와 중국어의 간섭에 관해 주언어가 조선어, 조-중 혼종, 중국어인 화자들과 면담한 내용이다.

연구자 : '맵다–라하다', '쌍발–출근하다'와 같이 중국말에서 유래한 말이
　　　　조선말에 들어와 있는 것은 어떻게 생각하십니까? 평소에 자주
　　　　쓰시는지, 사례가 있으면 말씀해 주시겠어요?

[주언어가 조선어인 화자]

JJ2 : 예, 보통 '쌍발했는가' 이러지무. 그래구 '표르 定했어?'(예약
　　　하다)이랜단 말이. 기실 '비행기표를 예약했어?'이래야 맞는
　　　데. 개까 말이 막 亂套이지(뒤섞이다) 거저. 이 바라. 또 '亂套
　　　'이란다. 이래 거저 '亂套'이란 말으 보통 쓰지무. .....나느 조
　　　선글이 더 편안한데 조선신무이 없으이까, 우리 아이 定했
　　　으이까...신문사 그래도 荒이사 안 하겠지(망하지야 않겠지).
　　　나느 다 조선말이 편안하지. 중국말이 못 따라가이까..근데
　　　어째 말으느 이렇게 막 섞어 쓰게 되네. 거저 편리한댈루.

JJ1 : 연변 사람들은 중국말으 영 못 하지문요. 완전히 머 跑調지.
　　　(성조가 엉망이다.) ...어떤 때느 조선말이 머인지 생각이 아
　　　이 나서 중국마르 편리한대로 막 섞어 쓰는데 중국말 할라
　　　문 아예 중국말로 다 말하는게 보기느 낫지므. 머 중국말도
　　　아이고 조선말도 아이고..이게 문젠기라. 나느 옛날에 소학
　　　교 다닐 때 어문 내 잘했어요. 작문 이런 같은 거 하기 되문
　　　개속 일등하고 이래가지고..머 조선말에 대해서 막히는 거도
　　　또 없고요. 초중은 또 한족 학교를 댕겼으니까 한족말도 잘
　　　해요. 근데 어떤 거는 조선말이 없는기라. 그럴 때 많다이까.
　　　그래무 중국말르 말해야지며.
　　　...지금 흑룡강 출판사는 馬上就荒了(곧 망해서 없어지다)....

[주언어가 조-중 혼종인 화자]

JC1 : 마이 쓰지. '上班한다'(출근하다)거나 물건으 '退한다'(물리
　　　다) 이런 말은 사람들이 마이 쓰니까 조선말 같구 입에 잘
　　　붙어서 친한 사이에서는 잘 쓰는 데 그래도 상대에 따라서
　　　표준말을 써야할 때는 '출근하다', '물리다' 머 이렇게 쓰오.
　　　근데 머 '困하다'(피곤하다), '回하다'(돌아오다, 답장하다) 이

렇게 중국마르 아이 써두 델데다 너무 마이 섞어서 말하는
거는 듣기 싫소... '辣하다?'(맵다) 이렇게는 아이 쓰오. '맵다'
가 있는데...조선말이 생각이 아이 날 때..

[주언어가 중국어인 화자]

CC1 : 어느 말을 잘 모해니까 代替(대체)하는 거죠. 조선말을 하다
하다하다가 어느말을 모르잖아요. 그럼 중국말을 해는거죠.
한국말 알면 한국말 할거에요. 모르니까..중국말 나오는거죠.
근데 중국말 한번 나오면 后面就 (뒤에는) 아예 거의 중국말
하고 있어요.

CC2 : 我好像不經常那么說.(나는 그렇게 자주 안 쓰는 편이다), 我
是要是不會的話全用漢語(모르면 아예 다 중국어로 말하고),
會說的話全用朝鮮語(말할 수 있으면 전부 조선어로 말한다).
만약시 말하다가 단어 하나가 생각이 안 나면은 그 뒤에는
한어로 말하죠.
어렸을 적에는 계속 섞어서 말했는데 계속 그렇게 말해지
말래요(어른들이). 어릴적엔 그냥 같이 썼는데 우리 엄마가
나보구선 '그거 조선말이야, 아님 한족말이야.할래문 그냥
하나로 해라구요.'그래서 모르면 (문장 전체를) 한어로 그냥
직접 말해 버려요.

연구자 : '멘보–빵', '추주–택시', '빙치린–아이스크림'처럼 조선어에는 단어
가 없어 중국말이나 한국말의 단어를 쓰는 것에 대해서 어떻게
생각하십니까? 어느 쪽을 쓰는 것이 좋을까요? 다른 사례도 있으
면 말씀해 주시겠어요?

[주언어가 조선어인 화자]

JJ1 : 한국말이 사실 더 표주이지겠지. 갠데 우리사 이런 거는 한
국마르 잘 모르이까... 우리는 電腦라구 하는데 야네 엄마(며
느리)라메는 '컴피터'란 말으 쌔기 쓰지므. '上网 한다', '游戏
논다' 이래는데 야네 엄마 아부지는(아들, 며느리)느 머 '인

터네스 한다', '게임한다'이런다구. 우리는 '出租타자'이러지 '택시'란 말으느 잘 아이 나오지므. 가네는 한국사람들으 마이 접촉하이까 그런데 우리는 접촉 아이하니까 사투리마르 거저 이래 쓰지므. 중국마르 잘 해서 그런 게 아이라.

JJ2 : '택시'라두 이게 사실 조선말 아이라구. 한국에서 사용하니까 맨 거저 조선말이라구 생각해 가지구 우리 조선 사람이 조선말 써야 덴다. 이런 게 있는데 임시 그 편리를 위해 가지구 '땐스', 머 '땐노' 자꾸만 그렇게 말이 나가고. 그러지므. 그래 그래요. 어떤 때는 중국에 이 조선 민족이 문화가 상실되는구나. 그런 생각이 드는데 우리 힘으로 挽回(되돌리다)못해요. 這都是歷史的車輪(이건 모두 역사의 수레바퀴) 같아요. 보니까.

[주언어가 조-중 혼종인 화자]
JC1 : 한국말 더 마이 쓰재? 듣기두 더 좋구. 아이스크림, 뼁치린 보다 낫지. 헬스, 조선말할 때는 한국말 쓰는 게 낫지. 고급스럽고. 중국말은 옛날부터 마이 썼던 거느 갠챈데. 電視(텔레비전), 電腦(컴퓨터) 이런 거.

JC2 : 한국말 더 마이 쓰지. '씨원한 뼁치리 주쇼'이러문 한국 사람들이 못 알아듣지. '아이스크림' 이래야 되지. 머 딴 거두. 옛날에 한국 사람이 내까 요 모태 아이 부근에 '맥드날드'있는가 그러드란말이. '맥드날드' 처음 들어봤지. 피뜩 '羅納爾多' 생각 나가지구 무슨 축구 선수 이름인가해서 '브라질이 아인가' 이래까나 '아이갰는데..' 이래멘서.. 알구 보이 '麥씰勞'르.. 요즘에뜨 한국말 외래어는 모르는 게 많소. 전문용어라메 이런 거. 갠데 한국말으 쓰는 게 난 거 같소

[주언어가 중국어인 화자]
CC1 : 단어에 따라 틀린 거 같아요. 電腦 같은 거는 '컴퓨터'보다

‘電腦’를 더 많이 쓰고요, 근데 문자로 채팅할 때는 ‘電腦’ 한 자로 쓸 수는 없으니까 ‘컴퓨터’라고 하고 또 상대에 따라서 한국 사람들은 못 알아 들으니까 ‘컴퓨터’, ‘에어콘’, ‘핸드폰’이러구요. 조선족들하고는 그냥 편한 대로 써요. 중국말을 더 많이 쓰는 것 같아요. 근데요. 이런 거는 조선어에 원래 없잖아요. 조선어가 유지될라문요. 이런거 누군가가 만들었음 좋겠어요. 안 그러고 總這樣拽過來的話本身這个体系就亂了 (계속 이렇게 끌어다 쓰면 조선어 체계 자체가 망가질 것 같다.)

CC2 : 평시에 습관적으로 많이 사용하는 거는 단어에 따라서 다른 거 같아요. ‘아이스크림’같은 거는 평상시 그냥 ‘아이스크림’글고요. ‘電視’는 ‘티비’ 이런 것보다 ‘電視’일케 많이 하구요. 잘 모르겠어요. 비슷비슷한 거 같아요. 머 둘 다 거부감은 글케 없어요. 그냥 많이 써 왔던 거를 쓰는 것 같아요. 自然就用了(자연스럽게 그냥 쓰게 된다.)

연구자 : ‘키로-공근’과 같은 도량형은 중국어와 조선어 또는 한국어 중 어느 것을 주로 쓰나요? 그 이유는 무엇인가요? 다른 사례로는 뭐가 있을까요?

[주언어가 조선어인 화자]

JJ1 : 내 오늘 고무줄으 一米(1m), 三米(3m) 샀다구 이러지무. 내 이래 중국말으 마이 섞어 하니까 내 동새는 웃지므. 갠데 자꾸 그러게 덴다구.

JJ2 : 키요? 야(손녀) 키 ‘八十公分(80cm)’이라고 하지믄요. ‘팔십공푼‘ 이러기도 하구요. ..센치요? 그런 말은 기본상 안 쓰지요.

[주언어가 조중 혼종인 화자]

JC1 : 차 기름으 백키로에 ‘여섯개’, ‘열개’이렇게 말하오. 한어에서 쓰는 대로 ‘六个油’, ‘九个油’이러느까. 근담에 기름. 식용

유두 지금 근을르 파는 게 아이라 한통씩 파니까 한통, 두통 이러지.

...청도에서 웨이팡까지 '몇키로'이렇게 말하오. 이건 중국하구 한국에서 말하는 게 똑같으니까. '몇공리', '몇公里'이렇게는 아이하고 '몇키로'이렇게. 집 면적은 난 거저 '몇평'이래오.'백평'이렇게.

JC2 : 나두 차 기름으 '여슷개', '열개'이렇게 말하오. 그래구 扎啤(생맥주)같은 것두 '一斤', '兩斤', '우리 한근 먹자', '두근 먹자'이래지므. 한국 갔다 온 아덜은 500cc이랩데. 그게 기실 한그이지. 다 한그니 들어가니까. 조선족들끼리는 보통 중국식댈르 '한근', '두근' 이래지. 한국사람과느 말해본 적이 없는데..거리느 보통 '몇키로'이렇게. 집 면적으느 '몇평방' 이렇게 말하고 중국말로 '平方'이러재.

[주언어가 중국어인 화자]

CC1 : 한국사람들하고 우리 쓰는 게 마이 다른 거 같아요. 우리 '立方'글잖아요. 한국 사람들 '시비앰'(CBM)글고요. 머 '일시비앰, 이시시앰' 그리고 '一吨'(1t) 이런 거는 '일카톤'글고요. 첨엔 몰랐어요. 저는 그냥 '한톤', '두톤'그랬죠. 아님 '一吨', '兩吨'.

CC2 : 這个我是平時愿意用朝鮮語說. 我就不怎么愿意用漢語說(이런 거 저는 평소에 보통 조선말로 한다, 중국말은 잘 안 쓴다.). 說不習慣感覺(적응이 안 된다. 잘). 소학교 때 배운 대로 써요. 몇센치, 한어로는 잘 몰라요. 머 키가 '일메다 육십삼' 일 케요. 기름 같은 거요? 보통 '근'으로 말해지 않나요? '한근, 두근'...

이상의 면담 내용을 통하여 다음과 같은 점을 확인할 수 있다. 중국어를 조선어와 섞어서 사용하는 일은 조선족들의 언어 사용에서 흔히 일어나는 현상이며 조선족 간의 대화에서는 문장 차원의 언어 전환과 단어 차원의 언어 전환을 한다는 것이다. 조선어로 대화를 진행하다가 중간에 '편한 대로' 중국어를 섞어서 사용하는 것은 서로 인정하는 언어 기법으로 간주되고 있음을 알 수 있다. 즉 조선어로 얘기하다가 중국어로 전환해야 할 필요(조선어에 해당 표현이 없거나 못 찾았을 때, 혹은 습관적으로)가 있을 때에는 바로 중국어로 전환하여 표현한다는 것이다. 그러나 '단어 차원'의 혼효는 부정적으로 평가된다는 점을 확인할 수 있었다.

외래어 표현에서는 중국어든 한국어든 많이 사용해 온 대로 혹은 주변에서 많이 사용하는 것을 쓰고 있다는 것을 알 수 있다. 한국어나 중국어에서 생겨난 말을 가져다 써야 할 때는 대부분 한국어를 사용하는 것을 더 바람직하다고 느끼고 있었다. 혹자는 조선어가 유지되려면 조선어 나름대로 새로운 단어들을 만들어 내야 한다는 의견을 제시하기도 하였다.

도량형 단위의 표현에서는 'm, cm, t, ㎡'과 같이 한국과 중국에서 도량 기준이 유사한 경우에는 한국어와 중국어의 간섭이 모두 일어나고 있었으나 'L, cc'와 같이 중국에서는 잘 사용하지 않는 도량형 단위의 표현에서는 한국어의 간섭은 주로 수의 읽기에서만 일어나고 도량형 의존명사의 읽기에서는 거의 일어나고 있었다. 중국과 한국의 사용 기준이 다른 표현형에 있어서는 한국의 표현형에 대해 익숙하지 않고 해당 표현형을 중국의 도량 기준에 따라 중국어를 그대로 사용하거나 기존부터 사용해 오던 조선어를 그대로 사용하는 경향이 많이 나타났다.

이상의 결과를 종합해 보면 한국어와 중국어의 간섭이 많이 나타나는 경우는 중국 조선족 사회가 형성되기 이전부터 한국어에 없던 단어들이다. 조선족 스스로 단어를 만들어 사용하거나 한국어와 중국어에서 차용을 해야 하는 경우에는 중국어의 표현형을 사용하는 일이 더 많이 나타났다. 이때 가장 손쉽게 활용할 수 있는 것은 중국어이기 때문에 자연스럽게 차용이 일어나고 이에 따른 중국어의 간섭이 나타나는 것이다. 그러나 한국어와의 접촉이 잦아지면서 중국어에서 차용한 어휘를 한국어로 대치하는 현상이 활발하게 나타난다. 또한 중국어보다는 한국어 차용을 더 바람직하게 여기는 것이 보편적이라는 것을 알 수 있다.

중국어의 간섭은 결국 조선족들이 수동적으로 받아들인 것이 아니라 어휘의 빈칸을 능동적으로 메우려 하는 과정에서 일어났다는 것을 말해준다. 상황이 이렇다면 중국어의 간섭을 그리 걱정하지 않아도 되고 중국에서의 조선어 및 한국어는 안정적인 자리를 유지할 것으로 생각할 수도 있다. 그러나 이렇게 추론하고 예측하는 데는 근본적인 문제가 있다.

중국 조선족 언어의 미래를 예측할 때 중요한 것은 이들이 조선어를 쓸 때 어떠한 언어간섭이 일어나는가가 아니라 아예 중국어만을 쓰는 경우다. 설문지에 의한 조사에서는 문항이 조선어이든 한국어이든 크게 한국어로 묶일 수 있는 언어를 사용할 때 나타나는 간섭을 파악하기 위해 마련된 것이었다. 즉 청도의 조선족들이 전통적으로 써 오던 조선어를 쓸 때 한국어 및 중국어가 어느 정도 간섭을 일으키는가를 파악하기 위한 것이기 때문이다. 따라서 이러한 설문 결과를 분석하면 중국어의 간섭이 매우 적은 것으로 나타날 수밖에 없다. 그러나 면접 조사 과정에서 확인하였듯이 중국어 간섭이 일어나는 일은 혼효형 또는 하나의 단어가 조선어 문장 속에서 나타나는 문제 뿐만 아니라 문장 자체를 중국어로 전환하여 표현하는 일도 많이 일어나고 있다는 것을 알 수 있다. 또한 3장에서 살펴보았듯이 나이가 어릴수록 중국어를 선호하는 비율이 높아지는데 이러한 상황이 지속된다면 언어의 간섭이 문제가 아니라 언어의 대치가 일어나게 될 것이다. 조선족의 언어가 한국어로 대치된다면 이들의 언어에 약간의 변화가 일어나는 것일 뿐이지만 중국어로 대치된다면 중국 내에서 한국어 자체가 소멸의 길로 접어든다는 것을 의미한다.

05 | 결론

　이상에서 중국의 신흥 조선족 집거지인 청도를 대상으로 이곳에 거주하는 조선족들의 언어 양상을 구체적으로 살펴보았다. 이 과정에서 설문 조사와 면접 조사를 통하여 수집한 조선족 공동체 구성원들의 언어 태도와 언어 사용 자료를 통계 분석 및 사례 분석 방법을 동원하여 사회언어학적으로 고찰하였다.

　그 결과 청도 조선족 공동체 구성원들의 조선어 보존 정도, 언어의 전환과 유지에 관한 태도, 언어 선택, 언어 변용 등에서 나타나는 여러 가지 양상들을 관찰할 수 있었다. 청도 조선족들의 언어 변화를 일으키는 우선적인 요인은 청도 조선족 언어 공동체의 특수한 사회 환경이라는 점에 입각하여 청도 조선족 공동체의 형성 및 현황에 대해 분석하였다. 설문에 대한 응답 결과는 SPSS의 통계 검증 방법을 통해 사회적 변수 간에 유의미적 차이가 나는 변수를 확정하였다. 결과 연령, 성별, 출신지, 학교 종류가 언어와 비교적 큰 연관성을 갖고 있다는 점을 확인하고 이를 언어 태도와 언어 선택에 관한 응답 분석에서 주요 변수로 활용하였다. 또한 언어 수행 능력, 언어 태도, 언어 사용에 관한 응답 결과를 토대로 개개인의 주언어를 확정하고 이를 언어 변용의 문제를 분석하는 중요한 변수로 삼았다.

본서는 기존 연구에 비해 조사 대상과 내용 면에서 그 규모를 확대하여 좀 더 상세한 결과를 도출해 낼 수 있었다. 이를테면 소수민족의 언어 태도가 민족 정체성과 깊은 연관을 맺는다는 것이 일반적인 추론이었지만 본서에서는 자녀에 대한 언어 지향 태도 및 언어 선택의 실제에 대한 설문 분석 및 언어 사용자들과의 직접적인 면담을 통하여 실용성과 효용성이 민족 정체성을 초월하여 더 큰 요인으로 작용한다는 점을 확인하였다. 또한 설문 조사에 이어 두 단계로 나눠서 면접 조사까지 이루어냄으로써 조선족 공동체의 내부적인 모습을 보다 더 구체적으로 살펴볼 수 있었다.

본서의 조사에 참여한 응답자들이 보여주는 역동적이고 전략적인 언어 모습은 바로 청도 조선족 공동체의 특성을 잘 반영한다고 할 수 있다. 이와 같은 연구는 중국 조선족 사회의 변화와 궤를 같이 하여 조선족 사회의 언어 변화의 방향과 언어 분화의 기제를 추출해 내는 데 있어서 중요한 역할을 한다. 연구 결과는 한국어의 다양성을 정리하는 데 기여할 뿐만 아니라 해외 동포 사회의 언어 정책을 수립하는 데 도움을 줄 수 있을 것으로 기대된다.

여기에서는 앞에서 분석 및 기술했던 주요 내용들을 요약함으로써 논의를 마무리하고 본서에서 충분히 다루지 못했던 점과 금후의 과제에 대해 기술하고자 한다.

5.1. 논의의 정리

서론에서는 연구의 목적과 방법을 제시하고 선행 연구에 대해 검토하였다. 그 밖에 서론에서 중요하게 다룬 내용은 본서의 분석 대상 자료의 수집·정리·분석 과정 및 응답자의 속성이다. 2장에서는 청도 조선족 언어 공동체의 특성을 이해하기 위해 중국 조선족의 역사 및 청도 조선족 공동체의 형성에 대해 소개하였다. 역사, 시대적 원인으로 인해 청도 조선족 사회의 언어 환경은 다 지역 융합, 한족 중심의 중국 사회와의 접촉 확대 및 한국과의 밀접한 연관성 등 특징지을 수 있다. 2장의 청도 조선족 공동체의 언어 환경에 대한 소개를 통해 3장과 4장에서 언어 태도나 언어 사용에서 나타나는 양상을 분석하고 이해하는 데 없어서는 안 되는 사실적 기초가 마련되었다. 본서의 중심을 이루는 3장과 4장에서 다뤘던 내용을 요약하여 정리하면 다음과 같다.

[청도 조선족의 언어 태도]

언어 태도 부분은 청도 조선족들의 구체적인 언어 사용 양상을 분석하기 위한 예비적 고찰로서의 성격을 지닌다. 언어 태도를 통하여 청도 조선족 공동체 구성원들의 대체적인 언어 수행 능력을 파악할 수 있었고 그들이 조선어·한국어·중국어에 대해서 어떤 감정을 지니고 있는지, 언어 학습 지향은 어떠한지, 조선족 사회의 언어 미래에 대해 어떻게 전망하는지에 대해 논의하였다. 여기에서 드러난 사실을 정리하면 다음과 같다.

첫째, 청도 조선족들의 조선어 수행 능력은 비교적 높은 편이고 중국어 수행 능력도 낮지 않았다. 언어 영역별로는 차이가 나타났는데 조선어 말하기 능력이 가장 높고 한국어 이해력은 가장 낮게 평가되었다. 종합적 언어 수행 능력을 출신지별로 비교한 결과 요녕성 출신자들의 중국어 수행 능력이 가장 높고 연변 출신자들의 조선어 수행 능력이 가장 높았다. 학교 종류에 따라 언어 수행 능력을 비교해 본 결과 조선족 학교를 다닌 사람은 조선어와 중국어 수행 능력의 차이가 그다지 크지 않았지만 한족 학교를 다닌 사람은 조선어 수행 능력이 중국어에 비해 매우 낮았다.

둘째, 선호도 평가에서는 전반적으로 조선어에 대한 호감이 비교적 높은 편이며 조선족이 조선어를 사용하는 것에 호감을 느낀다는 응답이 많았다. 이는 청도에서 조선어의 사회적 위상이 높고 조선족들이 자기 언어에 대한 보존 의식도 비교적 높음을 반영한다. 아울러 이와 같은 결과는 청도에서 앞으로 상당 기간 동안 조선어가 유지될 수 있는 가능성을 말해준다. 하지만 연령별 분석을 통해 보면 조선어의 유지는 결코 순탄하지 않을 것이며 다른 언어로 전환될 수 있다는 우려도 없지 않다. 20세 이상의 성인 세대에서는 조선어 선호도가 높지만 19세 이하의 학생 세대는 중국어를 선호하는 비율이 조선어나 한국어에 비해 높게 나타났기 때문이다. 이러한 경향은 청도 조선족 사회의 언어에 대한 기대 태도에서도 유사하게 나타났다.

셋째, 언어 지향에 대한 태도는 본인, 자녀, 배우자로 나눠서 고찰하였다. '본인'의 언어 수행 능력의 지향 태도에서는 여전히 조선어를 선택한 비율이 높았는데 이는 기존의 연구에서 조선족 화자들이 조선어에 비해 한국어에 긍정적인 태도를 보인 것과 대조된다. 경제적 지위가

언어 유지와 전환에서 두드러진 요인이라는 점에서 볼 때 이러한 결과
는 청도 조선족들의 경제적 지위가 전통 집거지나 한국에서보다 높은
것과 연관된다. 배우자 언어 능력에 대한 지향 태도에서도 조선어가 가
장 많이 선택된 반면에 자녀의 언어 능력에 대한 희망에서는 중국어가
가장 많이 선택되었다. 이는 청도에서 중국어가 잠재적인 권위를 갖고
있다는 증거라고 할 수 있다. 조선어의 사회적 위상이 어느 정도 인정
되고 배우자와의 동질성을 추구하는 면에서는 조선어가 많이 선택되었
지만 상위 집단 언어인 중국어 구사 능력 정도가 사회 적응에 유리하
게 작용할 것이라는 의식이 깔려 있는 것으로 보인다.

넷째, 청도 조선족 사회의 미래 언어에 대한 전망에 대해서는 예측
태도와 기대 태도로 나눠서 살펴보았다. 청도 거주 기간별로 예측 태도
를 비교해 본 결과 거주 기간이 짧을수록 한국어에 대한 예측도가 높
고 거주 기간이 길수록 중국어에 대한 예측도가 높았다. 전체적으로 봤
을 때 앞으로 조선족 사회에서 많이 쓰일 언어는 한국어일 것으로 예
측하였다. 조선족은 이주 초기에는 원래 출신 지역과의 차이를 민감하
게 받아들이다가 거주 기간이 길어질수록 그 사회의 주류 사회에 동화
또는 동조의 경향을 보인다는 사회학적 연구 결과와 일치하였다. 예측
태도에서와는 달리 기대 태도에서는 조선어를 선택한 비율이 가장 높
았다. 연령별로 차이를 보이기는 하나 조선어를 선택한 사람이 많다는
점은 언어의 유지와 전환의 문제에서 조선족들이 타협과 견제의 태도
를 취하고 있다는 것을 반영한다.

[청도 조선족의 언어 사용]

3장에서 언어 태도에 대한 논의를 바탕으로 4장에서는 이러한 언어 태도가 실제 언어 사용에서는 어떻게 반영되는지를 살펴보았다. 구체적으로 조선족이 자신의 언어를 의사소통의 구체적 상황에 맞춰 사용하는 언어 전략의 모습과 기타 언어와의 상호 간섭에 대해 살펴보았다. 언어 사용에 관한 문항의 응답 결과를 언어 태도와 결부하여 분석한 결과 공시적으로는 청도 조선족의 언어 사용 실태를 살펴볼 수 있었고 통시적으로는 조선족들의 언어 변화를 분석 또는 예측할 수 있었다. 청도 조선족의 언어 사용면에서 나타나는 주요 특징들을 정리하면 다음과 같다.

첫째, 가정에서 상대에 따른 언어 선택 양상에서는 대체로 조선어 사용 비율은 윗세대나 동세대와의 대화에서는 높은 반면에 아랫세대와의 대화에서는 매우 낮은 것으로 나타났다. 부모와 형제와의 대화에서는 조선어 사용률이 높은 데 비해 배우자와의 대화에서는 조선어 사용 비율이 낮게 나타났다. 이로부터 가정에서 상대에 따른 언어 선택에 영향을 주는 요인은 언어 동질성을 추구하려는 언어 태도 외에 상대의 언어 수행 능력이라는 사실을 확인할 수 있었다.

둘째, 대화 장면에 따른 언어 선택의 양상에서는 조선족과의 일상적인 자리에서는 조선어가 많이 사용되었지만 공식적인 자리에서는 한국어와 중국어의 사용 비율이 높았다. 특히 공식적인 자리에서 조선어 사용 비율은 감소한 반면 한국어의 사용 비율이 증가한 점은 청도 조선족들이 조선어와 한국어를 방언형과 표준어형으로 인식하는 경향이 존재한다는 것을 반영한다. 이는 3장에서 논의된 미래 조선족 사회의 주류 언어에 대해 한국어일 것이라고 예측한 응답자가 많았던 것과 맞물리는 결과이기도 하다. 이러한 의식이 확대될 경우 언어 공동체 내부에서 조선어는 비격식적인 언어로, 한국어는 격식적인 언어로 자리 잡을 수 있을 것이라고 전망한다.

셋째, 언어 사용자의 언어 수행 능력, 언어 태도, 언어 사용은 서로 연관된다는 것을 전제로 청도 조선족들의 주언어에 대해 살펴 본 결과 조선어와 중국어의 관계에서는 주언어가 조-중 혼종인 사용자가 가장 많고 다음 중국어, 조선어의 순서였다. 조선어와 한국어의 관계에서는 주언어가 조-한 혼종인 사용자가 가장 많고 다음 조선어, 한국어의 순서였다. 청도 조선족들의 기층 언어는 언어 자체 및 언어 사용의 상황적 요인의 영향을 많이 받아 구체적인 사용 과정에서 혼란이 일어나고 있었다. 기층 언어가 주언어와 연관이 있었지만 '숫자를 셀 때'는 중국어가 선택되는 비율이 높았고 '화가 날 때'는 조선어가 선택되는 비율이 높게 나타났다.

넷째, 실제 조선어 사용에서 한국어와 중국어의 간섭을 받는 양상을 살펴본 결과 다음과 같은 점들이 확인되었다. 우선 한국어의 간섭이 앞으로 점차 커질 것으로 예상되었다. 한국인과의 대화나 조선족과의 공식적인 대화 상황에서 한국어형이 의도적으로 선택되기 때문이다. 3장 언어 태도 부분에서 조선어에 대한 애착이 여러 문항의 응답 결과에서 강하게 반영되었지만 실제 사용에서는 한국어형이 많이 선택되고 있었다. 한국어 간섭이 확대되고 공식적인 자리에서 한국어 표현형의 선호도가 높아진다는 점은 3장의 결론과 일맥상통하여 양층언어를 이루는 조선어와 한국어 간에 상위어로서 한국어가 자리 잡을 수 있을 것으로 전망하였다.

　　중국어의 간섭 현상은 조선어 사용에서는 그렇게 많이 일어나지 않았다. 이유는 조선어 사용자들이 단어 차원의 중국어 전환을 낮게 평가하는 의식을 갖고 있기 때문이다. 그러나 중국 조선족 언어의 미래를 예측할 때 중요한 것은 이들이 조선어를 쓸 때 어떠한 언어 간섭이 일어나는가가 아니라 아예 중국어만을 쓴다는 점이다. 면접 조사에서 조선어 화자들의 조선어 표현 과정에서 단어 차원을 넘어 문장 전체를 중국어로 전환하여 표현하는 현상이 많이 일어나고 있었기 때문이다. 이러한 현상을 언어 태도 부분에도 살펴본 중국어 능력이나 선호도가 나이가 어릴수록 높았던 것과 결부하여 분석한다면 조선족의 언어 사용에서는 중국어의 간섭이 문제가 아니라 세대가 바뀜에 따라 조선어가 중국어에 의해 대치될 수도 있다고 보았다.

5.2. 남은 과제

　　본서는 급변하는 중국 조선족 사회의 변화와 궤를 같이 하여 신흥 집거지의 조선족 언어 문제를 다룬 연구이다. 본서를 통해 청도 조선족 공동체의 언어 모습이 어느 정도 드러났다고 볼 수 있다. 그러나 조사 방법이나 내용면에서 보완해야 할 점이 없지 않다.

　　본서는 설문 조사를 중심으로 이루어졌고 면접 조사는 설문 조사의 보충으로 이루어졌기에 면접 조사의 내용이 일부 제한적인 면이 없지 않았다. 그중에서도 음운 현상에 대한 조사가 미흡하여 아쉬운 점이 많다. 면접 조사에서 설문의 수가 많아 음운면에서는 설문 문항에 나타난 일부 음운의 실제 발음을 확인하는 정도에만 그쳤지만 실제로 음운면에서 언어 변용에 관한 문제들이 많이 발견되었다. 예를 들면 일부 화자들 특히 주언어가 중국어인 화자들이 실제 발음에서 중국어의 영향을 받아 폐쇄음 계열의 받침소리가 약화되거나 양순마찰음인 'ㅸ'가 존재하였다. 조선족 언어에서 나타나는 이와 같은 변화들은 앞으로 사회언어학적인 측면에서 면접, 참여 조사를 통해 계속 연구되어야 할 것이다.

또한 본 연구의 주제를 확대하여 연구할 필요가 있다. 대규모의 조사를 바탕으로 하는 사회언어학적 연구는 한 개인에 의해 이루어지기는 어려운 점이 있다. 또한 한 번의 조사로는 불충분한 점이 많다. 따라서 장기적인 계획 하에 예산과 인력이 투입되어 집중적으로 조사하고 연구할 필요가 있다. 중국 조선족들의 언어생활의 실태와 배후에 있는 요인을 더욱 명확히 하기 위해서는 앞으로 지속적이고 장기적인 조사가 필요하다. 특히 사회의 변화와 궤를 같이 하는 언어 연구는 10년이나 20년 간격으로 반복 연구가 행해져야 할 것이다.

언어 연구의 목적은 단순히 언어적 특징을 밝히고 분석하는 것 외에도 언어 현상에 대한 분석을 통해 언어 정책 수립을 위한 이론적인 근거를 마련하는 데 있다. 본서의 연구 결과가 조선족 동포 사회의 언어 교육, 언어 정책을 수립하는 데 활용될 수 있는 방안을 탐구하는 것도 앞으로의 과제다.

● 참고문헌

강보유(1999), 「중국 조선족의 모국어 생활과 모국어 교육」, 현대사회과학연구 10-1, 전남대 사회과학연구.

강정희(2003), 「방언 변화와 방언 연구의 방향」, 한국어학 21, 한국어학회.

강정희(2004), 「재일 한국인의 한국어에 대한 언어태도 조사」, 어문학 86, 한국어문학회.

강희숙(2001), 「언어의 변화와 보존에 관한 사회언어학적 연구」, 한국언어문학 47, 한국언어문학회.

고지영(2003), 「중국 조선족 정체성 변화 분석」, 전남대 석사학위논문.

곽충구(1993), 「함경도방언의 친족명칭과 그 지리적 분화—존속의 조부모, 부모, 백숙부모의 호칭어를 중심으로」, 진단학보 76. 진단학회.

곽충구(2000b), 「재외동포의 언어 연구」, 어문학 69, 한국어문학회.

권태환·박광성(2004), 「중국 조선족 대이동과 공동체의 변화 : 현지조사 자료를 중심으로」, 한국인구학 27-2, 한국인구학회

권태환 외(2005), 『중국 조선족 사회의 변화-1990년 이후를 중심으로』, 서울대학교출판부.

김광수(2004) 『남북한 전문용어 비교연구』, 도서출판 역락.

김광수(2009) 『해방 전 중국에서 조선어의 변화 발전 연구』, 도서출판 역락.

김기창(2009), 「재중 동포 대학생의 작문에 나타난 중국 조선어와 한국어의 언어 차이 현상」, 새국어교육 83, 한국국어교육학회.

김동소·이은규·최희수(1994), 「중국 조선족 언어 연구」, 한국전통문화연구 9, 대구가톨릭대 인문과학연구소.

김병운(2000), 「중국조선족의 언어이질 현상과 그 발전적 추세 : 어휘사용을 중심으로」, 어문연구 33, 한국어문교육연구회.

김선희(1997), 「중국 연변 조선족언어의 이질화 연구」, 계명어문학 11-1, 한국어문연구학회.

김성헌(1997), 「언어 변이의 사회언어학적 요인에 관한 고찰」, 사회언어학 5, 한국사회언어학회.

김영옥(2003), 「중국에서의 한국어(조선어) 교육에 관한 고찰」, 청람어문학 26, 청람어문교육학회.

김재기(2003), 「중국 동북 3성 조선족 집거구의 현황과 특성에 관한 연구」, 한국동북아논총 28, 한국동북아학회.

김태국(1996), 「중국에서의 조선족 역사 연구」, 동북아연구 2-1, 조선대 동북아연구소.

김형규(1975), 『한국방언사전』, 서울대학교출판부.

나형욱(1999), 「중국조선족의 사회구조 변화」, 사회과학연구소 해외한인연구 학술세미
　　　　나 논문집, 전남대 사회과학연구소.

노형진(2005), 『SPSS에 의한 조사방법 및 통계분석』(개정판), 형설출판사.

노형진(2010), 『Excel을 활용한 앙케트 조사 및 분석』, 학현사.

렴광호(1990), 「연변의 이중 언어사회에 대한 분석」, 이중 언어학 7, 이중 언어학회.

리득춘(1996), 『한조 언어문자 관계사』, 박이정.

리득춘, 리승자, 김광수(2006), 『조선어 발달사』, 도서출판 역락.

리상우(2007), 「개혁기 중국조선족사회의 정체성에 대한 고찰 : 구심력과 원심력을 중
　　　　심으로」, 동아연구 53, 서강대 동아연구소.

리윤규・심희섭・안운(1992), 『조선어방언사전』, 연변인민출판사.

문형진(2006), 「동아시아 : 중국 조선족 사회의 당면한 문제」, 국제지역정보 150, 한국
　　　　외국어대 국제지역연구센터.

박경래(1993), 「忠北方言의 音韻에 대한 社會言語學的 研究」, 서울대 박사학위논문.

박경래(1997), 「방언・사회언어학」, 국어학 연감 1997, 국립국어연구원.

박경래(2002a), 「중국 연변 조선족의 언어 태도」, 『사회언어학』 10-2, 한국사회언어학회

박경래(2002b), 「중국 연변 조선족의 모국어 사용 실태」, 사회언어학 10-1, 한국사회
　　　　언어학회

박경래(2004), 「연령과 언어 변이」, 새국어생활 14-4, 국립국어원.

박경래(2005), 「충북출신 중국 연변 조선족 언어집단의 경어법 혼합양상에 대한 사회
　　　　언어학적 고찰」, 사회언어학 13-1, 한국사회언어학회

박영순(1986), 「재중공(在中共) 교포들의 문학잡지에 나타난 한국어 이질화(異質化) 현
　　　　상에 대하여」, 국어국문학 95, 국어국문학회.

박주형(2010), 「한국 내 중국 조선족의 언어 태도 연구」, 조선대 석사학위논문.

백경원(1997), 「언어 접촉에 대한 사회언어학적 고찰 : 서울에 거주하는 대구 출신 대
　　　　학생들을 대상으로」, 서울대 석사학위논문.

백승관(1999), 「재중동포 교육현황 및 요구 조사-청도지역을 중심으로」, 인천대 석사
　　　　학위논문.

眞田信治 외(1992), 『社會言語學의 方法』, 시사일본어사.

서영섭(1981), 『조선어실용문법』, 료녕인민출판사.

서정섭(2005), 「중국 옌볜 조선어 연구」, 한국어 의미학 16, 한국어의미학회.

송 건(2008), 「중국의 조선족 민족공동체의 형성과 발전」, 정책과학연구 18-2, 단국대 정책과학연구소.

신승용(2006), 「東北三省 朝鮮族 現況과 言語變化 樣相 및 朝鮮語文 教育」, 동아인문학 10. 동아인문학회.

안병삼(2009), 「초국가적 이동현상에 따른 중국 조선족의 가족해체 연구」, 한국동북아논총 52, 한국동북아학회.

양철준(2007), 「벤쿠버 펀잡 시크교공동체의 언어와 정체성-모어 보존과 세대간 전승에 있어서 종교의 역할을 중심으로」, 국제지역연구 10-4, 한국외국어대 외국학종합연구센터.

연변교육출판사 편(1984), 『중학생 조선어실용문법』, 연변교육출판사.

연변조선어규범위원회 편(2010), 『조선어표준말사전』, 연변인민출판사.

연변교육학회, 연변동서방문화연구회 편(2002), 『우리말과 글을 바르게 곱게』, 연변교육출판사.

오석근(1993), 「연변 조선족 언어의 특수성에 관한 고찰-연변 조선족의 이중 언어생활」, 정신문화연구 16-2, 한국학중앙연구원.

오성애(2010), 「청도 거주 조선족의 언어 능력과 언어 태도」, 한국학연구 23, 인하대 한국학연구소.

왕한석(1996), 「언어·사회·문화-언어 인류학의 주요 조류」, 사회언어학 4, 한국사회언어학회.

유명기(2002), 「민족과 국민 사이에서-한국 체류 조선족의 정체성 인식에 관하여」, 한국문화인류학 35-1, 한국문화인류학회

윤호(1993), 「중국조선족의 인구이동」, 한국인구학 16-1, 한국인구학회

이광규(1994), 『재중한인-인류학적 접근』, 서울 : 일조각.

이광규(1996), 「韓國에서의 在中僑胞의 諸問題」, 재외한인연구 6-1, 재외한인학회

이기종(2003), 「국어 방언어휘 형성의 인지론적 분석」, 한국어학 21, 한국어학회.

이길재(2005), 「언어변이와 사회계층에 대한 일고-나주지역어의 마찰음화를 중심으로」, 한국언어문학 55, 한국언어문학회.

이득춘(2001) 『조선어 력사 언어학 연구』, 도서출판 역락.

이미재(1990), 「사회적 태도와 언어 선택」, 언어학 12, 한국언어학회.

이미재(1993), 「언어 변화의 사회적 요인 연구」, 언어학 15, 한국언어학회.

이병기(2006), 「연변 조선족 농촌사회의 인구이동 실태와 그 시사점」, 농업경영정책연구 33-3, 한국축산경영학회, 농업정책학회.

이익섭(1984), 『방언학』, 민음사.

이익섭(1994), 『사회언어학』, 민음사.

이익섭(1996), 「중국 연변 조선족의 모국어 선택」, 이기문 교수 정년퇴임 기념논문집, 신구문화사.

이장송·신경식(2004), 「중국 조선족의 언어전환에 관한 연구 : 흑룡강성 하얼빈시 성고자진의 조선족 공동체를 중심으로」, 사회언어학 12-1, 한국사회언어학회.

이재돈(2004), 「방언연구의 사회언어학적 접근론」, 중국언어연구 18, 한국중국언어학회.

이정복(2001), 『국어 경어법 사용의 전략적 특성』, 태학사.

이종학(2003), 「조선족의 도시 이주와 사회적응에 관한 연구」, 고려대 석사학위논문.

이주행(1999), 「한국 사회계층별 언어 특성에 관한 연구」, 사회언어학 7, 한국사회언어학회.

이주행(2003), 「남한과 중국 조선족 사회의 언어 비교 연구」, 언어과학연구 26, 언어과학회.

이주행(2005), 「한국인과 중국 조선족의 음운 실현 양상−10대와 20대의 언어를 중심으로」, 이중 언어학 28, 이중 언어학회.

이주행(2007), 『한국어 사회방언과 지역방언의 이해』, 한국문화사.

임영철(1995), 『海外韓國人의 社會言語學的 硏究』, 중앙대학교출판사.

임형재(2006), 「중국 조선족 대화에서 나타난 표현 (expression)형 코드전환」, 한민족문화연구 19, 한민족문화학회.

장순진(1990), 「이중 언어사용에 대한 사회심리 분화와 그 발전추세」, 이중 언어학 7, 이중 언어학회.

장태진(2004), 『한국말 공동체 연구 : 거시 사회언어학 이론』, 도서출판 역락.

전형권(2004), 「중국 한인사회단체의 현황과 특성」, 한국동북아논총 30, 한국동북아학회.

전혜숙(2008), 『강원도 동해안 방언의 사회언어학적 연구』, 한국학술정보(주).

정신철(2000), 『중국조선족 : 그들의 미래는』, 서울 : 신인간사.

정향란(2008), 「中國 延邊 龍井 地域 韓國語의 曲用과 活用에 대한 硏究」, 인하대 박사

학위 논문.

조준학・박남식・장석진・이정민(1981),「한국인의 언어의식 : 언어접촉과 관련된 사회언어학적 연구」, 어학연구 17, 서울대 어학연구소.

주봉호(2006),「중국 조선족사회의 변화와 과제」, 한국동북아논총 41, 한국동북아학회.

집필조(1985),『중국조선어실태 조사보고』, 료녕민족출판사.

집필조(1993),『중국조선어실태 조사보고』, 심양 료녕민족출판사.

최 건(1990),「조선어와 중국어 호칭의 사회언어학적 대비 고찰」, 이중 언어학 7, 이중 언어학회.

최기호(1990),「중국에서의 국어 정책에 대한 연구-연변 조선족 자치주를 중심으로」, 이중 언어학 7, 이중 언어학회.

최기호・김미형・임소영(2004),『언어와 사회 : 언어와 사회의 유쾌한 춤사위를 위하여』, 한국문화사.

최명옥(2000),「중국 연변 지역의 한국어 연구」, 한국문화 25, 규장각한국학연구소.

최우길(1998),「중국 조선족 사회와 교육의 변화」, 한국정치학회 연례학술회 발표문.

최웅용・임채완・이장섭・강태구・윤순석(2005),『중국 조선족사회의 경제환경』, 집문당.

최윤갑(1992),『중국에서의 조선어의 발전과 연구』, 연변조선족자치주 창립 40돐 기념출판, 연변대학출판사.

최전승(2004),『한국어 방언의 공시적 구조와 통시적 변화』, 도서출판 역락.

최 협・이광규(1998),『多民族國家의 民族問題와 韓人社會』, 집문당.

최홍빈(1999),「새천년을 향한 조선족의 현황과 미래」, 민주시민교육논총 4-1, 한국민주시민교육학회.

한국사회언어학회 편(2007),『문화와 의사소통의 사회언어학』, 한국문화사.

한상복, 권태환(1993),『중국 연변의 조선족 : 사회의 구조와 변화』, 서울대학교출판부.

한성우(2006),『평안북도 의주방언의 음운론』, 도서출판 월인.

한형구(2008),「二重 言語 社會와 交換 可能性」, 어문연구 137, 한국어문교육연회.

대한민국 주청도영사관(2010), 대한민국 주청도영사관 통계자료, 대한민국 주청도영사관.

關辛秋(2001),『朝鮮語雙語現象成因論』, 民族出版社.

金炳鎬・劉春旭(2007),『朝鮮族散雜居地區民族教育問題及對策』, 北京 : 民族出版社.

南龍海(2008), 「青島朝鮮族聚居地方的現狀与展望」, ≪中國朝鮮民族史學會'改革開放三十周年朝鮮族社會的變化与發展≫硏討會 論文集.

戴慶夏(1996), 『社會言語學敎程』, 中央民族大學出版社.

戴慶夏(1997), 『中國少數民族雙語敎育槪論』, 遼寧人民出版社.

劉忠杰·金石柱·金　華(2008), 『黑龍江省朝鮮族人口與經濟』, 延邊人民出版社.

李得春(2007), 『雙語敎育和民族語言』, 文學與藝術.

朴敏子(2000), 『中國朝鮮族現狀及發展分析』, 延邊大學出版社.

潘龍海·黃有福(2002), 『跨入21世紀的中國朝鮮族』, 延邊大學出版社.

徐大明(2004), 『社會語言學硏究』, 上海外語敎育出版社.

徐大明(2006), 『語言變異與變化』, 上海敎育出版社.

袁　炎(2002), 『語言接觸與語言演變』, 民族出版社.

丁石慶(2007), 『社區語言與家庭語言：北京少數民族社區及家庭語言調査硏究之一』, 民族出
　　　版社.

鄭信哲·黃　娜(2010), 「少數民族人口流動與城市民族敎育問題探討－以山東省靑島市朝鮮
　　　族敎育實踐爲例」, 中南民族大學學報 30-1.

池東恩(2010), 「朝漢雙語敎育與言語使用硏究」, 延邊大學 博士學位論文.

遲麗華(2006), 「山東東部沿海地區少數民族人口流遷問題硏究」, 滿族硏究 2. 遼宁省民族硏究所.

崔奉春(1994), 『朝鮮語和漢語關係調査』, 延邊大學出版社.

太平武(2005), 「中國朝鮮族民族敎育現狀」, 民族敎育硏究 70, 中央民族大學.

東照二(1997), 『社會言語學入門, 鈴木潤』, 朴文誠 옮김 (2001), 재미있는 사회언어학, 보
　　　고사.

眞田信治(2006), 『社會言語學の展望』, くろしお出版.

小倉進平(1944), 『朝鮮語方言の硏究(上下)』, 岩波書店.

Fasold,R(1990), 『The Sociolinguistics of Language,Oxford : Blackwell』. 황적륜 외 옮김
　　　(1994), 『사회언어학』, 한신문화사.

Hudson,R(1980), 『Sociolinguistics,Cambridge : Cambridge Univ.Press』. 최현욱 외 옮김
　　　(1986), 『사회언어학』, 한신문화사.

Peter Trudgill(1977), 『Sociolinguistics : An Introduction, Penguin Books Ltd』. 이철수
　　　역(1986), 『사회언어학 : 언어와 사회』, 汎韓書籍株式會社.

Rene Appel & Pieter Muysken(2005), 『Language Contact and Bilingualism, Amsterdam University Press』. 김남국 역(2008), 『언어접촉과 2개언어상용』, 도서출판 동인.

Ronald Wardhaugh(1998), 『An Introduction to Sociolinguistics, 3rd edition, Blackwell Publishers』. 박의재 외 옮김(1999), 『현대 사회언어학』, 한신문화사.

Suzanne Romaine(2000), 『Language in Society : An Introduction to Sociolinguistics, Oxford University Press. 박용한 외 옮김(2009), 『언어와 사회 : 사회언어학으로의 초대』, 소통.

Zdenek Salzman(2004), 『Language, Culture and Society, A Subsidiary of Perseus Books L.L.C. 김형중 역(2006), 『언어, 문화, 사회』, 온누리.

● [부록 1-설문지]

'청도 조선족 언어 연구'를 위한 설문조사

안녕하십니까?
이 설문조사는 청도에 살고 있는 조선족의 언어 실태를 파악하여 보다 바람직한 언어정책을 수립하기 위하여 여러분의 의견을 조사하는 것을 목적으로 하고 있습니다. 이 설문지는 언어에 대해서 여러분께서 평소에 느끼시는 것, 생각하시는 것, 그리고 쓰시는 것에 대한 매우 쉬운 질문으로 구성이 되어 있습니다. 따라서 평소의 느낌, 생각 등을 있는 그대로 적어주시면 됩니다. 이 설문조사의 결과는 중국에서의 조선족 언어 정책 수립을 위한 목적으로만 사용되니 여러분들의 솔직하고 성실한 답변 부탁드립니다.

※ **다음의 각 항목에 직접 쓰거나 ☑표시를 해 주세요.**

1. 성별	☐남자　☐여자	2. 연령 ＿＿＿＿세	3. 혼인 상황 ☐미혼　☐기혼
4. 출생지	＿＿＿＿＿성＿＿＿＿시(현)	5. 현거주지　청도시	＿＿＿＿＿구

6. 부모님 출생지	부 ＿＿＿＿＿성＿＿＿＿시(현)	7. 부모님 민족	부 ＿＿＿＿＿족
	모 ＿＿＿＿＿성＿＿＿＿시(현)		모 ＿＿＿＿＿족

8. 청도 거주기간	☐1년 이내	☐1 ~ 5년	☐5 ~ 10년	☐10년 이상
9. 직업	☐관리직 ☐사무직 ☐단순노동 ☐서비스직 ☐무직 ☐학생 ☐기타＿＿＿＿			
10. 학력	☐소학교 ☐초중 ☐고중 ☐대학교 ☐대학원 ☐학교를 안 다녔음			

11. 학교 종류

※ 현재 다니고 있거나 다니던 학교가 조선족 학교인지 한족 학교인지 표시해 주세요. 해당사항이 없으면 표시하지 않아도 되고 모두 다닌 경우에는 양쪽에 다 표시해 주세요.

	조선족 학교	한족 학교
소학교	☐	☐
초중	☐	☐
고중	☐	☐

Memo ＿＿＿＿＿＿＿＿＿＿＿＿＿＿＿＿＿＿＿＿＿＿＿＿＿＿＿＿＿＿＿＿＿

＿＿＿＿＿＿＿＿＿＿＿＿＿＿＿＿＿＿＿＿＿＿＿＿＿＿＿＿＿＿＿＿＿

※ 각각의 질문에 대하여 해당되는 것 하나에만 ☑ 표시를 해 주세요.

질 문	매우 그렇다	그런 편이다	보통 이다	그렇지 않은 편이다	전혀 그렇지 않다
1. 나는 중국말로 된 책이나 신문을 잘 읽는다.	☐	☐	☐	☐	☐
2. 나는 중국말로 글을 자유자재로 쓴다.	☐	☐	☐	☐	☐
3. 나는 중국말을 유창하게 한다.	☐	☐	☐	☐	☐
4. 나는 조선말로 된 책이나 신문을 잘 읽는다.	☐	☐	☐	☐	☐
5. 나는 조선말로 글을 자유자재로 쓴다.	☐	☐	☐	☐	☐
6. 나는 조선말을 유창하게 한다.	☐	☐	☐	☐	☐
7. 나는 중국말 방송보다 한국말 방송이 더 잘 이해된다.	☐	☐	☐	☐	☐
8. 나는 말을 듣고 조선족인지 한국인지 잘 구별한다.	☐	☐	☐	☐	☐
9. 나는 조선족이 중국말로 말하는 것보다 조선말로 말하는 것을 더 좋아한다.	☐	☐	☐	☐	☐
10. 나는 조선족이 조선말로 말하는 것보다 한국말로 말하는 것을 더 좋아한다.	☐	☐	☐	☐	☐
11. 나는 가족끼리는 조선말을 써야 한다고 생각한다.	☐	☐	☐	☐	☐
12. 나는 조선족끼리는 조선말을 써야 한다고 생각한다.	☐	☐	☐	☐	☐
13. 나는 한국인에게는 한국말을 써야 한다고 생각한다.	☐	☐	☐	☐	☐
14. 나는 조선말보다 한국말이 더 품위가 있다고 생각한다.	☐	☐	☐	☐	☐
15. 나는 청도에 와서 나의 말이 이전과 달라졌다.	☐	☐	☐	☐	☐
16. 한국인들은 내가 하는 말을 잘 알아듣는다.	☐	☐	☐	☐	☐
17. 나는 한국인들이 하는 말을 잘 알아듣는다.	☐	☐	☐	☐	☐
18. 나는 앞으로도 조선말을 지키기 위해 노력할 것이다.	☐	☐	☐	☐	☐
19. 나는 앞으로 조선말을 더 잘하기 위해 노력할 것이다.	☐	☐	☐	☐	☐
20. 나는 앞으로 한국말을 더 잘하기 위해 노력할 것이다.	☐	☐	☐	☐	☐
21. 나는 앞으로 중국말을 더 잘하기 위해 노력할 것이다.	☐	☐	☐	☐	☐
22. 나는 조선족이 조선말을 지키기 위해 노력해야 한다고 생각한다.	☐	☐	☐	☐	☐
23. 나는 조선족이 중국말을 잘하기 위해 노력해야 한다고 생각한다.	☐	☐	☐	☐	☐
24. 나는 조선족이 한국말을 잘하기 위해 노력해야 한다고 생각한다.	☐	☐	☐	☐	☐

※ 질문에 따라 <u>순위</u>를 ☐ 안에 써 주세요. 예: ☑2 ☑3 ☑1 / ☑3 ☑1 ☑2 등

질 문	조선말	한국말	중국말
25. 내가 자신이 있는 말의 순서는 다음과 같다.	☐	☐	☐
26. 내가 많이 쓰는 말의 순서는 다음과 같다.	☐	☐	☐
27. 우리 가정에서 많이 쓰는 말의 순서는 다음과 같다.	☐	☐	☐
28. 내가 조선족들과 일상적인 대화에서 많이 쓰는 말의 순서는 다음과 같다.	☐	☐	☐
29. 내가 조선족들과 공식적인 대화에서 많이 쓰는 말의 순서는 다음과 같다.	☐	☐	☐
30. 내가 잘 배우고 싶은 말의 순서는 다음과 같다.	☐	☐	☐
31. 내가 쉽다고 생각하는 말의 순서는 다음과 같다.	☐	☐	☐
32. 내가 좋아하는 말의 순서는 다음과 같다.	☐	☐	☐
33. 앞으로 청도의 조선족 사회에서 많이 쓰일 것 같은 말의 순서는 다음과 같다.	☐	☐	☐
34. 앞으로 청도의 조선족 사회에서 많이 쓰여야 한다고 생각하는 말의 순서는 다음과 같다.	☐	☐	☐

※ 각각의 질문에서 ___에 들어갈 말 <u>하나</u>에만 ☑ 표시를 해 주세요. 단, ▨ 와 같이 회색으로 칠해진 문항은 해당자만 답하세요.

질 문	조선말	한국말	중국말
35. 나는 숫자(数)를 셀 때 _____을 주로 사용한다.	☐	☐	☐
36. 내가 화가 났을 때 _____을 주로 사용한다.	☐	☐	☐
37. 나는 자녀들이 모국어로 _____을 사용하게 되기를 원한다.	☐	☐	☐
38. 나는 부모님과 말할 때는 _____을 사용한다.	☐	☐	☐
39. 나는 형제나 내 또래의 친척들에게 말할 때는 _____을 주로 사용한다.	☐	☐	☐
40. 나는 자녀가 _____을 제일 잘하길 바란다.	☐	☐	☐
41. 나는 자녀를 _____을 주로 쓰는 학교에 보내고 싶다.	☐	☐	☐
42. 나는 배우자가 _____을 제일 잘하길 원한다.	☐	☐	☐
43. (기혼자) 나는 배우자와 말할 때는 _____을 주로 사용한다.	☐	☐	☐
44. (기혼자) 나는 자녀들과 말할 때는 _____을 주로 사용한다.	☐	☐	☐
45. (기혼자) 나의 배우자 민족은	☐ 조선족　☐ 한족　☐ 한국인　☐ 기타 민족		
46. (미혼자) 내가 원하는 배우자의 민족은	☐ 조선족　☐ 한족　☐ 한국인　☐ 기타 민족　☐ 상관없다		

※ 각각의 질문에서 ＿＿에 들어갈 말 중 가장 많이 쓰는 말을 상황에 따라 ☐ 안에 번호를 하나만 써 주세요.

[예시] 질 문	가족들과 말할 때	조선족과 말할 때		한국인과 말할 때	
		공식적 자리	비공식 적 자리	공식적 자리	비공식 적 자리
1.＿＿이 어디 있니/있습니까?(이 어디 있는지 찾을 때) ① 핸드폰　　② 써우지 ③ 전화　　④ 기타: _손전화_	2	3	2	4	2

* 공식적 자리 : 연설, 회의, 발표, 설명 등을 하는 자리

* 비공식적 자리 : 친척, 친구, 잘 아는 사람 등과 자유롭게 이야기하는 자리

* 답이 없을 경우에는 [기타]에 직접 쓰고 번호를 쓰세요.

질 문	가족들과 말할 때	조선족과 말할 때		한국인과 말할 때	
		공식적 자리	비공식 적 자리	공식적 자리	비공식 적 자리
47. ＿＿ 간다/갑다/갑니다. (누군가 빨리 오라고 할 때) ① 인차　　② 가지/가주 ③ 제깍/데깍　④ 금방　　⑥ 기타: ＿＿＿	☐	☐	☐	☐	☐
48. 아니, ＿＿. (누군가 미안하다고 했을 때) ① 일없다/일없슴다/일없습니다 ② 필요없다/필요없슴다/필요없습니다 ③ 괘안타/괘않슴다/괘않습니다 ④ 괜찮다/괜찮슴다/괜찮습니다 ⑤ 기타: ＿＿＿	☐	☐	☐	☐	☐
49. 이 문제는 너무 ＿＿. (시험문제의 답을 알기 어려울 때) ① 바쁘다/바쁨다/바쁩니다 ② 시끄럽다/시끄럽슴다/시끄럽습니다 ③ 힘들다/힘듬다/힘듭니다 ④ 어렵다/어렵습니다 ⑤ 기타: ＿＿＿	☐	☐	☐	☐	☐
50. 그 집＿＿ 잘생겼다/잘생겼슴다/잘생겼습니다. (남자 주인을 말할 때) ① 나그네　② 남덩/남정　③ 남자 ④ 신랑재　⑤ 남편　　⑥ 기타: ＿＿＿	☐	☐	☐	☐	☐
51. 너무 ＿＿ 못 먹는다/먹슴다/먹습니다. (고추의 맛) ① 매바서　　② 매워서 ③ 라(辣) 해서　④ 기타: ＿＿＿	☐	☐	☐	☐	☐
52. 학교가 ＿＿. (멀지 않다고 말할 때) ① 가찹다/가찹슴다/가찹습니다　② 밭다/밭슴다/밭습니다 ③ 가깝다/가깝슴다/가깝습니다　④ 기타: ＿＿＿	☐	☐	☐	☐	☐
53. 이 고기는 ＿＿에 얼마입니까? (1kg) ① 한 키로/킬로　　② 일 키로/킬로 ③ 한 공근　　　④ 기타: ＿＿＿	☐	☐	☐	☐	☐

질 문	가족들과 말할 때	조선족과 말할 때		한국인과 말할 때	
		공식적 자리	비공식적 자리	공식적 자리	비공식적 자리
54. 나는 9시에 _____한다/함다/합니다. (일하러 직장에 갈 때) ① 쌍발　② 상반 ③ 출근　④ 기타: _____	□	□	□	□	□
55. 어디서 _____? (직장이 어딘가 물을 때) ① 공작하니/공작함까/공작합니까 ② 사업하니/사업함까/사업합니까 ③ 근무하니/근무함까/근무합니까 ④ 기타: _____	□	□	□	□	□
56. _____를 타라/타세요. (택시를 타라고 말할 때) ① 추주/추주차　② 출조/출조차 ③ 택시/택시차　④ 기타: _____	□	□	□	□	□
57. 이 _____ 맛있다/맛있슴다/맛있습니다. (빵이 맛있다고 말할 때) ① 멘보　② 면보 ③ 면포　④ 빵　⑤ 기타: _____	□	□	□	□	□
58. __이 먹고 싶다/싶슴다/싶습니다. (아이스크림이 먹고싶을 때) ① 빙치린　② 빙기림 ③ 아이스크림　④ 기타: _____	□	□	□	□	□
59. 이쪽이 더 _____. (더 많다고 설명할 때) ① 많재니/많잼까　② 아이 많니/많슴까/많습니까 ③ 많지 않니/않슴까/않습니까　④ 기타: _____	□	□	□	□	□
60. 전에는 다른데 _____. (옛날에 살았던 데를 말할 때) ① 살았단 말이다/말임다/말입니다 ② 살았거담/살았거든요 ③ 살았다/살았슴다/살았습니다 ④ 기타: _____	□	□	□	□	□
61. 이게 _____? (아랫사람에게 궁금해서 물을 때) ① 뭐고/뭐꼬　② 뭐이야/머이야 ③ 뭐니/뭐냐　④ 기타: _____	□	□	□	□	□
62. 무슨 말인지 _____. (무슨 말인지 모르겠을 때) ① 알아 못 듣겠다/듣겠슴다/듣겠습니다 ② 알아듣지 못 하겠다/하겠슴다/하겠습니다 ③ 못 알아 듣겠다/듣겠슴다/듣겠습니다 ④ 기타: _____	□	□	□	□	□
63. 지금 _____? (내가 가기를 바라는지 물을 때) ① 오래/오람까　② 오라니/오라합니까 ③ 갈까/갈까요　④ 기타: _____	□	□	□	□	□
64. 이거 _____ 써야 한다/함다/합니다. (물건이 고장 났을 때) ① 고테서　② 고체서 ③ 고쳐서　④ 기타: _____	□	□	□	□	□
65. _____ 안 왔나/왔슴까? (이유를 물을 때) ① 왜시　② 어째　③ 외　④ 기타: _____	□	□	□	□	□

● [부록 2-응답자 속성]

1. 성별

구분		유효 응답 수	비율	유효백분율	누적백분율
유효 응답	남	213	52.6	52.7	52.7
	여	191	47.2	47.3	100.0
	합계	404	99.8	100.0	
결측값	누계	1	0.2		
합계		405	100.0		

2. 연령

구분		유효 응답 수	비율	유효백분율	누적백분율
유효 응답	12세 이하	50	12.3	12.3	12.3
	13~19	27	6.7	6.7	19.0
	20~29	136	33.6	33.6	52.6
	30~54	164	40.5	40.5	93.1
	55세 이상	28	6.9	6.9	100.0
합계		405	100.0	100.0	

3. 결혼 유무

구분		유효빈도	비율	유효백분율	누적백분율
유효응답	미혼	213	52.6	52.7	52.7
	기혼	191	47.2	47.3	100.0
	합계	404	99.8	100.0	
결측값	누계	1	0.2		
합계		405	100.0		

4. 출생지

구분		유효빈도	비율	유효백분율	누적백분율
유효응답	연변	189	46.7	46.7	46.7
	길림(연변 제외)	54	13.3	13.3	60.0

	구분	유효빈도	비율	유효백분율	누적백분율
유효응답	요녕	29	7.2	7.2	67.2
	흑룡강	96	23.7	23.7	90.9
	기타	37	9.1	9.1	100.0
합계		405	100.0	100.0	

5. 현거주지

	구분	유효빈도	비율	유효백분율	누적백분율
유효응답	성양	187	46.2	46.9	46.9
	이촌	57	14.1	14.3	61.2
	시내(이촌 제외)	98	24.2	24.6	85.7
	현급시	57	14.1	14.3	100.0
	합계	399	98.5	100.0	
결측값	누계	6	1.5		
합계		405	100.0		

6-1. 부모님 출생지(부친)

	구분	유효빈도	비율	유효백분율	누적백분율
유효응답	흑룡강	87	21.5	22.1	22.1
	길림(연변 제외)	63	15.6	16.0	38.2
	요녕	21	5.2	5.3	43.5
	연변	184	45.4	46.8	90.3
	내몽골	4	1.0	1.0	91.3
	북한	15	3.7	3.8	95.2
	남한	19	4.7	4.8	100.0
	합계	393	97.0	100.0	
결측값	누계	12	3.0		
합계		405	100.0		

6-2. 부모님 출생지(모친)

	구분	유효빈도	비율	유효백분율	누적백분율
유효응답	흑룡강	91	22.5	23.3	23.3
	길림(연변제외)	58	14.3	14.8	38.1

	구분	유효빈도	비율	유효백분율	누적백분율
유효응답	요녕	25	6.2	6.4	44.5
	연변	192	47.4	49.1	93.6
	내몽골	3	0.7	0.8	94.4
	북한	15	3.7	3.8	98.2
	남한	7	1.7	1.8	100.0
	합계	391	96.5	100.0	
결측값	누계	14	3.5		
합계		405	100.0		

7-1. 부모님 민족(부친)

	구분	유효빈도	비율	유효백분율	누적백분율
유효응답	조선족	388	95.8	98.5	98.5
	한족	2	0.5	0.5	99.0
	기타	4	1.0	1.0	100.0
	합계	394	97.3	100.0	
결측값	누계	11	2.7		
합계		405	100.0		

7-2. 부모님 민족(모친)

	구분	유효빈도	비율	유효백분율	누적백분율
유효응답	조선족	394	97.3	99.0	99.0
	한족	3	0.7	0.8	99.7
	기타	1	0.2	0.3	100.0
	합계	398	98.3	100.0	
결측값	누계	7	1.7		
합계		405	100.0		

8. 청도 거주기간

	구분	유효빈도	비율	유효백분율	누적백분율
유효응답	1년 이내	32	7.9	8.0	8.0
	1~5년	128	31.6	31.9	40.1
	6~10년	146	36.0	36.6	76.7

유효응답	10년 이상	93	23.0	23.3	100.0
	합계	399	98.5	100.0	
결측값	누계	6	1.5		
합계		405	100.0		

9. 직업

구분		유효빈도	비율	유효백분율	누적백분율
유효응답	관리직	93	23.0	23.1	23.1
	사무직	95	23.5	23.6	46.8
	단순노동	10	2.5	2.5	49.3
	서비스직	59	14.6	14.7	63.9
	무직	9	2.2	2.2	66.2
	학생	105	25.9	26.1	92.3
	기타	31	7.7	7.7	100.0
	합계	402	99.3	100.0	
결측값	누계	3	.7		
합계		405	100.0		

10. 학력

구분		유효빈도	비율	유효백분율	누적백분율
유효응답	소학	64	15.8	16.0	16.0
	중학	17	4.2	4.2	20.2
	고중	79	19.5	19.7	39.9
	대학	198	48.9	49.4	89.3
	대학원	43	10.6	10.7	100.0
	합계	401	99.0	100.0	
결측값	누계	4	1.0		
합계		405	100.0		

11-1. 학교 종류(소학교)

구분		유효빈도	비율	유효백분율	누적백분율
유효응답	조선족학교	357	88.1	90.8	90.8
	한족학교	30	7.4	7.6	98.5
	다 다님	5	1.2	1.3	99.7
	안 다님	1	0.2	0.3	100.0
	합계	393	97.0	100.0	
결측값	누계	12	3.0		
합계		405	100.0		

11-2. 학교 종류(초중학교)

구분		유효빈도	비율	유효백분율	누적백분율
유효응답	조선족학교	281	69.4	85.2	85.2
	한족학교	44	10.9	13.3	98.5
	다 다님	4	1.0	1.2	99.7
	안 다님	1	0.2	0.3	100.0
	합계	330	81.5	100.0	
결측값	누계	75	18.5		
합계		405	100.0		

11-3. 학교 종류(고중학교)

구분		유효빈도	비율	유효백분율	누적백분율
유효응답	조선족학교	266	65.7	82.9	82.9
	한족학교	53	13.1	16.5	99.4
	다 다님	1	0.2	0.3	99.7
	안 다님	1	0.2	0.3	100.0
	합계	321	79.3	100.0	
결측값	누계	84	20.7		
합계		405	100.0		

● [부록 3 - 기술통계 자료]

5점 척도식 문항(1~24)의 평균 및 표준편차

문항	유효 응답수	평균값	표준편차
1. 중국어 독해력	405	4.00	1.084
2. 중국어 작문력	404	3.90	1.074
3. 중국어 구사력	404	4.02	1.073
4. 조선어 독해력	405	3.85	1.194
5. 조선어 작문력	405	3.98	1.206
6. 조선어 구사력	405	4.19	1.021
7. 한국어 방송 이해력	402	3.41	1.233
8. 조선어 구별력	405	4.11	0.893
9. 조선어 선호도	402	3.88	1.119
10. 한국어 선호도	400	2.88	1.197
11. 조선어 사용 호감도(가족 내)	403	4.13	1.129
12. 조선어 사용 호감도(조선족 간)	403	3.97	1.135
13. 한국어 사용 호감도(대 한국인)	380	3.89	1.093
14. 한국어 품위	402	3.13	1.256
15. 언어변화 여부	402	3.45	1.245
16. 한국어 구사력	400	3.84	0.982
17. 한국어 청해력	400	3.88	0.993
18. 조선어 보존노력 의지(본인)	402	4.19	1.093
19. 조선어 향상노력 의지(본인)	402	4.16	1.075
20. 한국어 향상노력 의지(본인)	399	3.83	1.188
21. 중국어 향상노력 의지(본인)	403	4.13	1.080
22. 조선어 보존노력 필요성(조선족)	404	4.31	1.033
23. 중국어 향상노력 필요성(조선족)	402	4.20	1.024
24. 한국어 향상노력 필요성(조선족)	403	3.78	1.135
A1. 중국어종합능력	404	3.97	0.971
A2. 조선어종합능력	405	4.01	1.034
A3. 한국어종합능력	394	3.70	0.823

저자 ▋ 오성애

중국 연변대학교에서 학부와 석사 과정을 마쳤고 한국 인하대학교 한국학과에서 박사학
위를 취득하였다.
현재 중국해양대학교 한국어과 교수로 재직하고 있다.

중국 청도 조선족 언어의 사회언어학적 연구

인 쇄　2012년 5월 15일
발 행　2012년 5월 25일
지은이　오성애
펴낸이　이대현
편 집　박선주
디자인　이홍주
펴낸곳　도서출판 역락
　　　　서울 서초구 반포4동 577-25 문창빌딩 2층
　　　　전화 02-3409-2058(영업부), 3409-2060(편집부)
　　　　팩시밀리 02-3409-2059
　　　　이메일 youkrack@hanmail.net
　　　　등록 1999년 4월 19일 제303-2002-000014호
ISBN　978-89-5556-284-2　93700

정 가　15,000원
• 잘못된 책은 구입처에서 교환해 드립니다.